U0564994

首都经济贸易大学·法学前沿文库

《巴黎协定》遵约机制背景下中国减排政策协同研究

魏庆坡　著

Research on China's Emission Reduction Policies Coordination in the
Context of the Paris Agreement Compliance Mechanism

中国政法大学出版社

2023·北京

声　明　1. 版权所有，侵权必究。

　　　　2. 如有缺页、倒装问题，由出版社负责退换。

图书在版编目（ＣＩＰ）数据

《巴黎协定》遵约机制背景下中国减排政策协同研究/魏庆坡著. —北京：中国政法大学出版社，2023.10
　　ISBN 978-7-5764-1165-2

　Ⅰ.①巴…　Ⅱ.①魏…　Ⅲ.①节能减排—能源政策—研究—中国　Ⅳ.F424.1

　　中国国家版本馆CIP数据核字(2023)第213452号

出　版　者　中国政法大学出版社

地　　　址　北京市海淀区西土城路 25 号

邮寄地址　北京 100088 信箱 8034 分箱　邮编 100088

网　　　址　http://www.cuplpress.com (网络实名：中国政法大学出版社)

电　　　话　010-58908441(编辑部) 58908334(邮购部)

承　　　印　保定市中画美凯印刷有限公司

开　　　本　880mm×1230mm　1/32

印　　　张　8

字　　　数　190 千字

版　　　次　2023 年 10 月第 1 版

印　　　次　2023 年 10 月第 1 次印刷

定　　　价　35.00 元

首都经济贸易大学·法学前沿文库
Capital University of Economics and Business Library,Frontier

主　编　张世君

文库编委　高桂林　金晓晨　焦志勇　李晓安
　　　　　　米新丽　沈敏荣　王雨本　谢海霞
　　　　　　喻　中　张世君

总　序

　　首都经济贸易大学法学学科始建于 1983年。1993 年开始招收经济法专业硕士研究生。2006 年开始招收民商法专业硕士研究生。2011年获得法学一级学科硕士学位授予权，目前在经济法、民商法、法学理论、国际法、宪法与行政法等二级学科招收硕士研究生。2013 年设立交叉学科法律经济学博士点，开始招收法律经济学专业的博士研究生，同时招聘法律经济学、法律社会学等方向的博士后研究人员。经过 30 年的建设，首都经济贸易大学几代法律人的薪火相传，现已经形成了相对完整的人才培养体系。

　　为了进一步推进首都经济贸易大学法学学科的建设，首都经济贸易大学法学院在中国政法大学出版社的支持下，组织了这套"法学前沿文库"，我们希望以文库的方式，每年推出几本书，持续地、集中地展示首都经济贸易大学法学团队的研究成果。

　　既然这套文库取名为"法学前沿"，那么，

何为"法学前沿"？在一些法学刊物上，常常可以看到"理论前沿"之类的栏目；在一些法学院校的研究生培养方案中，一般都会包含一门叫作"前沿讲座"的课程。这样的学术现象，表达了法学界的一个共同旨趣，那就是对"法学前沿"的期待。正是在这样的期待中，我们可以发现值得探讨的问题：所以法学界一直都在苦苦期盼的"法学前沿"，到底长着一张什么样的脸孔？

首先，"法学前沿"的实质要件，是对人类文明秩序做出了新的揭示，使人看到文明秩序中尚不为人所知的奥秘。法学不同于文史哲等人文学科的地方就在于：宽泛意义上的法律乃是规矩，有规矩才有方圆，有法律才有井然有序的人类文明社会。如果不能对千差万别、纷繁复杂的人类活动进行分门别类的归类整理，人类创制的法律就难以妥帖地满足有序生活的需要。从这个意义上说，法学研究的实质就在于探寻人类文明秩序。虽然，在任何国家、任何时代，都有一些法律承担着规范人类秩序的功能，但是，已有的法律不可能时时处处回应人类对于秩序的需要。"你不能两次踏进同一条河流"，这句话告诉我们，由于人类生活的流动性、变化性，人类生活秩序总是处于不断变换的过程中，这就需要通过法学家的观察与研究，不断地揭示新的秩序形态，并提炼出这些秩序形态背后的规则——这既是人类生活和谐有序的根本保障，也是法律发展的重要支撑。因此，所谓"法学前沿"，乃是对人类生活中不断涌现的新秩序加以揭示、反映、提炼的产物。

其次，为了揭示新的人类文明秩序，就需要引入新的观察视角、新的研究方法、新的分析技术。这几个方面的"新"，可以概括为"新范式"。一种新的法学研究范式，可以视为"法学前沿"的形式要件。它的意义在于，由于找到了新的研究范式，人们可以洞察到以前被忽略了的侧面、维度，它为人们认识秩序、认识法律提供了新的通道或路径。依靠新的研究范式，甚至还可能转换人们关于法律的思维方式，并由此看到一个全新的秩序世界与法律世界。可见，法学新范式虽然不能对人类秩序给予直接的反映，但它是发现新秩序的催生剂、助产士。

再其次，一种法学理论，如果在既有的理论边界上拓展了新的研究空间，也可以称之为法学前沿。在英文中，前沿（frontier）也有边界的意义。从这个意义上说，"法学前沿"意味着在已有的法学疆域之外，向着未知的世界又走出了一步。在法学史上，这种突破边界的理论活动，常常可以扩张法学研究的范围。譬如，以人的性别为基础展开的法学研究，凸显了男女两性之间的冲突与合作关系，就拓展了法学研究的空间，造就了西方的女性主义法学；以人的种族属性、种族差异为基础而展开的种族批判法学，也为法学研究开拓了新的领地。在当代中国，要拓展法学研究的空间，也存在着多种可能性。

最后，西方法学文献的汉译、本国新近法律现象的评论、新材料及新论证的运用……诸如此类的学术劳作，倘若确实有助于揭示人类生活的新秩序、有助于创造新的研究范式、有助于拓展新的法学空间，也可宽泛地归属于法学理论的前沿。

以上几个方面，既是对"法学前沿"的讨论，也表明了本套文库的选稿标准。希望选入文库的每一部作品，都在法学知识的前沿地带做出新的开拓，哪怕是一小步。

喻　中
2013 年 6 月于首都经济贸易大学法学院

目 录

CONTENTS

绪　言

　　2017 年 6 月 1 日，时任美国总统的特朗普在白宫玫瑰园宣布美国退出《巴黎协定》，立即停止实施"国家自主贡献（NDC）"并终止向绿色气候基金拨款。特朗普声称选择退出《巴黎协定》是因为其损害美国经济，对美国不公平〔1〕。此举在全球引发强烈反响，包括法国等西方发达国家和以中国为首的发展中国家，甚至联合国等国际组织和美国国内都掀起一片指责声浪〔2〕。但是，面对缔约方的退出，《巴黎协定》是否可以采取相关应对措施、缔约方是否要承担责任，以及如何承担责任等都是《巴黎协定》开始实施后不可回避的重要问题。

一、选题的背景与意义

　　气候变化作为当前人类面临的全球性重大问题之一，需要世界各国通力合作，携手以对。正是基于国际合作推进气候治理的理念，《联合国气候变化框架公约》于 1992 年获得通过，确立了包括公平原则、共同但有区别的责任原则、充分考虑发展中国家具体需要和特殊情况原则、预防原则以及国际合作与

---

〔1〕　F. Jotzo, J. Depledge, H. Winkler, "US and International Climate Policy Under President Trump", *Climate Policy*, Vol. 18, No. 7, 2018, pp. 813-817.

〔2〕　Aaron Saad, "Pathways of Harm: The Consequences of Trump's Withdrawal from the Paris Climate Agreement", *Environmental Justice*, Vol. 11, No. 1, 2018, pp. 47-51.

开放体系原则五项基本原则[1]。其中公平原则与共同但有区别的责任原则一直是国际气候谈判博弈的焦点，且这两项原则深刻影响了后来的国际气候谈判和其他领域。不得不说，《联合国气候变化框架公约》体现了国际社会对应对气候变化的共识，其仅为未来协议的谈判建立了一个框架，体现了欧美主导下的国际规范塑造及其利益偏好[2]。缔约方每年都会召开缔约方会议（COP），以评估其进展并继续就如何更好地应对气候变化进行讨论。《联合国气候变化框架公约》确立了气候变化的一些法律原则和准则，但并未涉及缔约方的具体义务[3]，也没有包含实施机制，而是体现了框架性立法特点，因此落实《联合国气候变化框架公约》目标和原则的具体任务就留给了后续达成的《京都议定书》。

（一）选题的背景

《京都议定书》依据共同但有区别的责任原则，确立了发达国家的阶段性（2008—2012年）减排义务，并未规定发展中国家的减排义务。囿于主要排放体"缺席"、长期减排目标缺失以及履约评估不足，《京都议定书》这种"自上而下"摊派式减排模式在成果、效率和履约三个方面备受诟病，难以为继[4]。后京都时代，发达国家与发展中国家立场趋于尖锐，前者要求后者作出减排承诺并承担减排责任，后者要求前者承担历史减

　　[1] 高风："《联合国气候变化框架公约》二十年与中国低碳发展进程"，载《国际展望》2013年第4期。
　　[2] 冯帅："多边气候条约中遵约机制的转型——基于'京都—巴黎'进程的分析"，载《太平洋学报》2022年第4期。
　　[3] 杜志华、杜群："气候变化的国际法发展：从温室效应理论到《联合国气候变化框架公约》"，载《现代法学杂志》2002年第5期。
　　[4] L. Rajamani, "Ambition and Differentiation in the 2015 Paris Agreement: Interpretative Possibilities and Underlying Politics", *International & Comparative Law Quarterly*, Vol. 65, No. 2, 2016, pp. 493–514.

排责任，并为后者提供资金和技术，这种根本分歧在随后的几次气候大会中并未得到解决，国际气候谈判一直处于僵局之中。

但是，国际社会一直在逐步推进国际气候谈判，努力为形成新的国际气候治理机制积极进行探索。值得注意的是，在这一过程中发展中国家内部出现了分化〔1〕，新兴国家想要坚守"共同但有区别的责任原则"不承担减排义务日益困难。2012年12月，《联合国气候变化框架公约》第18次缔约方会议和《京都议定书》第8次缔约方会议在卡塔尔多哈举行，经过激烈交锋和艰难博弈，本次气候大会通过了《京都议定书》第二承诺期并确定了未来3年开展"德班平台"谈判规划〔2〕：制定一份对所有缔约方都适用的有法律约束力的议定书以及讨论增强各方2020年之前应对气候变化的力度。

2015年12月12日，第21届联合国气候变化大会缔约方会议（COP 21）通过了具有历史意义的《巴黎协定》，为2020年后全球应对气候变化行动提供了一个具有法律约束力的全球框架，被时任联合国秘书长的潘基文描述为"多边主义的一个巨大成功"〔3〕。在经历了多年不确定性后，《巴黎协定》打破了长期以来的僵局，重申了《联合国气候变化框架公约》建立的机制在国际气候变化治理中的中心地位，以及它适应新挑战的能力。《巴黎协定》终结了《京都议定书》的双轨制和强制减排模式，在尊重差异性和注重主动性的理念下，确立了"自上

〔1〕 肖兰兰："中国在国际气候谈判中的身份定位及其对国际气候制度的建构"，载《太平洋学报》2013年第2期。

〔2〕 许琳、陈迎："全球气候治理与中国的战略选择"，载《世界经济与政治》2013年第1期。

〔3〕 S. Atapattu, "Climate Change, Human Rights, and COP 21: One Step Forward and Two Steps Back or Vice Versa?" *Georgetown Journal of International Affairs*, Vol. 17, No. 2, 2016, pp. 47-55.

而下"评估监督和"自下而上""自主减排贡献"单元层次合
作机制[1]，开启了全球气候合作新局面，至此全球气候治理开
始转向"国内驱动型"模式。

(二) 选题的意义

国际条约或协定的达成只是"万里长征的第一步"，问题的
有效治理更依赖具体实施机制。惩罚措施在增加违约成本的同
时，也降低了缔约方违约的动机。《巴黎协定》200 多个缔约方
佐证了缔约主体的广泛性，透明度框架和定期盘点机制凸显了
透明性，但多边环境公约的成功不仅依赖广泛的参与度，而且
要确保能够产生雄心勃勃的减排方案且缔约方能够充分遵守[2]
。因此，这种广泛的参与并不一定与《巴黎协定》的整体有效性
一致，还要倚重秘书处的固定高效化、履约信息准确透明化和违
约惩戒机制规范易操作化。比如，《巴黎协定》在执行机制方面
的弱化或不足导致美国对退出"有恃无恐"，严重破坏了《巴黎
协定》的普遍性和有效性。

长期以来，国际法尤其是国际环境法在实施方面存在困境。
全球气候治理作为一个举步维艰的系统性工程，需要国际社会
"集中化"应对，但现行国际法体系却呈现出"分散性"，造成
了气候治理的国际困境。故而即使条约的条款设计雄辩有力，
但没有实施机制，条约仍然仅具有象征意义[3]。强化实施机制
作用一直是近年来国际法，尤其是国际环境法的一个重要议题，
实施机制包括缔约方采取立法、行政或司法措施使国际条约能够

---

[1] 陈贻健："国际气候法律新秩序的困境与出路：基于'德班-巴黎'进程
的分析"，载《环球法律评论》2016 年第 2 期。

[2] S. Barrett, "Climate Treaties and the Imperative of Enforcement", *Oxford Review
of Economic Policy*, Vol. 24, No. 2, 2008, pp. 239–258.

[3] S. Happaerts, "Sustainable Development and Subnational Governments: Going
Beyond Symbolic Politics", *Environmental Development*, No. 4, 2012, pp. 2–17.

在国际和国内层面生效。针对缔约方违反条约规定，国际环境条约很少借助传统争端解决机制，也很少采取贸易制裁或诉诸国际法院，而是采取遵约机制（Compliance Mechanism）[1]。与传统争端机制侧重事后制裁或限制的解决思维不同，遵约机制的主要目的是帮助缔约方履约，从而避免不遵约争端出现。这主要是考虑国际环境治理领域特点，因为国际环境条约下缔约方的义务并非互惠，而是建立在共同利益的基础之上，其执行和遵约问题具有复杂性和政治敏感性[2]，一方面国际环境问题治理依赖更多缔约方的参与，需要构建约束机制；另一方面执行和遵约机制过于严苛会影响缔约方加入条约的意愿，进而影响条约的治理成效。

对此，提升国际环境条约执行和遵约机制的一个路径是完善对不遵约行为的监测与响应机制，当然这种监测必须契合该条约所涉及领域的具体情形。《巴黎协定》并未选择传统的争端解决机制，而是基于缔约方应对气候变化的共同利益，向那些在遵约能力方面有问题的缔约方提供资金和技术支持，加强其履约能力以促进遵约。换言之，相比对不遵约的惩戒，合作遵约对缔约方而言属于最优选择，如此可避免因制裁而阻碍相关缔约方参加，降低了"搭便车"的可能性。事实上，这种监测和报告的方法并非《巴黎协定》首创，而是肇端于20世纪90年代制定的《关于消耗臭氧层物质的蒙特利尔议定书》[3]，在

〔1〕 N. Goeteyn, F. Maes, "Compliance Mechanisms in Multilateral Environmental Agreements: An Effective Way to Improve Compliance?" *Chinese Journal of International Law*, Vol. 10, No. 4, 2011, pp. 791-826.

〔2〕 苟海波、孔祥文："国际环境条约的遵约机制介评"，载《中国国际法年刊》2005年第1期。

〔3〕 谷德近："共同但有区别责任的重塑——京都模式的困境与蒙特利尔模式的回归"，载《中国地质大学学报（社会科学版）》2011年第6期。

此模式基础上，其他环境条约借鉴和发展了一些独特的监测和报告机制。

为了实现长期减排目标，减排行动必须随着时间的推移而不断提升行动力度。维持这一不断上升的雄心需要缔约方定期报告其国家减排措施实施和目标实现的情况，提供与《巴黎协定》目标相关的进展情况。《巴黎协定》基于缔约方国家自主贡献，凝聚了国际社会最广泛的共识，确保缔约方主体广泛性，而"自下而上"的国际气候治理新模式有利于激励缔约方的减排雄心。要求《巴黎协定》处理好参与、雄心和遵约三方面的关系，就要确保透明度与控制机制，因为这直接关乎缔约方之间的减排雄心，从而影响全球减排目标的实现。

二、国内外研究现状

自始至终，《巴黎协定》面临的一个重要问题就是法律属性，不可否认其本身属于《维也纳条约法公约》定义范围内的条约，但在机制设计上不同于常规国际条约，因为在实体上并未明确规定缔约方的减排权利和义务内容，很多条款都未产生法律义务，仅仅是与缔约方"自主贡献"相关的强制性和非强制性规定。当然，这种安排主要是为了获得众多缔约方的支持，但这样一个广泛参与的协议很可能出现遵约的缺陷，除非包含一个实施机制，但《巴黎协定》并不包括此类机制。

（一）《巴黎协定》范式对遵约机制的影响

《巴黎协定》建立了一个强化的透明度和问责制框架，利用阳光是"最好的消毒剂"，缔约方将有动力开展其"国家自主贡献"，因为如果他们不这样做，每个缔约方都会知道，这会使他们受到来自同行和公众的压力。丹尼尔·博丹斯基（Daniel Bodansky）认为《巴黎协定》是一种既不太强（因此关键国家

无法接受）也不太弱（因此无效）的解决方案，但为了促进更
有力的行动，各国的"国家自主贡献"得到了国际规范的补充，
以确保透明度和问责制，并促使各国逐步加大努力[1]。罗伯
特·福克纳（Robert Falkner）提出《巴黎协定》设法消除了国
际气候合作的最大障碍之一，然而并没有让减缓努力完全按照
自下而上的逻辑进行，而是将国家承诺嵌入了国际气候问责制
和"棘轮机制"中，从而提供了更持久的国际合作机会，不过
"承诺与评审"的新逻辑将需要调动国际和国内压力[2]。夏洛
特（Charlotte）等人认为《巴黎协定》结束了多年近乎僵局的
谈判，创建了一个参与、跟进、定期盘点和合作行动的全球进
程，但个别国家的自主贡献未达到总体气候目标，风险在于
《巴黎协定》没有足够的行动和支持，因此对遵约提出了新的挑
战。拉瓦尼亚·拉贾马尼（Lavanya Rajamani）认为《巴黎协
定》是一个非常不和谐政治环境的产物，包含硬性、软性和非
义务的混合体，它们之间的界限是模糊的，但每一种都发挥着
独特而有价值的作用，在分析《巴黎协定》的核心条款，范围、
硬性义务和"非义务"条款方面，探讨了政治驱动因素和它们
之间动态的相互作用，以及它们在达成所有人都能接受的协议
方面的关键重要性[3]。秦天宝等人认为《巴黎协定》的遵约
机制具有灵活性，侧重程序性和透明性，系借助缔约方自身的
报告和审查机制来弥补惩罚性措施的缺失，但这种机制有效性如

[1]　Daniel Bodansky, "The Paris Climate Change Agreement: A New Hope?" A-
merican Journal of International Law, Vol. 110, No. 2, 2017, pp. 288-319.

　　[2]　Robert Falkner, "The Paris Agreement and the New Logic of International Cli-
mate Politics", International Affairs, Vol. 92, No. 5, 2016, pp. 1107-1125.

　　[3]　Lavanya Rajamani, "The 2015 Paris Agreement: Interplay Between Hard, Soft
and Non-Obligations", Journal of Environmental Law, Vol. 28, No. 2, 2016, pp. 337-358.

何现在无法断言[1]。

（二）《巴黎协定》遵约机制结构分析

迈因哈德·德勒（Meinhard Doelle）分析了促进遵约理论，提出《巴黎协定》应设计一个有效的遵约机制，并很好地融入整个巴黎气候制度，但如果透明度和全球盘点等其他关键要素不明确，将难以确保遵约制度在促进遵约方面发挥作用[2]。同时，迈因哈德提出，一个强有力的遵约制度会破坏激励各方随着时间的推移增加其承诺和行动的雄心的努力，将大大增加缔约方离开该条约的风险，谈判达成的遵约制度非常适合《巴黎协定》架构，并在确定重要遵约问题和保持各方继续参与该制度的积极性并随着时间的推移作出更雄心勃勃的承诺之间取得了适当的平衡[3]。S. K. 阿贝比（S. K. Abebe）认为在具有内在差异化期望的以自定义义务为中心的协议中，遵约有助于确保公平，当遵约机制能够并被授权评估气候行动的公平性和公正性时，有助于进一步促进公平和气候正义的实现[4]。梁晓菲认为《巴黎协定》创设了一个包括透明度框架和全球盘点的新的遵约机制，有效缓解了长期以来国际气候治理制度的危机，对多边环境协定下的遵约机制进行了新的改革探索，并对具有透明度和全球盘点的遵约

---

[1] 秦天宝、侯芳："论国际环境公约遵约机制的演变"，载《区域与全球发展》2017 年第 2 期。

[2] Meinhard Doelle, "Compliance in Transition: Facilitative Compliance Finding Its Place in the Paris Climate Regime", *Carbon & Climate Law Review*, Vol. 12, No. 3, 2018, pp. 229-239.

[3] Meinhard Doelle, "In Defence of the Paris Agreement's Compliance System: The Case for Facilitative Compliance", in B. Mayer, A. Zahar, *Debating Climate Law*, Cambridge University Press, 2020.

[4] S. K. Abebe, *The Role of the Compliance Mechanism of the Paris Agreement in Achieving Equity and Climate Justice*, University of Reading, 2022.

程序问题进行了分析〔1〕。冯帅认为《巴黎协定》的遵约机制在遵约形态、动力和主体以及判定方面均有转型，强调了缔约方的遵约能力和各自具体情况予以区别对待，不过共同责任明显强于各自的区别性，这也凸显了气候治理依赖国际合作的特性〔2〕。

（三）《巴黎协定》遵约机制中促进机制分析

克里斯蒂娜·沃伊特（Christina Voigt）提出《巴黎协定》第 15 条构建了一种机制以促进实施和推动遵守该协定的规定，该机制的建立清楚地表明了各方对促进履约的必要性和可取性的共识，基于履约安排的谈判历史分析，仍需要大量的谈判时间来厘清合规安排有效运作的细节〔3〕。亚历山大·扎哈尔（Alexander Zahar）认为《巴黎协定》设想的独立遵约机制并非对目前《联合国气候变化框架公约》下运作分散"遵约机制"的改进，因此提出"遵守巴黎协定"的最有效方法是推迟《巴黎协定》第 15 条机制的实施，并允许适当修改的现行做法在其表现令人满意的情况下继续下去〔4〕。塞巴斯蒂安（Sebastian）等人探讨了遵约委员会根据《巴黎协定》第 15 条促进实施和推动遵约的模式和程序，结合《巴黎协定》的特定背景和独特特征的同时，分析借鉴了其他机制下几个现有委员会的经验，强调平衡三个主要要素的重要性，包括基于通过《巴黎协定》第 14 条透明框架生成的信息或由委员会收集的信息、全方位的便

〔1〕　梁晓菲："论《巴黎协定》遵约机制：透明度框架与全球盘点"，载《西安交通大学学报（社会科学版）》2018 年第 2 期。

〔2〕　冯帅："多边气候条约中遵约机制的转型——基于'京都—巴黎'进程的分析"，载《太平洋学报》2022 年第 4 期。

〔3〕　Christina Voigt, "The Compliance and Implementation Mechanism of the Paris Agreement", *Review of European*, *Comparative & International Environmental Law*, Vol. 25, No. 2, 2016, pp. 161-173.

〔4〕　Alexander Zahar, "A Bottom-Up Compliance Mechanism for the Paris Agreement", *Chinese Journal of Environmental Law*, Vol. 1, No. 1, 2017, pp. 69-98.

利措施组合以及为委员会的自由裁量权划定界限的总体运营指南。克里斯蒂娜阐述了《巴黎协定》范围内的问责制，然后深入分析了强化透明度框架和委员会促进实施和促进遵守的模式，提出这两种程序共同起到了"问责连续体"的作用[1]。季华认为《卡托维兹气候文件》不仅丰富了履约机制，也通过"透明度框架""全球盘点"和"遵约"确立了缔约方履约追踪机制，遵约机制呈现出"整合性"和"技术性"，以渐进式集体评价体系辅之透明度框架，并提出未来遵约机制要明确能力建设和透明度之间的关系，以及遵约和全球盘点之间的关系[2]。易卫中认为《巴黎协定》第 15 条的遵约机制应遵守"共同但有区别的责任"原则，在机构设置、受理事由、具体机制设计上都要体现出《巴黎协定》的机制和目标，并提出我国应加强遵约理论和实践的研究，积极参与全球气候治理的谈判和制度建构[3]。

（四）《巴黎协定》的遵约路径分析

拉瓦尼亚认为虽然国家"自主贡献"本身不具有法律约束力，但它们受制于具有约束力的程序要求，也受制于进步的规范性期望，这些有约束力和无约束力的条款表明，如果一个缔约方降低现有"自主贡献"的等级，就会违反《巴黎协定》的精神[4]。杨博文提出《巴黎协定》第 15 条遵约机制的核心就

〔1〕 Christina Voigt, Xiang Gao, "Accountability in the Paris Agreement: The Interplay Between Transparency and Compliance", *Nordic Environmental Law Journal*, No. 1, 2020, pp. 31–57.

〔2〕 季华："《巴黎协定》实施机制与 2020 年后全球气候治理"，载《江汉学术》2020 年第 2 期。

〔3〕 易卫中："论后巴黎时代气候变化遵约机制的建构路径及我国的策略"，载《湘潭大学学报（哲学社会科学版）》2020 年第 2 期。

〔4〕 Lavanya Rajamani, Jutta Brunnée, "The Legality of Downgrading Nationally Determined Contributions Under the Paris Agreement: Lessons from the US Disengagement", *Journal of Environmental Law*, Vol. 29, No. 3, 2017, pp. 537–551.

是要为不遵约的缔约方制定一种情事程序，不过这体现的是一种促进性和非惩罚性，在分析了面临的困境后，杨博文提出遵约机制要坚持以鼓励遵约为主，对恶意不遵约也要制定相应的约束机制，确保各方能够履行减排承诺和遵守遵约目标[1]。阳平坚提出《巴黎协定》在气候减排合作上比《京都议定书》更为务实，但同时也增加了不确定性，如何形成强有力的全球治理机制，确保实现减排目标是一大挑战，中国应坚持多重底线，坚守自主发展目标和路径，同时要守住经济和能源安全底线[2]。

（五）后巴黎时代的我国的因应研究

《巴黎协定》开启了缔约方国内驱动的键盘模式，中国提出"双碳"目标是践行自主贡献和推进绿色转型的重要选择，应以遵约为导向，统筹国际和国内两个层面实现减排承诺，包括涉"碳"领域国际合作以及强化顶层机制设计和"双碳"行动[3]。江思羽认为《巴黎协定》虽然首次单列出损失与损害条款，但并未规定赔偿义务，2022年埃及气候会议设立了损失与损害专项基金，未来国际社会应坚持公平、共同但有区别的责任和各自的能力原则，以《巴黎协定》的目标方向团结协作，通过各类平台充分协商共建应对气候变化的共同体。杨解君等人认为《巴黎协定》规定的"国家自主贡献"机制很难实施，作为最大的发展中国家的中国应该以"双碳"目标为契机积极制定法律保障机制，借助联合国气候治理机制及其他的所有平台机制

〔1〕 杨博文："《巴黎协定》减排承诺下不遵约情事程序研究"，载《北京理工大学学报（社会科学版）》2020年第2期。
〔2〕 阳平坚："全球碳中和博弈：中国的地位、挑战与选择"，载《世界环境》2022年第2期。
〔3〕 冯帅："遵约背景下中国'双碳'承诺的实现"，载《中国软科学》2022年第9期。

共同落实气候行动义务，同时督促发达国家履行减排义务[1]。高凛认为全球气候治理是一个多维度的问题，合作应对气候变化符合世界各国的共同利益，但《巴黎协定》要求全球气候治理要服从国内政治需要，同时逐步形成多维度全方位的全球气候治理机制，中国应积极参与国际合作机制以推动全球气候治理[2]。孙永平等人认为《巴黎协定》开启了缔约方自主合作机制，在促进减排的同时能够推动发展中国家可持续发展，中国应利用《巴黎协定》第6条碳市场合作机制参与国际气候合作，助力实现"双碳"目标[3]。柳华文认为中国作为一个负责任的大国提出"双碳"目标，体现了大国担当，这一目标虽基于《巴黎协定》，但作为一个单方行为主要是在自主自愿的基础上提出的，因此要结合中国实际，在兼具自主性和创造性的基础上，依靠自身国内努力实现"双碳"目标[4]。

由此可见，国内外学者都注意到《巴黎协定》对全球气候治理模式的影响。在强调缔约方自主贡献的机制下，如何形成约束机制是大家关注的问题，学者们也注意到了《巴黎协定》第15条遵约机制的重要性，如何发挥激励和监督作用直接影响《巴黎协定》的减排目标，甚至全球气候治理。然而，《巴黎协定》整体上关注"共同性"责任，缺乏对发达国家和发展中国家历史责任的"区分"，这正是本书要关注的重要问题，从公平

---

[1] 杨解君、詹鹏玮："碳中和目标下的气候治理国际法治体系建设"，载《学习与实践》2022年第12期。

[2] 高凛："《巴黎协定》框架下全球气候治理机制及前景展望"，载《国际商务研究》2022年第6期。

[3] 孙永平、张欣宇、施训鹏："全球气候治理的自愿合作机制及中国参与策略——以《巴黎协定》第六条为例"，载《天津社会科学》2022年第4期。

[4] 柳华文："'双碳'目标及其实施的国际法解读"，载《北京大学学报（哲学社会科学版）》2022年第2期。

正义角度关注《巴黎协定》第 15 条遵约机制。本书即以全球气候治理新形势下《巴黎协定》促进实施和推动遵约机制的构建为研究对象。《巴黎协定》第 15 条提出建立一个旨在促进实施和推动遵约的机制，但并未明确细则。本书基于保障协定履行的有效性、促进性和透明性，结合"自主贡献+定期盘点"特点以及中国的立场关切，对实施和遵约机制从法律视角进行分析，并为中国参与谈判提出建议与方案。

三、研究思路与方法

基于《巴黎协定》遵约范式，对第 15 条中"推动遵约"保留的历史问题进行简要梳理和分析，并对第 15 条的文本进行全面梳理解读，包括机制的适用范围、目标、性质和组成。结合《巴黎协定》第 15 条的"非对抗性"和"非惩罚性"要求，积极探索与第 13 条透明度框架和第 14 条全球盘点的协同，构建和完善遵约机制。

（一）研究思路

《巴黎协定》第 13 条规定了透明度条款，强化的透明度框架对于《巴黎协定》的设计、可信度和运作至关重要。作为透明度框架的一部分，所有批准《巴黎协定》的国家都将遵循单一、普遍的透明度流程，同时也为发展中国家提供灵活性[1]。在透明度框架下收集的信息将提供对气候变化行动和支持的清晰理解，并最终有助于全球盘点（Global Stocktake，GST）定期评估《巴黎协定》执行情况的过程。值得注意的是，透明度框架涵盖了《巴黎协定》的所有方面，包括第 4 条跟踪实施进度和实现"国家自主贡献"。

---

〔1〕　王田、董亮、高翔："《巴黎协定》强化透明度体系的建立与实施展望"，载《气候变化研究进展》2019 年第 6 期。

《巴黎协定》第 14 条规定了全球盘点机制，作为《巴黎协定》雄心机制的一个关键要素，各国将每五年参与一次全球盘点，以评估各个缔约方在实现《巴黎协定》长期目标方面的集体进展。该评估过程旨在为下一轮国家自主贡献提供信息，以提高其雄心水平，帮助各国依据自身国情在当前阶段中提高下一个阶段的自主贡献〔1〕。通过"计划—实施—审查"构建一个持续性进行阶段盘点的周期性审查，并规划下一个阶段自主贡献的合作机制，为全面落实《巴黎协定》奠定基础。这使得气候治理从《京都议定书》时代的"国际驱动型"范式转向"国内驱动型"范式，这种"去中心化"的模式彰显了新兴国家共享国际气候治理的权威，推动国际气候治理法律秩序变革和创新。

在《巴黎协定》第 13 条和第 14 条的基础上，第 15 条规定了遵约机制，设立了一个专家委员会，以促进缔约方遵守《巴黎协定》的各项规定〔2〕。最终委员会可以通过协助各国履行承诺、考虑影响多个国家的系统性问题，以及解决各国未能履行提交国家自主贡献或其他国家报告的义务来促进《巴黎协定》的有效实施。当然，《巴黎协定》第 15 条的遵约机制契合整个《巴黎协定》"自下而上"的体系风格，与第 13 条透明度框架和第 14 条全球盘点共同构成《巴黎协定》"自主贡献"背景下的遵约范式，不仅开启了全球气候治理的新范式，也将遵约机制推向了积极行动、责任共担的新高度。

当前，全球气候治理呈现出多边主义与单边主义博弈、经

---

〔1〕 季华："《巴黎协定》实施机制与 2020 年后全球气候治理"，载《江汉学术》2020 年第 2 期。

〔2〕 魏庆坡："美国宣布退出对《巴黎协定》遵约机制的启示及完善"，载《国际商务（对外经济贸易大学学报）》2020 年第 6 期。

济发展与减排降碳碰撞、去中心化与中心化并驱的严峻态势，《巴黎协定》整体上强调了缔约方具有法律约束力的行政和程序性义务，但实质性内容在很大程度上由各个缔约方自行决定。在此背景下，如何促进实施和推动缔约方遵约已经成了后巴黎时代国际气候治理的核心议题。

（二）研究方法

本书对《巴黎协定》和其他多边气候协定遵约机制相关文献进行了系统梳理和分析。

（1）比较研究法。对比分析《联合国气候变化框架公约》和《京都议定书》的遵约范式，梳理多边气候协定遵约机制的挑战以及解决思路和路径，结合《巴黎协定》"自主贡献+定期盘点"的"双轨制"范式，提出《巴黎协定》实施的中国方案。

（2）实证研究法。通过对《京都议定书》遵约机制实证分析，分析"自上而下"强制遵约范式不符合《巴黎协定》遵约逻辑。基于《巴黎协定》凝聚减排共识背景下遵约机制提出针对性的意见和建议。

（3）规范分析法。立足当前国际气候治理发展新形势，结合我国由参与者到引领者的角色转变，以及我国对气候变化治理机制变革的关切，对《巴黎协定》执行与遵约机制提出建议方案。

四、研究重难点

国际法的实施长期存在困难，因此遵约问题一直也是各方的关注点。条约的条款设计可能雄辩有力，但如果没有执行或执行条约的机制缺失，这样的条约也是徒有象征意义。《巴黎协定》在范式上具有创新性，以各国自主贡献作为基础，这凸显了确保透明度和控制规定的重要性，尤其是第 13 条透明度框架、第 14 条全球盘点和第 15 条遵约机制。

（一）研究重点

（1）基于全球气候治理新形势，结合中国在气候变化问题上的立场关切，分析《巴黎协定》促进实施和推动遵约的中国方案；探讨中国引领当前国际气候治理的范式和路径选择。

（2）以国家战略为导向全面分析"共同但有区别的责任"原则在实施和遵约机制中的适用，将该原则嵌入委员会的措施和相应程序性规则中以凸显南北差异。

（3）分析缔约方与委员会之间的权力边界，探讨委员会是否有权强制要求缔约方履行"自主贡献"，以及为缔约方履约设定法律标准等。

（二）研究难点

（1）基于《巴黎协定》的整体性，本研究除对第 15 条进行分析外，还要考虑第 13 条和第 14 条，以及其他多边气候协定等内容，需要全面系统分析是本研究的一个难点。

（2）促进实施和推动遵约机制的构建不仅要考虑《巴黎协定》条款特点和协定本身特征，还要考虑与其他现有机制的融合，确保各方能够有效履行承诺。

五、研究创新点

研究内容上创新：本课题立足我国对气候变化的立场关切，研究探讨《巴黎协定》实施和遵约机制的中国方案；对中国引领国际气候治理格局变革贡献路径与范式。

研究视角上创新：基于国际环境法和国内法角度，论述多边环境条约实施和遵约机制的构建，既注重规则的最新发展，也关注了规则背后的利益博弈。

　　研究方法上创新：以《巴黎协定》实施机制为切入点，从国际政治、外交学、经济学等方面进行跨学科分析，提升研究的综合性和科学性。

第 1 章

《巴黎协定》遵约机制的溯源与分析

　　基于制度设计的灵活性,《巴黎协定》通过赋予缔约方自主决定在其国内实施哪些气候政策来应对气候问题, 在《联合国气候变化框架公约》成员国之间获得了广泛的共识。事实上,《巴黎协定》在激励更多国家加入的同时也将实施的权力留给了缔约方[1], 当前有一些缔约方所采取的减缓措施与其在自主贡献中所设定的目标相比还远远不够。由此可见,《巴黎协定》的成效还取决于缔约方履行义务的程度, 如果各方并未按照其在自主贡献中所设定的目标采取减排措施, 不履行各自的义务, 广泛的参与和减排雄心本身就没有什么价值。

一、《巴黎协定》遵约意涵分析

　　遵约机制主要来自《巴黎协定》第 15 条的规定, 其中第 1 款提到 "implementation" 和 "compliance"。其中, "implementation" 的意思是 "making something active or effective", 中文意思是 "使某物活跃或有效", "有效" 是指 "能够产生效果的品质", 因此中文将 "implementation" 翻译为 "执行", 即 "贯彻施行或履

---

　　〔1〕　王雨荣:"人类命运共同体在气候治理中的国际法意义", 载《北京航空航天大学学报（社会科学版）》。

行"。《巴黎协定》背景下，主要是指缔约方将《巴黎协定》已经生效的条款所确定的内容付诸实践[1]。"compliance" 的意思为 "acting according to certain accepted standards"，翻译为中文就是 "按照某些公认的标准行事"。结合《巴黎协定》主要是关于减缓和适应气候变化，"compliance" 的意思就是 "遵约"，即按照减缓或适应气候变化的相关标准行事。

（一）"执行" 与 "遵约" 的意涵分析

与国内政府不同，国际社会并不存在一种具有合法性的政府，不存在合法的集中控制力量，长期处于一种 "无政府状态"。"执行" 意味着将《巴黎协定》的法律义务转换为缔约方国内的法律制度，使其在实践中产生效力并具有可操作性。实现这一要求，需要通过并入（转化）或创设，前者是通过国内立法方式将国际义务制定为国内法律；后者则是采纳法律措施，建立必要的国内和国际机构以及其他实际操作工具。

遵约的意涵比较丰富，既包括实现某个目标或解决某个问题，又涵盖改善某个情形或改变某个行为模式。不过，即使遵守某个法律规则或改变了某个行为模式，也不能必然获得有效的结论，因为评估有效性会受到很多因素的影响，比如各个行为主体遵守了相关环境规则或标准，但是遵约的产出并不能改善环境质量或并未引发行为变化[2]。如果不遵守相关法律规则或标准，也可能会发生相当大的行为模式变化或环境质量变化。然而仅仅存在遵约并不会必然导致行为模式改变或环境质量改善，因为很多环境协定为了获得 "最大公约数" 总是降低遵约标准。即便如此，

----

〔1〕 魏庆坡："美国宣布退出对《巴黎协定》遵约机制的启示及完善"，载《国际商务（对外经济贸易大学学报）》2020 年第 6 期。

〔2〕 冯帅："多边气候条约中遵约机制的转型——基于'京都—巴黎'进程的分析"，载《太平洋学报》2022 年第 4 期。

可能依然无法改变缔约方行为模式。即使确实导致了行为模式改变，也未必会改善环境质量，因为环境危害具有不可逆转性。

"执行"这个概念本身对遵约而言并不是必要或充分的，因为遵约并非自动发生，就像遵约并不总是意味着遵守某些义务一样。也就是说，"执行"可能是实现"遵约"的重要一步，但是"遵约"在概念上已经超越了"执行"。有效性侧重行为是否符合法律规则要求，"遵约"也会表现出这种一致性，但表现出这种一致性并不一定意味着"遵约"。因此，"遵约"或"不遵约"的区分并不总是等于用有效和无效来区分，"遵约"一定会表现出有效，但有效并不一定意味着"遵约"，严格以是否有效来衡量遵约会出现误导性后果。

（二）多边环境协定中的遵约机制

缔结多边环境协定就是要制定国际标准来处理全球关注的环境问题，预防或解决国家之间因这些问题而发生的冲突，缔约方通过同意谈判或加入，自愿选择受其实质性和程序性义务的约束。自1972年斯德哥尔摩人类环境会议以来，多边环境协定不断缔结并一直在建立单独的国际环境制度。

自20世纪90年代以来，几项环境协定成功地构建了自己的报告和其他监测方法（监测网络、调查等），建立了更具体、更具雄心以及更连贯的机制，以使监测和应对不遵约行为制度化。1990年在臭氧制度《蒙特利尔议定书》框架内制定的第一个环境协定不遵守程序已被其他环境公约采纳和调整，慢慢成为一种标准做法。尽管受到蒙特利尔模式的启发，但所有这些程序都有其独特之处。一般而言，多边环境协定的遵约机制可以分为三种类型：借助对抗手段确保缔约方遵约，比如取消优惠特权或贸易限制等；借助非对抗手段确保缔约方遵约，比如提供激励手段、提供援助和能力建设帮助等；借助信息或内部司法审查确保缔约方遵约，比如程序保障等。不同类型环境协定采用不同的遵约机制以确保缔约方遵约。

联合国环境规划署指出多边环境协定中的遵约机制旨在鼓励缔约方遵守以下要求：搜集关于缔约方履行多边环境协定的信息；针对不遵约构建制度化程序；针对不遵约的多边回应措施以及争端解决机制。联合国环境规划署明确了遵约机制的两个重要部分：搜集信息和应对举措。随着时间的推移，多边环境协定中的遵约机制主要通过三步来完成演进以实现三个不同目标，其中报告监测核查意在防止不遵约，制度程序结构以及结构内对遵约状态的评估旨在促进遵约，应对措施是为了回应不遵约情形。

二、《巴黎协定》之前遵约机制的分析

自 20 世纪 90 年代初以来，各国一直在联合国领导下积极参与制定应对气候变化的国际行动框架。这种合作产生了指导和支持全球行动的规则、原则、机构和程序。最值得注意的是，各国通过了《联合国气候变化框架公约》并将重点放在了其执行上，随后通过了《京都议定书》和《巴黎协定》。

（一）《联合国气候变化框架公约》遵约机制分析

作为应对全球气候变化的核心，1992 年通过的《联合国气候变化框架公约》在序言中承认气候变化及其不利影响是人类共同关心的问题，第 2 条概述了《联合国气候变化框架公约》的最终目标是将大气中温室气体的浓度稳定在安全水平，以使"经济发展能够可持续地进行"[1]。《联合国气候变化框架公约》缔

---

〔1〕《联合国气候变化框架公约》第 2 条："本公约以及缔约方会议可能通过的任何相关法律文书的最终目标是：根据本公约的各项有关规定，将大气中温室气体的浓度稳定在防止气候系统受到危险的人为干扰的水平上。这一水平应当在足以使生态系统能够自然地适应气候变化、确保粮食生产免受威胁并使经济发展能够可持续地进行的时间范围内实现。"

约方既有发达国家和经济转型国家，也有发展中国家，其中发
达国家和经济转型国家有义务减排，并承诺履行财政机制和技
术转让义务，帮助发展中国家实现减排。《联合国气候变化框架
公约》代表了国际社会第一次为应对全球气候变化采取协调一
致的国际努力，为应对气候变化提供了法律框架。考虑到当时
气候科学和经济存在重大的不确定性，《联合国气候变化框架公
约》要求缔约方承担缓解和适应气候变化的一般义务，但并未
制定具体的温室气体减排目标。值得一提的是，发达国家缔约
方同意采取减排措施，将大气中温室气体的排放控制到 1990 年
的水平[1]。

　　为此，《联合国气候变化框架公约》规定了发达国家缔约方
有义务提交为减少温室气体排放而采取的政策和措施，同时所
有缔约方都有义务每年报告其温室气体排放清单。但是，由于
《联合国气候变化框架公约》并未明确界定义务的具体内容，发
达国家提交报告属于程序性义务，且在理解上莫衷一是。值得
注意的是，"遵约"（compliance）这个词在《联合国气候变化框
架公约》或缔约方后续会议中皆未出现。《联合国气候变化框架
公约》第 13 条要求缔约方会议设立一个解决与《联合国气候变
化框架公约》履行有关的问题的多边协商程序（Multilateral
Consultative Process，MCP），其具有强烈的政治性质，旨在确保
《联合国气候变化框架公约》的效力和效率。

　　在促进遵约方面，《联合国气候变化框架公约》意识到促使
各方尤其是发展中国家遵约就要加强缔约方的能力建设，具体
从资金支持、技术援助和能力报告三个方面进行了明确。资金

---

〔1〕《联合国气候变化框架公约》第 4 条第 2 款："……目的在个别地或共同
地使二氧化碳和《蒙特利尔议定书》未予管制的其他温室气体的人为排放回复到
1990 年的水平。"

支持方面要求发达国家对发展中国家提供新的和额外的财政资源，帮助后者履行义务；技术方面要开展技术评估，并清除阻碍技术转让的障碍；支持国家提交报告，设立专家协商小组帮助和支持发展中国家编写本国报告，并要考虑对发展中国家提供技术和财政援助。

《联合国气候变化框架公约》实施机制主要包括两个并行的制度：对实施"综合效应"的评估和对每个发达国家缔约方绩效的个别评估。前者由作为《联合国气候变化框架公约》最高权力机构的缔约方会议及其两个附属机构（附属执行机构 SBI；附属技术咨询机构 SBSTA）负责[1]，有权定期审查各方义务并评估各方对《联合国气候变化框架公约》的执行情况以及采取措施的整体效果。对单个发达国家评估主要通过报告、审查和评估三步程序进行。其中，《联合国气候变化框架公约》第 12 条要求缔约方每年报告其人为排放和各种汇的清除的国家清单。对于该公约附件一所列发达国家提交报告的审查主要包括两个步骤：一是秘书处对报告资料进行技术检查；二是由缔约方推荐的专家组深入审查，不过深入缔约方国内审查通常需要事前征得有关方同意。对于实施的评估主要由一个多边协商委员会（MCC）来完成，其职责是向各方提供咨询意见以解决各缔约方实施问题，同时多边协商程序也允许一方就其本身或另一方的履约情况提出执行问题。考虑所提出的问题后，多边协商委员会将提出建议或措施实现对《联合国气候变化框架公约》的有效实施，其对缔约方的建议应限于"提供适当援助"的措施，包括技术援助、数据收集、财政转让、人力资源转让、技术转

---

〔1〕 N. Heitmann, S. Khalilian, "Accounting for Carbon Dioxide Emissions from International Shipping: Burden Sharing Under Different UNFCCC Allocation Options and Regime Scenarios", *Marine Policy*, Vol. 35, No. 5, 2011, pp. 682-691.

让以及财政机制的资金转让等措施[1]。整个程序将以一种促进、合作和非司法方式进行。

由此可见，现有的评估机制使得缔约方的实施过程透明化，借助国内审查能够准确了解某个缔约方在实施《联合国气候变化框架公约》过程中存在的问题，通过审查小组与各方对话促进问题解决，从而实现《联合国气候变化框架公约》的有效实施。但是，《联合国气候变化框架公约》本身对缔约方义务的规定就是模糊不清的，很难对缔约方执行情况进行有效评估，同时缔约方会议也未能建立对审查报告中确定的问题的应对机制，且协商委员会始终未能建立。事实上，《联合国气候变化框架公约》的多边协商程序属于实施《联合国气候变化框架公约》的工具，而不是监测缔约方行动的机制，同样也不应被认为是解决争议的机制[2]，所以多边协商程序的目的是帮助缔约方遵守《联合国气候变化框架公约》[3]，而不是裁定责任或实施制裁。因此，多边协商程序要求缔约方履行《联合国气候变化框架公约》下承诺更像是一个执行过程，而非一个遵约过程[4]。值得一提的是，由于无法就协商委员会的组成和规模达成一致，缔约方会议从未完成多边协商程序。

[1] M. Campins Eritja, X. Pons, L. H. Sancho, "Compliance Mechanisms in the Framework Convention on Climate Change and the Kyoto Protocol", *Revue Générale de Droit*, Vol. 34, No. 1, 2004, pp. 51-105.

[2] J. Werksman, "Designing a Compliance System for the UN Framework Convention on Climate Change", *Improving Compliance with International Environmental Law*, *Routledge*, 1996, pp. 159-165.

[3] D. Bodansky, "The United Nations Framework Convention on Climate Change: A Commentary", *Yale Journal of International Law*, Vol. 18, No. 2, 1993, pp. 451-558.

[4] Xueman Wang, Glenn Wiser, "The Implementation and Compliance Regimes Under the Climate Change Convention and Its Kyoto Protocol", *Global Environmental Law Annual*, 2003, pp. 135-154.

（二）《京都议定书》遵约机制分析

要实现国际环境条约所确定的目标就需要解决国际法上的遵约机制问题。应对气候变化需要缔约方事先愿意承担减排义务，需要适应各种各样的环境且国际社会要经常对此作出回应，这种框架机制与具有争议性、形式主义和基本双边性质的解决国际争端程序不甚匹配[1]。与《联合国气候变化框架公约》不同，《京都议定书》为《联合国气候变化框架公约》附件一所列发达国家设定了具有法律约束力的减排目标：在 1990 年排放水平基础上平均削减 5.2%。除了强制性减排目标，以及估算温室气体排放和消除的国家系统以报告温室气体排放，《京都议定书》还建立了三个市场机制：联合执行机制（JI）、清洁发展机制（CDM）和国际排放贸易机制（IET），不遵约将导致缔约方丧失参与此类交易的资格。虽然这样的减排目标尚不足以"防止人类活动对气候系统的危险干扰"，然而《京都议定书》下减排目标具有法律约束力，这就要配备强有力的遵守机制，否则其效力可能会受到损害。

基于能否实现强制性减排目标的不确定性，缔约方采用了传统和新颖的方式，以灵活和具有成本效益的方式促进遵守。《京都议定书》延续了《联合国气候变化框架公约》提高缔约方履约能力的方法鼓励遵约，借助援助激励发展中国家、东欧和俄罗斯等转型经济体减排。值得关注的是，《京都议定书》引入的市场机制，帮助《联合国气候变化框架公约》附件一中的国家通过与其他缔约方合作实现减排目标，同时允许缔约方通过获得森林、农业和其他"吸收"活动吸收和封存的碳额度抵

---

[1]　M. Ehrmann, "Procedures of Compliance Control in International Environmental Treaties", *Colorado Journal of International Environmental Law and Policy*, Vol. 13, No. 2, 2002, pp. 377-444.

消部分化石燃料排放，不过考虑到净温室气体排放和碳汇减排在计算方法上的不确定性，这一方法一直是《京都议定书》中最具争议的部分之一。

《京都议定书》继承了《联合国气候变化框架公约》下评估缔约方实施情况的总体程序，这些进程将由《联合国气候变化框架公约》缔约方会议和《京都议定书》缔约方会议（CMP）以及科技咨询机构和履行机构监督。与《联合国气候变化框架公约》不同，《京都议定书》建立了一个全面遵守制度来管理缔约方的遵守情况。《京都议定书》也采纳了报告、审查和评估遵约情况以及对不遵约情况作出反应，并健全和完善了具体的遵守制度。首先，为提高温室气体数据梳理质量，《京都议定书》明确了报告温室气体清单的规则，以促进信息的透明度、可比性、完整性和准确性。其次，在《联合国气候变化框架公约》的审查基础上，《京都议定书》依托审查进程继续与各方进行建设性对话以及时澄清和纠正问题，并加强事实调查在审查中的作用。最后，《京都议定书》成立专家评审小组以确保评审工作的客观和公正。

针对《联合国气候变化框架公约》中对单个缔约方执行问题的应对机制很薄弱的问题，2001 年第 7 次缔约方会议在摩洛哥通过《马拉喀什协定》，明确了有关《京都议定书》履约问题的一揽子高级别政治决定。《马拉喀什协定》设立了一个遵约委员会，其职责是向《京都议定书》缔约方提供建议和协助，确定不遵守情况，并对不遵守情况施加适当的后果。《联合国气候变化框架公约》在波恩的秘书处成为遵约委员会的秘书处，该委员会主要由两个部分构成："促进"机构和"执行"机构。两个分支机构均由 10 名成员组成，其中包括来自联合国五个官方区域（非洲、亚洲、拉丁美洲和加勒比、中欧和东欧、西欧和其他地区）各一名的代表，以及小岛屿发展中国家的一名代表，发达国家和经济转型国家缔约方和发展中国家缔约方各两个。委员会还举行由两个分会成员组成的全体会议，并由每个分会的主席和副主席组成的主席团支持其工作。

"促进"机构负责解决发达国家和经济转型国家缔约方执行旨在缓解气候变化的应对措施的问题，以尽量减少对发展中国家的不利影响，以及发达国家和经济转型国家缔约方使用这些机制作为国内行动的"补充"。同时，促进部门可以就潜在不遵守排放目标、与温室气体清单有关的方法和报告承诺以及在缔约方年度清单中报告补充信息的承诺提供"预警"。

"执行"机构是一个类似于司法部门的执行部门，其职责是确定发达国家和经济转型国家缔约方是否实现了其排放目标、是否遵守了其监测和报告要求，以及是否通过了参与灵活机制的资格测试。当执法部门发现某个缔约方未能遵守其中一项义务时，其将有权对该当事方施加适当的处罚。如果缔约方与专家评审小组发生分歧，执行部门应决定是对温室气体清单进行调整，还是对分配数量核算的编制核算数据库进行更正。就执法部门而言，每种类型的不遵约行为都需要采取特定的行动方案。例如，如果执法部门确定某缔约方的排放量超过其分配数量，则必须声明该缔约方不遵守规定，并要求该缔约方在实施期间补足其排放量与其分配数量之间的差额，第二个承诺期加30%的额外扣除。此外，还应要求该缔约方提交履约行动计划，并暂停该缔约方在排放权交易下进行转让的资格，直至该缔约方恢复资格。

执行机构将在收到执行问题后大约35周内解决该问题。在时间敏感的请求中，包括与参与机制的资格有关的请求，将适用涉及较短期限的快速程序。在《京都议定书》被书面通知此

类分歧的 12 周内，执行机构组将就是否对《京都议定书》第 5
条第 2 款规定的清单进行调整或更正《京都议定书》第 7 条第 4
款规定的配量核算的编制和核算数据库的分歧作出决定。除完
成初步审查的三周期限外，辅助部门没有规定固定期限。

三、《巴黎协定》遵约机制的缘起与发展

2011 年 11 月，《联合国气候变化框架公约》第 17 次缔约方
会议在南非德班开幕，会议设立了"加强行动德班平台特设工
作组"（简称"德班平台"），主要职责是将制定一个适用于所
有《联合国气候变化框架公约》缔约方的议定书、其他法律文
书或法律成果，作为 2020 年后各方减排和应对气候变化的依
据[1]，首次将印度、中国和巴西等主要新兴经济体纳入减排机
制。同时，德班平台还承诺各方根据 2015 年协议制定新的市场
机制，还提出在减缓、适应、资金、技术开发和转让、行动和
支持的透明度以及能力建设方面持续推进[2]。值得注意的是，
此时并未提出遵约机制。

2014 年利马气候大会之前，遵约问题开始进入各方关注的
视野，这是因为德班平台要进一步拟定谈判文本的草案内容，
同时要考虑减缓、适应、资金、技术开发和转让、行动和支持
的透明度以及能力建设等方面的工作[3]。基于一些当事方的干

〔1〕 王宏禹、王丹彤："动力与目的：中国在全球气候治理中身份转变的成
因"，载《东北亚论坛》2019 年第 4 期。

〔2〕 "Establishment of an Ad Hoc Working Group on the Durban Platform for En-
hanced Action", available at https://unfccc. int/files/meetings/durban_ nov_ 2011/deci-
sions/application/pdf/cop17_ durbanplatform. pdf, last visited on 2021-3-12.

〔3〕 "Decision 24/CP. 19, Revision of the UNFCCC Reporting Guidelines on Annual
Inventories for Parties Included in Annex I to the Convention", available at https://www.
miteco. gob. es/es/calidad-y-evaluacion-ambiental/temas/sistema-espanol-de-inventario-sei-/
24-cp-19_ tcm30-508433. pdf, last visited on 2021-3-12.

预和提议，在谈判中对于德班平台没有就明确的内容进行扩展，其中就包括有些缔约方提出要将其纳入遵约事项。对于这个问题，各方之间并未形成共识，有一些缔约方强烈建议支持建立对不遵约行为进行制裁的遵约文件，有些缔约方完全反对这种遵约机制，认为这是一种不成熟的做法，会影响和阻碍谈判文本的达成。会议期间，各方就《巴黎协定》对可能的遵约机制提出了不同的立场和观点，并在大会决议的附件中载明了谈判文本草案的要素以及正在进行的工作。值得关注的一点是，附件的脚注中提出"它们既没有表明所提出的建议趋于一致，也不排除在 2015 年谈判过程中出现新的建议"[1]。其中附件的 L 部分是关于"促进执行与遵约"（facilitating implementation and compliance)，其中规定"为了协助缔约方履行其承诺/贡献和/或以一种基于专家、非对抗和非司法的方式解决遵约问题，选项 1：理事机构应采用程序和/或机制；选项 2：合规机制或委员会/执行委员会/常设机构负责促进执行和遵守并评估缔约方的绩效；选项 3：应通过提高透明度来加强实施，包括通过根据《联合国气候变化框架公约》第 13 条审议多边协商进程；选项 4：不需要具体规定，随后列出了选项 1 和选项 2 所涵盖的因素"[2]。在利马气候决议中加入这些备选内容显示出这种制度设计功能主要是"为了协助缔约方履行其承诺/贡献和/或一种基于专家、非对抗和非司法的方式解决遵约问题"，但也清楚地表明当时对于加入遵约机制相关内容是一种可选项，而非必选

---

　　[1] "Decision 1/CP. 20, Lima Call for Climate Action, FCCC/CP/2014/10/Add. 1, Annex, Elements for a Draft Negotiating Text", available at https://unfccc. int/resource/docs/2014/cop20/eng/10a01. pdf#page=2%22, last visited on 2021-3-12.

　　[2] "Decision 1/CP. 20, Lima Call for Climate Action, FCCC/CP/2014/10/Add. 1, Annex, Elements for a Draft Negotiating Text", available at https://unfccc. int/resource/docs/2014/cop20/eng/10a01. pdf#page=2%22, last visited on 2021-3-12.

项，这显示出《巴黎协定》早期遵约机制面临的困难和问题。

基于利马气候大会期间对谈判协议规则重要性的认识，美国、欧盟、瑞士、澳大利亚和新加坡等国家在会后组成被称为"规则之友"（Friends of Rules）的非正式国家小组[1]，寻求既尊重主权但又能确保国家问责的程序，即"在广义上负有责任的地位"视角下构建《巴黎协定》的遵约机制。随后在 2015 年 2 月在瑞士日内瓦举办的德班平台第 2 届第 8 期会议上，明确了三种遵约方法[2]：①基本上没有差别的遵守和执行安排，还包括成立国际气候正义法庭的可能性；②有区别的安排，包括发达国家的强制性遵守机制和发展中国家的自愿促进论坛，以加强他们在缓解、适应和透明度方面的行动；③一个单一的遵守委员会，但有不同的部门，一个负责执行发达国家的承诺，另一个负责促进审查发展中国家所作的贡献并有大量的相应备选办法。

在《巴黎协定》遵约机制最终确定之前，一些缔约方对遵约问题提出了更多的干预机制，其中挪威在 2015 年 9 月提交了一份相信文件，涉及触发因素和不遵约行为后果等[3]，另一些缔约方则持保留或反对态度。在巴黎气候大会之前，谈判文本中关于遵约机制的内容非常多，从构建国际气候法庭到完全不提及促进执行和遵约，各方立场尚未形成共识。

---

　　[1]　Daniel Bodansky, "The Paris Climate Change Agreement: A New Hope?" *American Journal of International Law*, Vol. 110, No. 2, 2017, pp. 288-319.

　　[2]　"Ad Hoc Working Group on the Durban Platform for Enhanced Action, 8-13 February 2015, Geneva, Switzerland", available at https://unfccc.int/files/bodies/awg/application/pdf/negotiating_ text_ 12022015@ 2200. pdf, last visited on 2021-3-12.

　　[3]　"Submission by Norway Proposal for a Compliance and Implementation Mechanism (CIM)", available at https://www4.unfccc.int/sites/SubmissionsStaging/Documents/114_ 228_ 131226771682879425-Norway%20submission%20compliance.pdf, last visited on 2021-3-12.

四、《巴黎协定》遵约机制梳理

经过为期一周的磋商与谈判，《巴黎协定》最终通过了第 15 条的遵约机制，相比之前的谈判文本，最终文本在内容上大幅"瘦身"。

其第 15 条具体内容如下：

一、兹建立一个机制，以促进履行和遵守本协定的规定。

二、本条第一款所述的机制应由一个委员会组成，应以专家为主，并且是促进性的，行使职能时采取透明、非对抗的、非惩罚性的方式。委员会应特别关心缔约方各自的国家能力和情况。

三、该委员会应在作为本协定缔约方会议的《联合国气候变化框架公约》缔约方会议第一届会议通过的模式和程序下运作，每年向作为本协定缔约方会议的《联合国气候变化框架公约》缔约方会议提交报告。

（一）遵约机制的目标

依据《巴黎协定》第 15 条第 1 款规定，各方同意建立一个委员会，以促进《巴黎协定》各项规定的"实施"和推动"遵约"。这当然也是各方博弈的结果，最初是要确定遵约委员会或第 15 条委员会的两个角色：促进实施和推动遵约[1]，因为有的缔约方想要制定附有制裁措施的强有力的遵约机制，也有缔约方提出应该完全自愿遵约而不应该有遵约机制，最终达成的妥协是建立一个没有"牙齿"的遵约机制。不过相比之前的对

---

〔1〕 G. Zihua, C. Voigt, J. Werksman, "Facilitating Implementation and Promoting Compliance with the Paris Agreement Under Article 15: Conceptual Challenges and Pragmatic Choices", *Climate Law*, Vol. 9, No. 1-2, 2019, pp. 65-100.

是否构建遵约机制存在的分歧，遵约机制构建本身就是一项重大成就。本款明确了遵约机制的范围和目标，机制的适用范围并不局限于《巴黎协定》的特定条款内容，因为该款规定并未明确这一点。对于"本协定的规定"的理解，缔约方倾向于认可"促进实施"主要适用于《巴黎协定》的所有部分，而"推动遵约"则仅指强制性内容，主要是指报告要求。同时，机制的目的是促进实施和推动遵约，这样的目的可以从多种角度进行理解，比如从一维角度理解使用软法机制促进缔约方实施，同时使用强制措施推动缔约方遵约；同时也可以从两维角度理解：促进实施旨在帮助缔约方落实其在《巴黎协定》下的义务，以及推动遵约聚焦应对潜在的不遵约事项。毕竟第 15 条第 1 款最初仅仅使用了促进实施，后面加上了推动遵约，这表明在缔约方看来，促进实施与推动遵约并未完全一样。这一条款将决定第 15 条机制的设计，不过缔约方有权阐述和决定委员会认定事项的程序和范式。值得注意的是，本条款使用了"促进"，表明委员会只是发挥辅助作用，帮助缔约方确定如何遵守《巴黎协定》，而不是判断缔约方是否遵守了《巴黎协定》，这意味着如果缔约方没有遵守，委员会并无权对其进行制裁。

（二）遵约委员会的职能

《巴黎协定》第 15 条第 2 款规定该机制应由一个专家委员会组成，成员应在有关科学、技术、社会经济或法律领域具有公认的能力，行使职能时采取透明、非对抗的、非惩罚性的方式，委员会应特别关心缔约方各自的国家能力和情况。尽管明显缺乏效力，但这一软性遵约规定能够对不遵约行为进行识别，辅之透明度框架，将促使缔约方采取行动。同时，这些措辞一方面明确了委员会的核心特征，将会指导委员会的后续发展和运行；另一方面也强化了委员会作为"服务台"的定位，正如一

些评论者所称的那样，委员会的作用可包括帮助协调技术援助或
协助缔约方了解资金机会。本条款明确了委员会作为机制核心机
构的特点，并未排除随着时间的推移在该机制中增加其他因素的
可能性[1]，例如一些事实调查机构。

　　本条款并未对缔约方进行分类或适用具体措施，而是创建
了一个统一的机制，同时提到"委员会应特别关心缔约方各自
的国家能力和情况"，这符合《巴黎协定》的整体结构，很多义
务除了对最不发达国家和小岛屿国家提供灵活性，对于所有缔
约方都是一视同仁。与第 1 款一样，本条款也没有明确委员会
是否可以建立分支机构来实现机制的目标，不过委员会并无权
力确保缔约方遵约。2018 年卡托维兹气候大会通过了《巴黎协
定》的实施细则，明确了委员会为《巴黎协定》执行与遵约委
员会（Paris Agreement Implementation and Compliance Committee，
PAICC），重申了委员会的"促进"性质，强调其不会"发挥执
行或解决争端机制的作用"[2]。

　　《巴黎协定》第 15 条第 3 款明确委员会应在《巴黎协定》
第一届缔约方会议（CMA）通过的模式和程序下运行，《联合国
气候变化框架公约》缔约方会议将模式和程序开发委托给《巴
黎协定》特设工作组。该模式和程序将需要界定委员会工作的
范围、触发工作的机会以及委员的能力要求，同时要明确委员
会工作与《巴黎协定》其他进程的协同，尤其是与第 13 条和第

---

　　[1]　United Nations Environment Programme, "Guidelines on Compliance with and
Enforcement of Multilateral Environmental Agreements", available at https://wedocs. unep.
org/bitstream/handle/20. 500. 11822/17018/UNEP-guidelines-compliance-MEA. pdf? sequ-
ence=1&isAllowed=y, last visited on 2021-3-12.

　　[2]　L. Rajamani, D. Bodansky, "The Paris Rulebook: Balancing International Pre-
scriptiveness with National Discretion", *International & Comparative Law Quarterly*, Vol.
68, No. 4, 2019, pp. 1023-1040.

14 条的配合。

（三）遵约的流程分析

《巴黎协定》第 15 条第 1 款明确了委员会的权限与《巴黎协定》的所有条款有关，如何解释这一条款存在的争议以及委员会的工作范围如何界定是一个无法回避的问题。从遵约范式上看，《巴黎协定》基于"缔约方国内驱动"，并确立了遵约委员会不得实施处罚和制裁，强调了缔约方的自主遵约，集中在"促进遵约"，这主要是源于《京都议定书》执法式遵约并未导致更深入的合作和更高的减排雄心或有效的减排行动。概览整个《巴黎协定》的基本架构，并无任何有意义的自上而下的要素可以推动各方采取强有力的行动，这是因为一个强有力的、以实施为基础的遵约制度将鼓励缔约方只作出最低限度的承诺或完全退出该制度，从而减少而不是更多行动。当然，类似于《京都议定书》下的各种促进性努力，促进性遵约制度可以对整个制度的有效性作出重要贡献。

《巴黎协定》第 15 条指导建立"遵守"制度，其与关于透明度的第 13 条和关于全球盘点的第 14 条密切互动。第 15 条本身通过提及促进执行和推动遵约的机制，表明了这三条之间的密切联系。依据《巴黎协定》第 4 条对国家自主贡献义务的规定，第 13 条第 7 款要求缔约方报告其"温室气体源的人为排放和汇的清除的国家清单"并跟踪其在"实现国家自主贡献方面取得的进展所必需的信息"，比如发达国家提供资金、技术和能力建设方面的信息等。缔约方遵守第 4 条和第 13 条的报告要求也属于《巴黎协定》遵约体系的一部分，当然第 13 条对于缔约方自主贡献和履约进程的报告要求要考虑缔约方能力差异并以集体经验为基础，因而具有内在灵活性。透明度安排包括国家信息通报、两年期报告和两年期更新报告、国际评估和审查以及国际协商和分析。

　　同时，《巴黎协定》第 14 条"全球盘点"也是《巴黎协定》的基本组成部分之一，旨在建立反馈机制的过程，帮助各国监测《巴黎协定》的执行情况，并评估在实现长期气候目标方面取得的集体进展，从而实现将短期、当代气候行动与《巴黎协定》的总体长期目标联系起来。因此，全球盘点被视为《巴黎协定》机构雄心机制的核心齿轮，被认为会随着时间的推移催化缔约方雄心水平的动态增长。第一次全球盘点于 2023 年以及此后每五年进行一次，旨在以现有的最佳科技为基础，并向成员国通报更新和加强其国家自主贡献以实现其气候目标的情况。

　　因此，《巴黎协定》第 15 条遵约机制作为《巴黎协定》的一个重要的共同设计要素旨在确保《巴黎协定》条款的有效性。通过包括一项促进执行和推动遵守《巴黎协定》规定的安排，遵约机制可以实现一个涵盖所有规范的体系：从缔约方义务及承诺的设计和内容，到报告和审查《巴黎协定》各项规定的执行情况，解决不执行和/或不遵约问题，从而确保各方愿意就《巴黎协定》商定的条款采取后续行动。

第 2 章

《巴黎协定》遵约机制面临的困境

环境气候问题具有全球属性，如何最大程度执行和遵守多边环境公约项下的承诺是当前国际社会面临的重要挑战，国际法上对不遵约行为的传统惩戒方式已很难适用到应对全球公共领域（global commons）的议题[1]。实践中，相比费时、费钱、后顾性和敌对的争端解决机制，外交性、前瞻性、同行压力和以解决问题为驱动的方法更受青睐，因此多边环境公约的履约理论开始主要关注阻止不遵约行为，促进和管理遵约。《巴黎协定》是国际合作的典范，因为它将世界上几乎所有国家团结在一起来解决气候变化这一关键问题。2018 年《巴黎协定》缔约方在卡托维兹通过了实施的详细规则和程序，非正式地称为"巴黎规则手册"，明确了与治理、缓解、透明度、金融、定期全球盘点以及实施和遵约相关条款的具体内容。

一、《巴黎协定》治理框架体系挑战分析

2011 年德班气候大会上，南北双方同意在《联合国气候变化框架公约》的基础上设定德班平台，制定一个适用于所有

---

[1] D. Bodansky, "The Legal Character of the Paris Agreement", *Review of European*, *Comparative & International Environmental Law*, Vol. 25, No. 2, 2016, pp. 142–150.

《联合国气候变化框架公约》缔约方的法律文件。2015 年 12 月,《联合国气候变化框架公约》第 21 届缔约方会议于法国巴黎通过了《巴黎协定》,在继承《联合国气候变化框架公约》框架体系的基础上,为未来全球气候的治理奠定了全新的框架体系。

(一) 确立"双轨制"的混合机制

在减排目标上,吸取《京都议定书》缺乏长期减排目标导致第二履约期迟迟未能实施的教训,《巴黎协定》第 2 条设置了总体减排目标,将全球平均气温升幅控制在工业化前水平以上低于 2℃ 之内,并努力将气温升幅限制在工业化前水平以上 1.5℃ 之内。总体减排目标设定之后,《巴黎协定》并未对缔约方制定具体的规制指标或减排参数,而是在程序上规定了五年盘点的"楔形"程序机制。依据缔约方提交的国家自主贡献,评估各方的减排实际情况和本协定宗旨和目标的实现情况,激励和促使各方调整和加强其国家自主贡献力度和行动力,强化国际减排合作。这种"自下而上"的单元层次合作机制有别于《京都议定书》"自上而下"的体系合作,更加注重个体差异性,运用责任和道义激励来实现和完成长期减排目标。

在减排主体上,《巴黎协定》取消了发达国家和发展中国家的"二元"结构,摒弃了《京都议定书》的附件清单,强调每个缔约方都应积极参与减排,但也照顾到了一些特殊缔约方,如小岛屿国家、最不发达国家等。同时,治理主体从国家转向多层次主体。2009 年哥本哈根世界气候大会进展有限,很多非政府组织和企业都加入了世界气候大会中谈判,《巴黎协定》首次正式肯定了这一做法,将很多非国家行为体也纳入进来[1],

---

〔1〕 K. Bäckstrand et al., "Non-State Actors in Global Climate Governance: From Copenhagen to Paris and Beyond", *Environmental Politics*, Vol. 26, No. 4, 2017, pp. 561-579.

激发和鼓励全球气候治理主体多元化。

盘点机制上,《巴黎协定》侧重"自上而下"的督促机制。基于缔约方自主贡献的自愿性能够激发更多主体参与减排,但隐忧则是单元层次减排总和依然难以满足总体减排目标,因此需要借助"自上而下"的核算和遵约机制,借助行动盘点机制来提高行动力度,借助防止各方减排倒退的"楔形机制"来约束各方调整和强化自主贡献以实现全球减排目标。

(二)自主减排贡献的"自主性"

《巴黎协定》奠定了全球气候合作新的框架体系,如第 15 条规定构建一个机制"促进履行和遵守本协定",具体包括:国家自主贡献属于公开文件,技术专家对缔约方执行和实施国家自主贡献的信息进行评估核算,对各方履约进行盘点,促进全球减排目标实现,最后通过一种委员会采用"透明、非对抗的、非惩罚性的方式"行使职能。所以,《巴黎协定》开启了"国家自主减排+定期盘点"的单元层次减排模式,其中,编制自主减排贡献方案、接受核算评估等是各方必须承担的法律义务[1],凸显了程序规制的法定性和强制性。但是,缔约方在减排方案的力度和形式上享有自主性和自由性,体现出很强的个体属性。

作为基础性文件,各国提交的"自主减排贡献"自主性体现在约束目标的多元化,如约束目标、行动政策和其他措施的差异化明显。截至 2018 年底,一共有 165 个成员提交了自主减排贡献,有四分之一成员提出要采取绝对削减目标,将近一半成员提出相对削减目标,将近四分之一成员没有提出任何可量化的目标,这一方面导致量化困难,另一方面则是各国减排政策的

---

[1] 李慧明:"全球气候治理新变化与中国的气候外交",载《南京工业大学学报(社会科学版)》2017 年第 1 期。

多元化[1]。同时，将近一半成员明确表示将通过入网补贴等财政激励措施支持可再生能源发展；三分之一成员表示将会优化生产过程来降低温室气体的排放；三个成员提到将会实施碳税；两个成员将会对进口高耗能的产品使用标签标注[2]。通常而言，国家自主贡献这些减排措施主要集中在支持可再生能源发展、优化生产过程、提升能效，以及强化固体废弃物管理等方面。

（三）第 15 条遵约机制的必要性分析

《巴黎协定》不同于《京都议定书》范式，采用促进实施和推动遵约主张是因为遵约制度有利于实现《巴黎协定》的减排目标，尤其随着时间的推移，《巴黎协定》在激励遵约、改进执行以及提高减排雄心方面必须发挥重要作用。

考虑到气候合作的长期性和复杂性，《巴黎协定》与基于执法的遵约机制在性质上不匹配，强行匹配甚至会产生相反的效果。《巴黎协定》采取"自下而上"的合作范式，借助"自主贡献+五年盘点"的阶段性沟通范式[3]，旨在阶段性推进合作不断深入和设定更高的减排目标或更有效的减排行动。但是，这种以缔约方国内驱动为基础的遵约体系将鼓励各方只作出最低限度的承诺，或者完全退出该体系，进而导致减排行动减少而不是增加。《京都议定书》虽然在第一承诺期设置了基于执法的遵约机制，但遭遇到了部分缔约方在第二承诺期的退出，也

---

〔1〕　孙永平、胡雷："全球气候治理模式的重构与中国行动策略"，载《南京社会科学》2017 年第 6 期。

〔2〕　"联合国气候变化框架公约秘书处应对气候变化国家自主贡献提交信息"，载 https://www4. unfccc. int/sites/submissions/indc/Submission%20Pages/submissions. aspx，最后访问日期：2018 年 12 月 30 日。

〔3〕　魏庆坡："美国宣布退出对《巴黎协定》遵约机制的启示及完善"，载《国际商务（对外经济贸易大学学报）》2020 年第 6 期。

宣告了该遵约机制的失败。同时，《巴黎协定》促进性遵约有利于提升各方遵约能力，进而对整个制度的有效性作出贡献，即使在《京都议定书》的情况下，最终促使遵约的也是规范的建立，而不是惩罚。

《巴黎协定》实施细则已经明确第 15 条机制属于促进型，而非惩戒型。与《京都议定书》的两个独立分支机构不同，《巴黎协定》第 15 条遵约机制设立了一个常设委员会，主要履行法律义务比如程序义务，对非约束性承诺义务履行具有裁量度，且只有在相关方同意的情况下才可以行使该职能。

委员会可以诉诸的手段包括与相关方进行沟通，扮演一个促进角色，利用其资金、技术或能力建设来建议缔约方采取减排行动计划以及发布一些事项[1]。虽然《巴黎协定》实施细则没有明确仅能诉诸这些手段，但目前看委员会偏离这些措施的空间不大，因此委员会实际上可以指出一些缔约方没有履行其减排承诺，并可以帮助该缔约方继续履行，但不能施加任何制裁或其他"后果"。由此可见，第 15 条遵约机制在执行功能上存在不足，在促进功能上也不够。在没有制裁和有效监管的背景下，其促进遵约价值和功能存在一定缺陷，同时，触发机制也存在不足，且促进遵约措施的选项过于有限，这使得很多行为要让步于政治判断，而非基于规则，导致第 15 条遵约机制存在缺陷和不足。如此，《巴黎协定》遵约机制的有效性将取决于不遵约缔约方履行其承诺和实施建议的意愿，此时遵约机制应该有一套应对的技术方法或政治手段，因为采用执行制裁机

---

[1] "Modalities and Procedures for the Effective Operation of the Committee to Facilitate Implementation and Promote Compliance Referred to in Article 15, Paragraph 2, of the Paris Agreement", available at https://unfccc.int/sites/default/files/resource/cma2018_3_add2_new_advance.pdf#page=59, last visited on 2021-3-12.

制可能促使缔约方为避免不遵约的负面后果而退出《巴黎协定》。

二、《巴黎协定》遵约机制的假设与有效性存在不足

《巴黎协定》的达成是一个里程碑式的事件，因为它将所有国家团结在一起开展雄心勃勃的气候蓝图，旨在创设一个全球框架，将 21 世纪内全球气温上升限制在 2℃之内，如果可能，最好是控制在 1.5℃之内。但是"国内驱动型"气候治理范式取得成功的前提是缔约方齐心协力，然而《巴黎协定》对其成员如何履行承诺和承担责任几乎没有限制。

（一）《巴黎协定》遵约假设存在不足

遵约机制的构建不仅要对《巴黎协定》所针对的问题保持敏感，更要契合其条款和独特性质。相比《京都议定书》实体性、目标性义务，采用"承诺与评审（Pledge-and-Review）"模式使《巴黎协定》更加倚重程序规则以及对缔约方减排政策和措施的编纂与评估，标志着全球气候治理开始从"目标导向"的达约模式转向"管理路径"的履约模式。然而，《巴黎协定》"自主贡献+定期盘点"的范式性质本身决定了其遵约模式的弱化，尤其面对美国"退而不出"的状态，遵约机制遭遇到了前所未有的挑战与危机。

《巴黎协定》第 15 条第 1 款明确了遵约机制的整体范围、目的和功能。虽然没有明确提出涵盖所有条款，但结合促进实施和推动遵约，遵约机制在范围上并非局限于某个特定条款，而是囊括了协定的所有条款。促进实施和推动遵约的目的赋予了遵约机制多项功能：既包括连续单一化的履约功能，即利用弱化措施促进实施和借助强制措施推动遵约，也包括两种截然不同的功能，促进实施即帮助缔约方履行在《巴黎协定》下的

义务，推动遵约即解决可能出现一些与不遵约相关的问题[1]。第 15 条第 2 款规定遵约机制的体制结构和核心特点：由专家组成的委员会构成，性质应是促进性、透明性、非对抗性和非惩罚性。作为一个统一机制，委员会在具体模式和程序要求上"特别关心缔约方各自的国家能力和情况"，但并未提出具体措施。第 15 条第 3 款规定了遵约机制的未来发展和设计。缔约方会议决定由《巴黎协定》特设工作组（APA）负责设计委员会的工作模式和程序，包括精确工作范围、遵约程序启动、独立性、正当程序和可采取的措施，以及委员会与其他机制之间的关系，包括第 13 条和第 14 条项下的个体或集体评审等。

同时，遵约机制构建还隐含了与《巴黎协定》其他机制的关系，尤其是第 13 条的透明度框架、第 14 条的全球盘点机制，以及第 6 条的自愿合作机制。其中，透明度框架与遵约机制在信息利用上需要相互补充，透明度要求也可触发遵约机制启动等；遵约委员会的年度或特定报告也可供全球盘点参考，全球盘点亦可反映缔约方在履约方面的问题，为遵约委员会讨论一般性遵约问题提供参考；第 6 条的自愿合作机制能够帮助缔约方实现自主贡献目标，进而有助于遵约。

由上可知，依据国际关系社会建构主义构建的《巴黎协定》遵约机制，借助制度体系、交易成本、国际声誉、因果关系上的共同理解等凸显预设理念以强化履约约束，进而促进缔约方开展减排行动。国际法学家艾布拉姆·蔡斯等人也提出应该把国家遵

─────────

〔1〕 "COP 21 Agenda Item 4（b）Durban Platform for Enhanced Action（decision 1/CP. 17）Adoption of a Protocol, Another Legal Instrument, or an Agreed Outcome with Legal Force Under the Convention Applicable to All Parties Version 2 of 10 December 2015 at 21：00 Article 11. 1 of Paris Agreement", available at https://unfccc. int/resource/docs/2015/cop21/eng/da02. pdf, last visited on 2019-9-28.

约看成一个谈判过程，缔约不是结束，而是新的开始[1]。这种"管理路径"的遵约机制有助于强化缔约方履约能力，增加透明度和遵约机制的设计来促进缔约方之间的交流，解决缔约方的履约能力不足以及条约随时间产生的社会、经济及政治方面的变化等问题。而且，整个《巴黎协定》的减排理念、体系架构、遵约机制等设计，尤其强调"执行"自主贡献[2]而非实现自主贡献的结果的范式都有迎合美国的痕迹[3]。然而，所有这一切能够发挥作用的前提是缔约方加入这套体系，如果缔约方故意选择退出《巴黎协定》，那么这种"管理路径"遵约机制优势不仅将消失殆尽，而且还会因缺乏法律约束力而被动无助。

（二）《巴黎协定》有效性三难问题

气候条约的有效性依赖三个要件：广泛参与、减排雄心、充分遵约，实现一个或两个要件都有可能，但要同时平衡这三个要件则是一个重要的挑战[4]，因为这三个要件对于确保《巴黎协定》的有效性非常重要，优先考虑三个要件中的任何一个都有可能破坏其他要件[5]。比如《联合国气候变化框架公约》

---

〔1〕 Abram Chayes, Antonia Handler Chayes, "Compliance Without Enforcement: State Behavior Under Regulatory Treaties", *Negotiation Journal*, Vol. 7, No. 3, 1991, pp. 311-330.

〔2〕 事实上，欧盟一直支持给予"自主贡献"法律效力，但遭到了美国、印度等的反对，认为这将赋予"自主贡献"法律约束力使其获得与《京都议定书》同样的法律地位。欧盟为获得美国等支持退而求其次，支持放弃"自主贡献"本身法律约束力，主张各缔约方"执行"他们的"自主贡献"，借助相对较强的程序义务，强化实施义务而非最终结果。

〔3〕 Luke Kemp, "Bypassing the 'Ratification Straitjacket': Reviewing US Legal Participation in a Climate Agreement", *Climate Policy*, Vol. 16, No. 8, 2016, pp. 1011-1028.

〔4〕 R. S. Dimitrov, "The Paris Agreement on Climate Change: Behind Closed Doors", *Global Environmental Politics*, Vol. 16, No. 3, 2016, pp. 1-11.

〔5〕 Scott Barrett, *Environment and Statecraft: The Strategy of Environmental Treaty-Making*, Oxford University Press, 2005.

最初获得 150 多个缔约方签署，但并未为缔约方核定任何排放目标，也未明确任何缓解机制。相比之下，《京都议定书》制定了阶段性排放目标和强有力的实施体系，不过仅适用《联合国气候变化框架公约》附件一国家，不满足广泛性要求。此后又出现了对参与的重视，2009 年《哥本哈根协议》和 2015 年《巴黎协定》下的承诺与评审就体现了这一点，前者获得了 110 多个国家参与，并确定了富有雄心的减排目标，但该协议没有法律效力，也没有强制遵约机制；后者引入了"承诺与评审"模式，由缔约方向《联合国气候变化框架公约》秘书处作出自主减排贡献承诺，然后定期以《巴黎协定》总体减排目标（远低于 2℃）为准对自主贡献履行情况进行全球盘点。

1. 广泛参与

《巴黎协定》为所有缔约方确定了一个共同的长期目标，即"在本世纪下半叶实现温室气体源的人为排放与汇的清除之间的平衡"，并将全球变暖限制在远低于 2℃，理想情况下为 1.5℃。相比《京都议定书》缺乏长期减排目标和仅仅要求工业化国家作出减排承诺，《巴黎协定》表明气候变化是一个全人类共同关注的问题，且《巴黎协定》对所有缔约方长期有效。

为了实现《巴黎协定》的愿景和长期目标，《巴黎协定》的差异化做法并未延续之前《联合国气候变化框架公约》和《京都议定书》区分"发达国家"与"发展中国家"的做法，其差异化做法更具有普遍适用性。气候变化公约若要各方普遍接受就要在设计上考虑分配正义，《巴黎协定》分配正义的自决方法赋予了《巴黎协定》开放性和持续性，因为这更适合于随着时间的推移而变化的政治和经济环境。

2. 减排雄心

《巴黎协定》因未能充分改变激励措施以消除"搭便车"

问题而受到批评，但《巴黎协定》似乎蕴含通过其他方式减少缔约方"搭便车"的机理，比如《巴黎协定》的普遍性、其关于改变经济激励的信号以及其对非国家行为体的责任下放，可能会减少强有力执行的必要性。

《巴黎协定》的"承诺与评审"机制使缔约方能够单独决定和承担自身的减排承诺，体现了国家自主性和自决权。显然，广泛的参与是《巴黎协定》的一个成功之处，然而姑且不论某些发展中国家是否有履约能力，仅在"自下而上"的减排机制下，广泛的参与能否确保足够的减排雄心和持续的遵约能力是一个不确定的问题。缔约方对自主贡献采取了不同的表达方式，比如总排放量减排、排放强度减排、与往常相比的排放量、有无国际抵消的排放量等，这导致很难形成横向对比，进而影响缔约方的减排雄心。

此外，因能力不足和资金技术所限，发展中国家遵约的可能性受到影响。不可否认，来自发达国家的气候融资可以提高发展中国家的遵约意愿和可能性。同时，缔约方在承诺"自主贡献"上总体趋于谨慎，不会承诺一些自身无法遵守的义务。

3. 充分遵约

有学者提出广泛的参与使得《巴黎协定》在本质上趋于"肤浅"，因为《巴黎协定》想要获得所有参与者的同意和接受，这意味着《巴黎协定》很可能包含减排雄心和遵约赤字，解决参与方减排雄心不足的唯一选择就是构建强有力的实施机制[1]。因为仅仅依靠审查过程来改变"搭便车"的行为是不明智的，应该在缔约方之间达成协议，将重点放在涉及促进协调的个别集体和部门的选择上，有条件的合作伙伴可以提供

---

[1] S. Barrett, A. Dannenberg, "An Experimental Ivestigation Into 'Pledge and Review' in Climate Negotiations", *Climatic Change*, Vol. 138, No. 1, 2016, pp. 339−351.

"大棒和胡萝卜"组合,以扩大参与和提升减排贡献。

反观《巴黎协定》,缔约方的减排雄心完全自主确定,未对缔约方提出任何减排雄心的要求,更没有任何制裁机制来强制缔约方遵守其减排承诺的目标。因此,《巴黎协定》似乎在参与减排与减排雄心之间存在一种权衡,在参与减排与遵守承诺之间也存在一种权衡,因为《巴黎协定》等普遍广泛的协议肯定伴随着最不感兴趣的缔约方的偏好,因此《巴黎协定》很可能包含遵约赤字。

三、《巴黎协定》遵约机制对缔约方违约无计可施

与其他多边环境协定一样,《巴黎协定》的遵约机制通过培养和维系缔约方之间的信任,提升履约能力、澄清条款歧义和阻止"搭便车"等强化协定的实施和促进更多合作。基于2018年卡托维兹气候大会的决议,结合《巴黎协定》第15条第2款促进性、透明性、非对抗性和非惩罚性的规定,以及第3款工作模式和程序分析,第15条创设的专家组成委员会可采取措施包括对话、信息、建议、特定流程、协助渠道、行动计划等。将履约责任从国际转到国内是一把双刃剑,使得《巴黎协定》遵约严重依赖缔约方国内政治。对气候政策和国际机构怀有不满情绪的团体在法国和美国的崛起引发了这两个国家不遵约的担忧,比如特朗普政府直接选择退出《巴黎协定》。

特朗普政府宣布退出《巴黎协定》后全面逆转气候变化政策背离了美国的"自主减排贡献"承诺,违反了《巴黎协定》的规范性期待,是对《巴黎协定》的根本性违反。除此之外,美国也违反了《联合国气候变化框架公约》和中美关于气候变化的声明。但是,依据《巴黎协定》的遵约机制,专家委员会仅有权启动宣布美国违反协定的准司法程序的权力——"点名

羞辱"（Name and Shame），旨在通过国际社会舆论压力来督促违反协定的国家实施减排和完成履约。此外，并不存在其他机制能够强迫特朗普政府依照《巴黎协定》第 28 条规定的法律程序退出，亦无条款要求美国在正式退出之前仍要执行协定。

　　事实上，在特朗普宣布退出《巴黎协定》后，中国、德国、法国、意大利、加拿大、澳大利亚等国家纷纷表示将继续执行《巴黎协定》，并对美国的退出行为表示失望和谴责[1]，时任联合国秘书长的潘基文指出美国的退出对削减世界温室气体排放是一个重击[2]。在缺乏惩罚机制的情况下轻易退出《巴黎协定》是一个主要漏洞，尽管在某些情况下，民间社会、个人和其他利益相关方确实通过国内法院，甚至可能通过国际法院和法庭，向成员国施加压力，要求其履行义务，但这些努力在很大程度上似乎是无效的。在没有严厉惩罚和惩罚性行动的情况下，这种轻易退出不仅破坏了全球气候合作，而且给其他国家带来了额外负担，也阻碍了其他国家实现更接近《巴黎协定》制定的宏伟目标。

　　需要指出的是，"点名羞辱"并未奏效，美国退出及其"去气候化"行为不仅对协定所创设的减排合作造成了破坏，而且可能对其他缔约方产生错误的示范效应。诚然，《巴黎协定》作为一项具有法律约束力的国际协定，对美国明目张胆地违反协定的行为却束手无策，凸显了协定遵约机制所面临的挑战与危机。

---

　　[1]　Laura Smith-Spark, "World Leaders Condemn Trump's Decision to Quit Paris Climate Deal", available at https://edition. cnn. com/2017/06/02/world/us-climate-world-reacts/index. html, last visited on 2019-11-12.

　　[2]　Ilja Richard Pavone, "The Paris Agreement and the Trump Administration: Road to Nowhere?" *Journal of International Studies*, Vol. 11, No. 1, 2018, pp. 34-49.

第 3 章

缔约方遵约与委员会权力之间的边界研究

长期以来，学界对管理范式和规范建设努力的促进方法与威慑和激励的执行模式的孰是孰非，一直众说纷纭，莫衷一是。《巴黎协定》第 2 条规定了将全球平均气温升幅控制在远低于工业化前水平 2℃的范围内，并努力将气温升幅控制在比工业化前水平高 1.5℃的范围内的总体目标，因此，有效遵约和促进遵约谁更有可能帮助《巴黎协定》实现减排目标才是气候治理关注的焦点问题。

一、不同遵约范式下缔约方遵约之分析

一般意义上，遵约意味着国家的行为符合国际条约或国际习惯的规则要求。如果这些规则的标准很低，那么缔约方很容易达到而不需要对其行为进行重大调整，此时规则很容易获得缔约方的接受和认可。然而气候变化属于重大发展问题，与社会经济和民生福祉直接相关，从历次气候大会上的博弈来看，缔约方具有"搭便车"的可能。

(一) 管理遵约范式评析

20 世纪 90 年代中期，艾布拉姆·蔡斯和安东尼娅·汉德勒·蔡斯在《新主权》(*New Sovereignty*) 中提出采用一种"促

进范式"（Facilitative Approach）帮助缔约方遵约[1]，该理论挑战了顺从的理性选择理论的基本假设，即国家只有在符合其短期利益的情况下才遵守国际义务。管理遵约范式认为大多数情况下，不遵约主要是因为规范不清楚或遵约主体能力有限，因此提出透明度、争端解决和能力建设来"管理"不遵约行为，并说服各国在大多数情况下遵守规范。

该理论认为缔约方批准一项条约或接受一项义务意味着不遵守该条约或义务就要付出努力和成本，这意味着偏离该条约或义务所确定的规范需要刻意为之。同时，缔约方自愿承担义务有利于形成共识，在国际层面会使缔约方参与人员对条约及其目标产生"主人翁"的责任感和支配感，国内层面会在内部形成遵约符合本国最佳利益的一种假设。当然，笔者也提到了强有力的对抗情形会促使缔约方不遵约，很少有缔约方刻意违反条约或规范。同时，条约内容语焉不详、缔约方履约能力有限以及意外干预事件都会导致缔约方不遵约。职是之故，遵约机制应重点考虑条约的透明度、说服力和实现遵约能力，而非采取强制的制裁威慑缔约方遵约，因为这样遵约机制会弊大于利。

管理遵约范式从促进遵约的角度，关注到了条约内容设计"缔约方友好型"的要求，这样更容易在国内和国际形成遵约的积极因素和动力。不过这一切都是在遵约主体主观上有遵约意愿的前提下进行的，如果遵约主体主观上存在"故意不遵约"的情形，那么这种管理遵约范式可能并不合适。

---

[1]　Abram Chayes, Antonia Handler Chayes, *The New Sovereignty*: *Compliance with International Regulatory Agreements*, Harvard University Press, 1998.

（二）执行遵约范式评析

基于管理遵约范式的不足，有人认为要引入"严厉的制裁"[1]，包括不遵约的代价或丧失相关利益的措施，在条约要求改变缔约方行为与"保持现状"存在重大背离的情形下，以及缔约方有强烈的不遵约动机时，引入制裁措施是非常必要的。当然，如果不要求缔约方大幅度调整现行行为的情况下，引入制裁机制的必要性似乎相对较小，但如果需要缔约方大幅度背离当前行为，缺少更好的实施机制则很难实现这样的目标。

不可否认，应对气候变化要求缔约方调整当前的排放行为，是一项系统性社会经济改革。在《巴黎协定》中，条约目标反映在一个集体目标上，即将全球平均气温升幅控制在远低于工业化前水平 2℃ 的范围内，并努力将气温升幅控制在比工业化前水平高 1.5℃ 的范围内。个体是否有效遵约直接影响集体减排目标能否实现，因此，在技术遵从性的同时也要考虑遵从的有效性。执行遵约意识到缔约方遵约意愿并非总与国际条约或国际习惯具有一致性，尤其该目标要求大幅度调整缔约方行为时，缔约方不遵约的概率大大提高，因而提出引入强制性制裁威慑缔约方。然而这种侵入性的执行遵约机制并未考虑当前国家主权背景下国家之上无权威的现状，严厉的制裁措施必将招致部分缔约方的反对和抵制，最后导致条约丧失广泛性和参与性，成效性自然更低。

（三）混合遵约范式评析

当前，《巴黎协定》要求国际社会加强合作应对气候变化，缔约方确有动机逃避遵约，在缺乏更好执法的情形下实现《巴

---

[1] George W. Downs, David M. Rocke, Peter N. Barsoon, "Is the Good News About Compliance Good News About Cooperation?" *International Organization*, Vol. 50, No. 3, 1996, pp. 379-406.

黎协定》制定的目标似乎不太可能。然而《巴黎协定》采取的遵约机制并无任何执行措施，也不能显著改变缔约方行为，尤其无法有效督促缔约方提升自主贡献的减排雄心。

这就需要改变之前管理遵约范式与执行遵约范式的二分法，从遵约实效的角度寻求二者的组合使用。当然，该说法并非凭空产生，组合使用管理遵约范式和执行遵约范式具有管理理论的背书〔1〕，在监管机构利用执法金字塔的情况下遵约最容易发生，其响应反映了逐步提升的侵入性措施。由此可见，当单纯使用管理遵约范式面临失败的时候，似乎毫无应对工具和举措可用。故而从最广泛合作的角度出发，构建激励与约束并重的遵约机制更有利于实现条约的实效。

因此，《巴黎协定》可主要依靠"促进型"遵约机制，在那些持续严重不遵约情形下可引入执行遵约措施，确保缔约方有效遵约，进而实现《巴黎协定》的总体减排目标。

二、《巴黎协定》遵约委员会的组成与职能分析

《巴黎协定》的遵约体系脱离了有效的遵约战略，放弃了执行遵约模式，完全依赖于促进措施。基于《巴黎协定》第 15 条的文本规定，卡托维兹气候大会再次确认了该机制不应作为执行或争端解决机制，也不应施加惩罚和制裁，并应尊重缔约方的国家主权，这样就导致遵约机制只剩下沟通、能力建设援助、制订行动计划和事实调查了。

（一）遵约委员会组成分析

巴黎气候大会通过《巴黎协定》的决定文件明确委员会应由 12 名在相关科学、技术、社会经济或法律领域具有公认能力

---

〔1〕　I. Ayres, J. Braithwaite, *Responsive Regulation: Transcending the Deregulation Debate*, Oxford University Press, 1995.

的成员组成，由作为《巴黎协定》缔约方在公平地域代表性的基础上，联合国五个区域集团各有两名成员，小岛屿发展中国家和最不发达国家各一名，同时考虑到性别平等的目标平衡。它是一个常设委员会，这意味着委员会随时准备处理摆在它面前的问题，而没有任何拖延或烦琐的选择过程。委员会将以"透明的方式"运作，但其具体程序保密，委员会成员会议也是封闭式的，只有委员、候补委员和秘书处官员可以出席。

卡托维兹气候大会进一步明确了委员会的运作，确定委员会的成员应由缔约方选举产生，任期三年，最多连任两届。在委员会成立后，需要选出两名联合主席。委员会每年至少举办两次会议，最好能与《巴黎协定》服务的附属机构会议同时举办。

目前，委员会由 12 名成员组成，其中联合主席为克里斯蒂娜女士和哈西布·戈哈尔（Haseeb Gohar）先生，五个区域各有两名委员，小岛屿发展中国家（SIDS）和最不发达国家（LDC）各有一名委员，同时考虑到了性别平衡的目标。

委员会组成信息表
（由联合国气候变化官网相关信息整理）[1]

区域	成员	国家	后补	国家
非洲	塞拉姆·基丹-阿贝贝（Selam Kidane-Abebe）女士	埃塞俄比亚	莫米纳塔·孔波雷（Mominata Compaore）女士	布基纳法索
	哈皮·坎布尔（Happy Khambule）先生	南非	乔克里·梅兹加尼（Chokri Mezghani）先生	突尼斯

---

〔1〕 Paris Agreement Implementation and Compliance Committee（PAICC）, available at https://unfccc. int/PAICC#Meetings-of-the-committee, last visited on 2021-10-10.

区域	成员	国家	后补	国家
亚太地区	尚宝熙先生	中国	佐藤智信（Tomonobu Sato）先生	日本
	哈西布·戈哈尔先生	巴基斯坦	刘胜植（Seung Jick Yoo）先生	韩国
东欧	伊娃·阿达莫娃（Eva Adamová）女士	捷克	格热戈日·格罗比茨基（Grzegorz Grobicki）先生	波兰
	格里戈里·尤尔金（Grigory Yulkin）先生	俄罗斯联邦	伊万·纳尔克维奇（Ivan Narkevitch）先生	白俄罗斯
拉丁美洲和加勒比地区	何塞·费利克斯·平托-巴祖尔科·巴兰迪亚兰（José Félix Pinto-Bazurco Barandiarán）先生	秘鲁	米查·罗伯逊（Michai Robertson）先生	安提瓜和巴布达
	希梅纳·涅托（Jimena Nieto）女士	哥伦比亚	埃德加·费尔南德斯费尔南德斯（Edgar Fernandez Fernandez）先生	哥斯达黎加
西欧及其他集团	雅各布·沃克斯曼（Jacob Werksman）先生	英国	约翰·佩特森（Johan Pettersson）先生	瑞典
	克里斯蒂娜·沃伊特女士	挪威	安德鲁·纽斯塔特（Andrew Neustaetter）先生	美国
最不发达国家	齐奥·哈克（Ziaul Haque）先生	孟加拉国	尤尼斯·阿辛古扎（Eunice Asinguza）女士	乌干达
小岛屿发展中国家	鲁安娜·海恩斯（Rueanna Haynes）女士	特立尼达和多巴哥	黛安·谭（Diane Tan）女士	新加坡

（二）遵约委员会职能分析

《巴黎协定》第 15 条提出的委员会将通过鼓励缔约方执行《巴黎协定》和要求缔约方对其履约方面负责来加强《巴黎协定》的有效运作，这需要在《巴黎协定》缔约方之间建立信心和信任。

依据卡托维兹气候大会第 20/CMA.1 号决定附件，第 20 段、第 22 段以及第 32 段至第 34 段进一步阐述了委员会的职能。第 22 段规定，如果缔约方没有做到如下事项：（a）根据《巴黎协定》第 4 条第 12 款所述公共登记处的最新通信状态，根据《巴黎协定》第 4 条传达或维持国家自主贡献；（b）根据《巴黎协定》第 13 条第 7 款和第 9 款或第 9 条第 7 款提交强制性报告或信息通报；（c）参与促进性的多边进展审议；（d）根据《巴黎协定》第 9 条第 5 款提交了强制性信息通报，委员会将开始考虑这些议题。

第 20/CMA.1 号决定附件第 22 段还规定，在获得有关缔约方同意的情况下，如果缔约方提供的透明度信息与报告的方式、程序和准则存在显著和持续不一致的情况，如"建议"中所指出的那样在最终的技术专家审评报告中，经缔约方同意，委员会可审议这些问题。这一审议将基于《巴黎协定》第 13 条第 11 款和第 12 款编写的最后技术专家审查报告中提出的建议，以及该缔约方在审查期间提供的任何书面意见。在审议这些事项时，委员会应考虑到《巴黎协定》第 13 条第 14 款和第 15 款，以及《巴黎协定》第 13 条所规定的方式、程序和指导方针为根据其能力有需要的发展中国家缔约方提供灵活性。

在履行上述职责时，委员会应遵循透明、便利、非对抗性和非惩罚性职能的原则，特别注意缔约方各自的国家能力和情况。这将适用于委员会有效运作所必需的任何事项，包括委员会联合主席的作用、利益冲突、与委员会工作有关的任何额外时间表、委员会工作的程序阶段和时间表以及委员会决定的理由。在此基础上，委员会应遵循下列规则：首先，不能改变《巴黎协定》各项规定的法律性质，在审议促进执行和推动遵约

时，委员会应努力在进程的所有阶段建设性地同有关当事方接
触和协商，包括邀请书面意见和提供发表意见的机会。其次，
要依据《巴黎协定》规定，特别注意各缔约方的国家能力和情
况，认识到最不发达国家和小岛屿发展中国家在进程中的所有
阶段的特殊情况，包括确定如何与有关缔约方协商、可向有关
缔约方提供何种援助以支持其与委员会的接触，以及在每种情
况下采取何种适当措施以促进执行和推动遵约。最后，委员会
要考虑其他机构正在进行的工作、根据其他安排进行的工作，
以及通过根据《巴黎协定》服务或设立的论坛进行的工作，以
期避免授权工作的重复。此外，委员会还应考虑与应对措施的
影响有关的问题。

三、《巴黎协定》遵约机制下缔约方权限分析——以美国退出为例

依据《巴黎协定》第 4 条，各缔约方应编制、通报并保持
其打算实现的下一次国家自主贡献，并精确地概述了与提交国
家自主贡献有关的其他细节，如区分了发达国家与发展中国家、
最不发达国家和小岛屿发展中国家之间的责任。第 4 条第 4 款
鼓励发展中国家根据不同国情实现减排目标。同时，缔约方可
根据作为《巴黎协定》缔约方会议的《联合国气候变化框架公
约》缔约方会议通过的指导，随时调整其现有的国家自主贡献，
以加强其减排力度。特别提出，缔约方在执行《巴黎协定》时，
应考虑那些经济受应对措施影响最严重的缔约方，特别是发展
中国家缔约方关注的问题。

第 4 条概述了与国家"自主贡献"有关的义务，而第 13 条
要求缔约方报告其他类型的信息，比如要求缔约方提供温室气
体排放源的人为排放和汇的清除的国家清单报告和跟踪在执行

和实现其国家自主贡献方面所取得进展的必要信息。有些报告要求与有关国家的状况有关，比如，发达国家提供关于资金、技术转让和能力建设支助的信息，而发展中国家提供关于所需支助的信息，甚至还有帮助一些国家遵守其报告要求的机制。在技术专家审查之后，发展中国家可以获得在确定能力建设需求方面的援助。

理解第 4 条和第 13 条的报告要求是很重要的，因为遵守这些要求可能是委员会的中心任务。关于国家自主承诺和遵约进程的报告是在具有内在灵活性的透明行动和支持框架下进行的，该框架考虑到缔约方的不同能力并以集体经验为基础[1]。该框架承认最不发达国家和小岛屿发展中国家的特殊情况。透明度安排包括国家信息通报、两年期报告和两年期更新报告、国际评估和审评以及国际磋商和分析[2]。行动透明度框架要求明确缔约方为实现《巴黎协定》的目标所取得的进展[3]，而透明度框架则可以追溯到各国提供和接受的帮助。

因此，如果某个遵约事项是由委员会提出的，则该事项是自动或酌情提出的。如果一项违反行为是自动发起的，则该违反行为是因违反了具有法律约束力的具体规定而发起的。如果违反行为是随意发起的，则是在获得有关方同意的情况下发起的，涉及根据第 13 条第 7 款和第 13 条第 9 款提交的信息存在重

---

〔1〕《巴黎协定》第 13 条第 1 款："为建立互信和信心并促进有效履行，兹设立一个关于行动和支助的强化透明度框架，并内置一个灵活机制，以考虑缔约方能力的不同，并以集体经验为基础。"

〔2〕《巴黎协定》第 13 条第 4 款："《公约》下的透明度安排，包括国家信息通报、两年期报告和两年期更新报告、国际评估和审评以及国际磋商和分析，应成为制定本条第十三款下的模式、程序和指南时加以借鉴的经验的一部分。"

〔3〕《巴黎协定》第 13 条第 13 款："作为本协定缔约方会议的《公约》缔约方会议应在第一届会议上根据《公约》下透明度相关安排取得的经验，详细拟定本条的规定，酌情为行动和支助的透明度通过通用的模式、程序和指南。"

大和持续不一致的情况。

(一) 美国宣布退出《巴黎协定》的法律效果分析

由于主要排放体"缺席"和长期减排目标缺失,以及履约评估不足,《京都议定书》在有效性、效率和履约三方面备受诟病,难以为继。《巴黎协定》终结了《京都议定书》的双轨制和强制减排模式,在尊重差异性和注重主动性的理念下,确立了"自上而下"评估监督和"自下而上""自主减排贡献"单元层次合作机制,开启了国际气候合作新局面。基于新自由主义理念,奥巴马政府主张美国应该在国际气候谈判中发挥重要作用,注重气候合作的绝对收益,强调气候变化对经济社会发展的正向收益。2016 年 9 月,奥巴马政府向联合国提交了"自主减排贡献",并批准了《巴黎协定》[1]。

1. 美国国内法视域下总统有权宣布退出《巴黎协定》

在美国法律体系下,国家对外签署的国际文本既包括具有法律约束力的条约 (treaties) 和行政协定 (agreements)[2],也涵盖没有法律约束力的政治承诺 (political commitments)。美国法律中对"条约"认定的"严苛"[3]和"条约"缔约权的府院之争导致美国对外签署的条约数量较少,大多数国际协定属于无需参议院同意和批准即可生效的行政协定[4],主要包括条

---

〔1〕 K. Clark, "The Paris Agreement: Its Role in International Law and American Jurisprudence", *Notre Dame Journal of International & Comparative Law*, Vol. 8, No. 2, 2018.

〔2〕 C. A. Bradley, *International Law in the U. S. Legal System*, 2nd ed., Oxford University Press, 2015, p. 75.

〔3〕 其中,美国的"条约"指陈范围较为狭窄,仅指由行政部门谈判并签署、参议院 2/3 多数同意并经总统批准才能最终生效的协议。详见王玮:"美国条约行为的模式",载《美国研究》2011 年第 3 期。

〔4〕 O. Hathaway, "Presidential Power Over International Law: Restoring the Balance", *The Yale Law Journal*, Vol. 119, No. 140, 2009; C. Bradley, J. Goldsmith, "Presidential Control Over International Law", *Harvard Law Review*, Vol. 131, No. 1201, 2017.

约派生协定、国会-行政协定和总统行政协定。需要明确的是，美国宪法并未明确赋予总统签署行政协定的权力，总统一般基于国会授权，或基于宪法对总统外交事务授权对外签署行政协定。除总统行政协定是基于宪法规定的独立行政权限外，总统签署国会-行政协定和条约派生协定的权限主要来源于国会的立法授权或后续追认，以及之前被参议院批准的条约。

　　美国当前国内关于气候变化的立法众多，包括国会 1970 年通过的《清洁空气法案》（Clean Air Act）[1]和 1987 年通过的《全球气候保护法案》（Global Climate Protection Act）等对空气污染的明确规定。国会的这些立法明确赋予了奥巴马制定关于气候变化国会-行政协定的权限，从而使美国提交给联合国的"自主减排贡献"具有法律约束力。2011 年德班气候大会建立了德班平台，并提出推动国际社会在 2015 年前达成一份适用于所有缔约方的具有法律约束力的文书[2]。之后历经多哈、华沙、利马及至 2015 年巴黎气候大会后《巴黎协定》达成。依据《联合国气候变化框架公约》的目标和原则，《巴黎协定》是 2020 年后国际社会应对气候变化、遏制全球变暖趋势而作出的安排。由于美国参议院已于 1992 年 10 月批准了《联合国气候变化框架公约》[3]，奥巴马依据美国宪法签署和批准《巴黎协定》属于执行《联合国气候变化框架公约》的行政协定，并不需要再次提交参议院表决批准。因此，奥巴马政府以行政命令

---

　　〔1〕《清洁空气法案》第 1103 部分是"全球气候强制行动"章节，要求美国"构建与其他国家合作以推进关于全球变暖影响的研究"，"研发技术限制人类对全球气候的负面影响"，"致力于多边条约"削减温室气体排放，并且要求总统详尽推进多边条件下的国际气候合作。

　　〔2〕1/CP.17Art.2, FCCC/CP/2011/9/Add.1.

　　〔3〕［美］杰弗里・法兰克尔、彼得・奥萨格编：《美国 90 年代的经济政策》，徐卫宇等译，中信出版社 2004 年版，第 477 页。

形式绕过国会签署并批准了《巴黎协定》，有法律依据可考，具有法律约束力。

美国宪法对国会和总统在条约制定中的角色给予了明确界定，总统有权在获得参议院的意见和同意前提下对外签署条约，但对如何退出和终止条约并未提及。历史上，有总统事先获得参议院或国会授权而退出国际条约[1]，也有立法机构对总统的退出进行事后追认[2]，更有总统在没有获得任何立法机构批准的情况下单方退出条约[3]，尤其是富兰克林·罗斯福之后，总统单方决定退出条约已成准则。虽然多数退出并未引起立法部门抗议，但也有例外，如小布什 2002 年单方宣布退出美国与俄罗斯签署的《反弹道导弹条约》就招致国会部分议员起诉，美国法院以缺乏诉由和政治属性予以驳回。此后，结合总统作为政府首脑在外交事务中的独断权，以及总统在条约批准中的角色，美国总统能够代表美国单方退出条约被逐渐接受[4]。

相比条约退出，行政协定的退出因种类和具体情况差异而较为复杂。缘于签约权力的独立性，美国总统对于总统行政协定具有当然的退出权限。但国会-行政协定和条约派生协定因与立法或条约的关系致使退出呈现出模糊性和复杂性，国会在立法或条约中加入行政协定退出条件和权限，从而对总统退出进行限制和制衡。历史上，美国国会曾在 1951 年的《贸易协定延长法》（Trade Agreements Extension Act）中对总统后续签署的国

---

[1] Curtis A. Bradley, "Treaty Termination and Historical Gloss", *Texas Law Review*, Vol. 92, 2014, pp. 773-835.

[2] Joint Resolution of Dec. 21, 1911, 37 Stat. 627.

[3] Curtis A. Bradley, "Treaty Termination and Historical Gloss", *Texas Law Review*, Vol. 92, 2014, pp. 810-816.

[4] J. Yoo, "Treaties and Public Lawmaking: A Textual and Structural Defense of Non-Self-Execution", *Columbia Law Review*, 1999, pp. 2218-2258.

会-行政协定的退出和终止作出了明确规定。同时,总统也宣称有单方从国会-行政协定退出的权限,但对于宪法视域下总统在未获国会同意情况下的退出权限存在争议,尤其涉及国会享有独断权或追认的事项[1]。但是,无权缔结国会独断权相关协定并不意味着总统不能退出类似协定[2],尤其作为对外关系中的唯一主体,总统在条约退出中逐渐占据主动使其在退出和终止国会-行政协定受到立法部门的挑战和诉讼的阻力正在减弱。

从法律执行来看,《巴黎协定》以行政协定形式签署,国会后期并未制定具体实施立法,故不存在退出《巴黎协定》后相关立法的存废问题。同时,《巴黎协定》第 28 条也规定了退出条款,这些为特朗普政府的退出消除了一些阻力。无论《巴黎协定》属于何种行政协定,基于行政协定的法律属性和总统退出协定的历史实践,特朗普政府退出《巴黎协定》并无法律障碍,也无需参议院或国会的批准同意。

2. 国际法视域下美国并未真正退出《巴黎协定》

国际协定退出的法律要求取决于协定的类型、具体执行立法,同时也与国内法和国际法要求有关。在当前国际法体系下,退出条约与退出行政协定的法律规则基本相同。特朗普政府宣布退出《巴黎协定》虽然在美国国内法律体系下并未引起较大争议,但在国际法视域下则存在一些法律障碍。

《巴黎协定》第 28 条规定缔约方只能在协定生效之日起三年后提出退出,且这种退出应自通知被收到后至少一年期满才能生效。《巴黎协定》于 2016 年 11 月生效,这意味着美国完成

---

〔1〕 C. A. Bradley,"Exiting Congressional-Executive Agreements",*Duke Law Journal*, 2017, p. 1615.

〔2〕 C. A. Bradley,"Exiting Congressional-Executive Agreements",*Duke Law Journal*, 2017, p. 1633.

退出协定的最快时间是 2020 年 11 月。特朗普在退出声明中提出
美国将会停止执行"没有约束力的《巴黎协定》"（Non-binding
Paris Accord），并未提及第 28 条，也没有明确论及《巴黎协定》
的法律效力，但从其措辞中可以推断出特朗普认为《巴黎协定》
并无法律约束力，从而导致第 28 条的退出程序同样没有约束
力，宣布退出《巴黎协定》就可以立刻终止美国参与该协定。
这与法国、德国、中国等国家，甚至奥巴马政府认为《巴黎协
定》具有法律约束力（至少具有部分约束力）的观点相悖。但
是，美国随后向联合国提交退出协定的书面声明，表明虽然意欲
尽快退出[1]，但仍会遵守第 28 条的退出条款，这证明特朗普
政府承认《巴黎协定》具有法律约束力，或至少部分条款具有
约束力。

　　依据《维也纳条约法公约》第 54 条的规定，缔约国退出条
约应依照条约规定或获得其他所有当事国同意。即使美国不是
缔约方，《维也纳条约法公约》很多规则也被认为属于国际习惯
法，这一点获得了美国国务院和法院的认可[2]。显然，特朗
普政府并未取得《巴黎协定》将近 200 个缔约方的同意，因此
必须依照第 28 条规定的法律程序退出，否则其单方宣布并不能
产生退出一个具有法律约束力的国际协定的法律效果。《维也纳
条约法公约》第 70 条规定，依据条款终止条约将会免除缔约方
在条约项下的义务，但该规定并未影响在终止生效之前缔约方
执行条约的任何权利、义务或缔约方的法律地位。具言之，至
少在 2020 年 11 月之前，美国依然属于《巴黎协定》的缔约方，

　　[1]　Jane A. Leggett, "Paris Agreement on Climate Change: U. S. Letter to United Nations, CRS Insight IN0746", available at https://fas. org/sgp/crs/row/IN10746. pdf, last visited on 2021-10-10.

　　[2]　See e. g. , de los Santos Mora v. New York, 524 F. 3d 183, 196 n. 19 (2d Cir. 2008).

依据条约必守的国际法原则，美国有义务依照"自主减排贡献"进行减排。从法律属性上看，特朗普政府声明退出协定的行为仅仅是一种态度宣示，并不具有立刻终止《巴黎协定》对美国的约束的法律效力。

（二）美国违反《巴黎协定》规定的法律分析

基于国际气候政治博弈，《巴黎协定》开创了"自主贡献+定期盘点"的减排模式，最大限度地凝聚了各方共识，具有里程碑式的非凡意义。"自下而上"的减排合作赋予了缔约方自主性，但也引发了对《巴黎协定》法律约束力的怀疑，以至于特朗普政府在宣布退出时认为其没有法律效力（non-binding）。义务是责任存在的前提条件，《巴黎协定》是否具有法律效力直接关乎美国违反相关条款的后续法律责任。

1. 《巴黎协定》条约层面的法律约束力分析

无论是《联合国气候变化框架公约》[1]，还是《京都议定书》，抑或《巴黎协定》，是否具有法律约束力一直是气候协议难以回避的热点问题。在"南北分歧"情形下，2011 年启动的德班平台将国际气候谈判由"双轨制"转为"单轨制"，提出在 2015 年前制定一个"具有法律效力的、适用于各缔约方的协议"。由于德班平台的强制性要求，即使关于协议的法律属性随后未被过多讨论，各方在"2015 年的《巴黎协定》应是一个条约"的问题上形成了广泛共识。

依据《维也纳条约法公约》第 2 条，国际法对条约的形式并无具体要求，因此以"协定"为名并不影响《巴黎协定》的法律效力。但是，缔约方希望借助协议在他们之间创立法律关系的意图尤为重要，因为有些协议只是为了表述缔约方公认的

---

〔1〕　D. Bodansky, "The United Nations Framework Convention on Climate Change: A Commentary", *Yale Journal of International Law*, Vol. 18, No. 2, 1993, pp. 451-558.

原则或目标，而非意图建立有约束力的义务[1]。国际法院在
"卡特尔诉巴林"案中强调：一个协定是否具有约束力取决于
"其所有的实际规定（all its actual terms）"以及它的起草环境
（the circumstance in which it had been drawn up）[2]。从法律效力
上看，《巴黎协定》的中英文本具有同等效力，而中文将"shall"
和"should"都译为"应"或"应该"，并未体现两词的差异。
事实上，英文条约中的"shall"意味着创设一个法律义务[3]，
是"必须"的意思，"should"则带有"鼓励"或"建议"的意
味。2015 年，美国坚持将《巴黎协定》第 4 条第 4 款中的
"shall"修改为"should"，使发达国家的减排义务由强制性义务
变为非强制性义务。

　　概览《巴黎协定》29 个条款，一共 117 处使用了"shall"，
25 处使用了"should"。其中"shall"主要集中在第 4 条减缓
（使用了 14 处），第 6 条资源合作（使用了 9 处），第 7 条适应
（使用了 6 处），第 10 条技术研发和转让（使用了 5 处），第 13
条透明度（使用了 15 处），第 14 条全球盘点（使用了 4 处）和
第 15 条促进实施和推动遵约（使用了 4 处）等。以第 4 条为
例，"shall"在第 2 款、第 9 款和第 17 款的"各缔约方（each
Party）"与第 8 款"所有缔约方（all Parties）"清晰地为缔约
方创设了个体义务。同时，也存在没有义务主体的，如第 5 款
"Support shall be provided to developing country Parties for the im-
plementation of this article（应向发展中国家缔约方提供支助）"，

―――――――――

　　[1]　Malcolm N. Shaw, *International Law*, Eighth Edition, Cambridge University
Press, 2017, p.686.

　　[2]　Kelvin Widdows, "What Is an Agreement in International Law?" *The Law of
Treaties*, Routledge, 2017, pp.73-105.

　　[3]　当然，若"shall"用在一个非条约性的协定中，如《哥本哈根协议》，则
不会创设法律义务。

此时义务主体是整个体系。此外，虽然第 13 款和第 15 款使用复数"Parties（各缔约方）"，但这种义务并非集体性，最终要由单个缔约方来完成。

因此，《巴黎协定》在核心条款中多次使用"shall"表明它有明确想在缔约方之间创设法律关系的意图。同时，依据德班平台后的起草环境，各方对 2015 年创设一个具有"法律约束力"文件已有共识。条款的"实际规定"及其起草环境赋予了《巴黎协定》法律约束力，美国作为缔约方应依据"条约必守"原则予以遵守。当然，《巴黎协定》创设了法律义务，并非所有条款都有约束力。

2. 美国"自主贡献"的法律约束力分析

除了《国际法院规约》第 38 条规定的国际条约、国际习惯和一般法律原则可以为国际法主体创设义务外，国家单方面行为也可能构成国际法律义务的来源。在"核试验"案和"边境争端"案中，国际法院认为国家单方声明是否具有约束力取决于声明的实际内容和作出声明时的环境。为明确单方行为的法律约束力，国际法学会（ILC）在 2006 年提出：一国的单方行为，若满足"公开做出（publicly made）"，并且"明确表示受其内容约束（manifesting the will to be bound）"，将为该国创设法律义务。

作为《巴黎协定》的基础性文件，"自主贡献"若满足"公开做出"，且"明确表示受其内容约束"，那么缔约方的自主贡献就具有法律约束力。美国在其提交的自主贡献中提到，"意欲（intends to）"到 2025 年实现在 2005 年排放基础上削减 26% 至 28%，并尽最大努力实现 28% 的目标。这表明美国虽然公开作出声明，但并未明确表明受其约束，因此不构成国际法上国家单方行为创设法律义务。同时，《巴黎协定》也明确各缔约方对于自主贡献不具有法律约束力。

　　首先，《巴黎协定》第 4 条第 2 款规定："各缔约方应（shall）编制、通报并保持它计划实现的连续国家自主贡献。缔约方应（shall）采取国内减缓措施，以实现这种贡献的目标。"助动词"shall"在法律英语中具有创设强制执行义务（obligation）功能，如若未能履行将导致违约或违反规定，并引发法律责任。本条款使用了两个"shall"为缔约方在编制、通报和保持国家自主贡献，以及国内减缓措施方面创设了法律义务，但在"国家自主贡献"目标设定上是一种善意的期待，并未强制缔约方。既然缔约方在"国家自主贡献"目标设定上具有自主性，那是否意味着美国当前在气候政策上"倒行逆施"并不违背国际法义务呢？根据《巴黎协定》第 13 条和第 15 条的规定，缔约方的执行和遵约应接受透明度框架下的责任审查，这些审查为第 4 条的适用提供了语境补充，这就要求美国提供为执行和实施"国家自主贡献"所采取的方式和步骤等必要信息，并应对其未能采取措施实现承诺进行解释说明。虽然第 4 条第 2 款含有"保持（maintain）"并不排除美国依据第 4 条第 11 款的"调整（adjust）"的行为，但无论从《巴黎协定》的宗旨、透明机制和减排模式来看，抑或历史谈判中对缔约方的"降级（downgrading）"合法化的讨论，还是法语版本中将调整规定为"提高减排雄心"，都表明美国不能用第 4 条第 11 款的"调整"为自己"去气候化"进行辩解。从《巴黎协定》的宗旨、透明机制和减排模式来看，各方不仅应提交"国家自主贡献"，而且应积极去实现"国家自主贡献"中的承诺，如此持续推进才符合《巴黎协定》对总体减排进步的期待。

　　其次，《巴黎协定》第 3 条后半句明确提出"所有缔约方（all Parties）的努力（efforts）将随着时间的推移而逐渐增加"。

其中"所有缔约方"的措辞表明各个缔约方都将受到约束,体现了对集体性减排进步的期待,减排努力而非自主贡献的用语体现了对减排之外适应、资金、技术和能力建设等方面取得进步的期待。第 4 条第 3 款要求"各缔约方(each Party)的连续(successive)国家自主贡献将(will)比当前的国家自主贡献有所进步(progression)",并尽可能反映出其最大雄心(highest possible ambition)。第 4 条第 2 款明确提出期待各缔约方(each Party)在当前的自主贡献的基础上应逐步提高,"连续"和"将"都表明了对缔约方未来行动的一种强烈期待。虽然《巴黎协定》并未明确认定和评估"进步"的主体和标准,但并不影响其迈向缔约方更加富有雄心和活力的行动目标。事实上,《巴黎协定》2℃的减排目标、整体性与合理性,以及减排范式并非依靠当前缔约方的静态的"自主减排贡献",而是主要依赖第 14 条"定期盘点"驱动缔约方后期不断强化的动态减排行动以确保实现长期减排目标。

最后,依照《巴黎协定》第 28 条的规定,美国仍属于《巴黎协定》的缔约方,确切而言属于"被动留守+主动降级"的缔约方。特朗普政府违反其向联合国提交的"自主减排贡献",降低减排贡献或后续提交进步性不强的贡献方案,并不会违反《巴黎协定》的条款,但将与协定所确立的规范性期待相悖。基于这种规范性期待对缔约方"自主减排贡献"的规制,以及其与缔约方在《巴黎协定》项下义务的密切相关性,特朗普政府对《巴黎协定》规范性期待的违反将重创《巴黎协定》。

第 4 章

《巴黎协定》透明度框架
与遵约机制的协同分析

　　《巴黎协定》第 13 条规定的透明度机制具有内在的灵活性，考虑到缔约方的不同能力并以集体经验为基础，要求缔约方报告在削减温室气体上的进步、气候恢复力（climate resilience）的构建以及接收或提供的支持，还规定了对与气候行动和支持相关信息的核查过程。这些规定主要是为了追踪缔约方减排承诺履约情况，以及分析与实现《巴黎协定》总体目标的差距[1]，旨在为全球盘点（第 14 条）提供信息，从而补充和推动第 15 条促进实施和推动遵约机制。

　　《巴黎协定》对于约束力、期限和差异性采取了一种混合的方式，比如缔约方提交了减排的"自主贡献"承诺，但缔约方并无法律义务去实现这一承诺；国际谈判的、具有约束力的程序性义务主要用来确保缔约方以透明和负责任的方式为减排作出贡献；减排雄心持续强化以实现随着时间推移采取更强有力的减排行动；基于国家自主贡献差异背景下的减排和基于透明度背景下的减排灵活性，对每个领域都采取了细微差别化的

---

　　[1]　B. Mayer, "Transparency Under the Paris Rulebook: Is the Transparency Frame-work Truly Enhanced?" *Climate Law*, Vol. 9, No. 1–2, 2019, pp. 40–64.

方法[1]。由此,《巴黎协定》的透明度要求、审查程序和雄心周期对《巴黎协定》的完整性、合理性以及实现最终减排目标至关重要。

一、透明度框架是《巴黎协定》的支柱

《巴黎协定》的核心框架是缔约方在自愿的基础上通过国家自主贡献作出承诺,减少温室气体排放和适应气候变化影响,为了评估缔约方是否履行了减排承诺,透明度框架要求缔约方报告减排进展信息并对这些信息进行审查,这对《巴黎协定》至关重要。

(一)《巴黎协定》的透明度框架目标分析

《巴黎协定》第 13 条引入了一个新的概念——"强化透明度框架"(Enhanced Transparency Framework,ETF),主要包括三个部分:首先是提交国家排放清单,实施和实现国家自主贡献的进展,以及发达国家对发展中国家的支持;其次是技术专家审查;最后要促进对进展情况的多边审议。有效的透明度机制将需要对《巴黎协定》所有缔约方的温室气体排放进行准确和精确的测量、报告和验证(MRV)。自《联合国气候变化框架公约》出台后,透明度对于建立国际信任和激励减排行动至关重要,2018 年卡托维兹通过了《巴黎协定》实施透明度框架的细则,其中透明度框架内容最多,足见强化透明度框架在巴黎模式中的核心作用。

缔约方国内减排信息对于其参与国际气候合作,以及促进国际社会应对气候变化都有积极意义,同时透明度有利于改善国内决策进程、优化政策机制、促进可持续发展,从而吸引更

---

[1] C. Voigt, F. Ferreira, "Differentiation in the Paris Agreement", *Climate Law*, Vol. 6, No. 1, 2016, pp. 58-74.

多资金和技术〔1〕。相比《联合国气候变化框架公约》和《京都议定书》对发达国家和发展中国家的二分法，《巴黎协定》在承认各国不同能力和国情背景下建立了能够实现对缔约方温室气体排放进行准确测量、报告和验证的结构，在约束性、时效性和差异性之间实现了一种复杂权衡。然而，实现该目标将面临一个执行力不足的问题，因为自《联合国气候变化框架公约》制定以来主要是发达国家有义务定期向联合国报告排放量，大多数发展中国家在温室气体排放核算与报告上明显能力不足。

　　若要实现《巴黎协定》的总体减排目标，将来作为排放主力的发展中国家必须加强碳排放核算和报告的能力建设。依据《巴黎协定》第 13 条第 4 款，除最不发达国家和小岛屿发展中国家外，缔约方应每两年报告一次温室气体排放情况，这意味着缔约方的减排目标并不具有法律约束力，从而将压力转向嵌入在《巴黎协定》中的具有法律约束力的报告和验证机制。第 13 条第 11 款和第 12 款要求专家审查缔约方提交的温室气体排放量和汇的清除量的国家清单报告等信息，如果缔约方存在能力不足的问题，专家在评审中要查明能力建设方面需要的援助。因此，如果没有透明度机制，国际社会将无法衡量《巴黎协定》总体减排目标的整体实现程度，也无法确定某个缔约方是否随着时间推移不断提高减排雄心，以及无法"点名"（Naming）那些没有完成减排承诺的缔约方。

　　(二)《巴黎协定》的透明度框架基础性作用分析

　　《巴黎协定》采取了缔约方自主贡献的管理遵约范式，通过披露缔约方在缓解、适应和提供支持方面所做努力的信息，借助透明度能够刺激各国提高国家自主贡献的雄心壮志。因此，

---

　　〔1〕　H. Winkler, B. Mantlana, T. Letete, "Transparency of Action and Support in the Paris Agreement", *Climate Policy*, Vol. 17, No. 2, 2017, pp. 1–15.

《巴黎协定》严重依赖于有效的透明度机制来跟踪各国的进展，依靠"点名"对不遵约缔约方进行威慑是国际社会推动缔约方遵约的主要途径。《联合国气候变化框架公约》副执行秘书长奥瓦伊斯·萨尔马德（Ovais Sarmad）曾说如果没有透明度，《巴黎协定》的所有减排行动、承诺和责任都将没有价值[1]。《巴黎协定》打破了"一刀切"的国际环境遵约模式，转而采用更多元化、更具包容性的方法[2]，这意味着必须以稳健的方式实施透明度机制，不断加强发展中国家的碳核算和报告能力，只有如此才能实现《巴黎协定》的总体减排目标。

二、全球气候治理的透明度框架演进分析

为了评估缔约方是否履行了减排承诺，《巴黎协定》第13条透明度框架要求缔约方提交减排成果、自主贡献进展、适应行动和所需的财政、技术和能力建设支持的信息并对其进行审查，《联合国气候变化框架公约》缔约方2018年在卡托维兹通过了实施透明度框架的细则。《巴黎协定》的透明度框架受到格外关注，该框架是在《联合国气候变化框架公约》及《京都议定书》的测量、报告和验证过程的基础上发展起来的。

（一）《联合国气候变化框架公约》的透明度框架分析

《联合国气候变化框架公约》第4条和第12条要求所有缔约方提交排放清单和定期报告，以及缔约方为执行《联合国气候变化框架公约》而采取或设想的步骤的一般说明。为了缓解

［1］ Mercy Ajayi, "Leaders Unfold Strategy for Paris Agreement New Transparency Arrangements", available at https://guardian.ng/property/leaders-unfold-strategy-for-paris-agreement-new-transparency-arrangements/, last visited on 2021-10-10.

［2］ A. Gupta, H. van Asselt, "Transparency in Multilateral Climate Politics: Furthering (or Distracting from) Accountability?" *Regulation & Governance*, Vol. 13, No. 1, 2019, pp. 18-34.

发展中国家的抵制,《联合国气候变化框架公约》还首次引入了双轨制透明制度,对发达国家和发展中国家采取区别对待[1],对公约附件一所列国家提出了更多的要求,包括关于已通过的政策以及向发展中国家缔约方提供的财政、技术和能力建设支持的详细信息。

具体而言,要求发达国家提交关于执行《联合国气候变化框架公约》的政策和措施的信息的报告(称为国家信息通报)必须符合详细要求,且每四年提交一次国家排放信息,同时要求发达国家缔约方按照联合国政府间气候变化专门委员会(IPCC)发布的标准提交年度温室气体清单。发展中国家在提交信息的内容和时间表上具有自主性,同时,其不需要提交年度清单,可将清单结果纳入国家信息通报,且在报告格式和方法上具有灵活性。

对于执行《联合国气候变化框架公约》的审查机制,发达国家提交的国家信息通报要接受"深入审查",但此类审查并不适用于发展中国家。事实上,发达国家自 2003 年以来基本上都接受了专家审查,只是审查强度不同,有的缔约方仅接受了文件审查或集中审查,有的缔约方可能还接受了专家深入其国内的实地调查。

(二)《京都议定书》的透明度框架分析

《京都议定书》明确从法律上要求其发达国家缔约方在全球经济范围内削减温室气体排放,并引入了新的机制帮助发达国家缔约方以最具成本效益的方式实现其目标。基于《联合国气候变化框架公约》的框架机制,《京都议定书》进一步明确了发达国家的减排目标,进一步加强了测量、报告和验证系统建设,

---

[1] D. Bodansky, "The United Nations Framework Convention on Climate Change: A Commentary", *Yale Journal of International Law*, Vol. 18, No. 2, 1993, pp. 451-558.

确保缔约方遵守排放目标，并确保参与此类机制时"一吨是一吨"。

发达国家必须每年报告其减排的成果，这些报告提供了很多关于缔约方减排的详细信息。专家组都会对这些报告进行审查，同时也会对发达国家缔约方的国家信息通报和温室气体清单进行综合审查。然而与发达国家缔约方相比，对发展中国家的要求仍然不那么严格。

相比《联合国气候变化框架公约》，《京都议定书》的专家组可以提出"执行问题"，如果缔约方未能解决这些问题，专家组可以将该问题提交给《京都议定书》的履约委员会，后者则有权采取措施督促缔约方履约。

(三)《巴黎协定》的透明度框架分析

《哥本哈根协议》开启了发展中国家和发达国家自愿减排的新阶段，随后《坎昆协议》明确了发展中国家在报告和审查方面的要求与发达国家正在趋同：发达国家需要提交两年期报告（Biennial Reports，BRs），发展中国家从 2014 年起提交两年期更新报告（Biennial Update Reports，BUR），两者都需要接受国际评估和审查，只不过程度上存在差异。《巴黎协定》构建的透明度框架取代了《坎昆协议》的透明度安排，但延续了《坎昆协议》每两年提交一次报告并接受审查的做法，且透明度框架适用于所有缔约方。《巴黎协定》的透明度框架并未区分发达国家和发展中国家在程序上的差异，而是考虑到缔约方能力不同而赋予其"内在灵活性"。2018 年卡托维兹气候大会上达成的模式、程序和指南（MPGs）明确了这一内容，即每个发展中国家自行决定是否需要灵活性，不过这种灵活性仅适用于报告和审查的范围、频率和详细程度等特定内容。

在报告方面，《巴黎协定》缔约方需要在 2025 年 1 月 1 日之前提交一份两年期透明度报告和国家清单报告，也可以将两个报告一起提交，最不发达国家和小岛屿发展中国家可自主决定是否提交。《巴黎协定》要求所有缔约方都要遵守联合国政府间气候变化专门委员会的温室气体清单指南提交国家清单报告，这与《联合国气候变化框架公约》对发展中国家的要求相似，因此这实质上是提高了对发展中国家的要求。除跟踪实现国家自主贡献进展情况所需的信息外，缔约方还需要提供关于支持实施和实现国家自主贡献的行动、政策和措施的信息，不过提供关于气候变化影响和适应的信息并非强制性要求。同时，《巴黎协定》的透明度框架要求发展中国家缔约方应每两年报告其收到的资金、技术转让和能力建设支持信息。此外，《巴黎协定》的报告规则与向发展中国家提供的，以及发展中国家需要和接受的财政支持、技术转让和能力建设的信息相互关联。

在审查层面，《巴黎协定》的透明度框架基于《坎昆协议》的透明度机制主要包括技术专家审查和"促进性多边进展审议"进程，并明确了这两个过程的范围、格式和时间安排等细节信息。其中，技术专家审查的对象主要是报告信息是否符合透明度要求，包括通用要求（第 13 条第 7 款）和所提供支持的信息（第 13 条第 9 款），审查进程将包括协助确定需要能力建设的发展中国家缔约方的能力建设需要，以及明确缔约方"可改进的领域"。另外，每一缔约方都必须参与促进性多边进展审议，审议第 9 条规定的财政资源支持工作的进展情况及其各自国家自主贡献的实施和实现情况。值得注意的是，《巴黎协定》的透明度框架与《巴黎协定》第 14 条的全球盘点和第 15 条的遵约机制紧密相连，全球盘点需要审查缔约方提交的两年度透明度报告（Biennial Transparency Reports，BTRs），遵约机制可以在某个缔约方未提交强制性报告或未参与促进性多边进展审议情况下启动"促进性审议问题",这进一步明确了透明度框架与《巴黎协定》遵约机制之间的密切联系。

三、《巴黎协定》透明度框架与遵约机制的关联分析

透明度和问责制是国际社会在《联合国气候变化框架公约》下应对气候变化行动的两大支柱,《巴黎协定》依托《联合国气候变化框架公约》的测量、报告和验证透明度制度,构建了更为完善的透明度框架机制,要求缔约方每两年提交一次其努力的最新情况(可能每四年提交一次更全面的报告),并在多边机制中对这些信息进行彻底评估和同行审议。虽然《巴黎协定》没有明确透明度框架与遵约机制的关联性,但基于《巴黎协定》在遵约机制设计上的特点,透明度框架与遵约机制有明显的关联关系。

(一)《巴黎协定》减排范式凸显透明度框架对遵约机制的重要性

不同于《京都议定书》"自上而下"的"单轨制"减排范式,《巴黎协定》确立了"自下而上"的国家自主贡献与"自上而下"的定期盘点要素相结合的"双轨制"。然而,"自上而下"与"自下而上"平衡涉及缔约方自主性和多边权力搭建,因此是一个重要的遵约机制问题。从《京都议定书》体系化合作到《巴黎协定》单元层次合作,突出了国内偏好对国际层面活动的影响[1],前者体系层次机制将国家看成单一相似功能体,自由主义国际法学注重单元层次分析法,突出国内偏好构成与性质[2]。因此,《巴黎协定》"自下而上"的气候合作模

---

〔1〕 魏庆坡:"我国在巴黎气候会议之后的减排路径思考",载《太平洋学报》2015年第8期。

〔2〕 Anne-Marie Slaughter Burley,"International Law and International Relations Theory:A Dual Agenda",*The Nature of International Law*,2017,pp. 11-46.

式凸显了单元层次分析的重要性，也从根本上决定了遵约模式的转变。

作为《巴黎协定》的核心内容，第 13 条设立了一个提高透明度的行动和支持框架，适用于缓解、适应、融资、技术转让和能力建设，在建立信任和跟踪各国自主贡献的进展方面发挥着贯穿各领域的关键作用。其不仅有助于跟踪缔约方自主贡献进展状况，还有助于构建缔约方之间的信任，确保彼此以适当的速度和规模公平地进行减排，进而确保环境完整性并防止搭便车。透明度框架要求缔约方提交自主贡献信息并对其进行审查，旨在为全球盘点提供基础支持，同时也为第 15 条遵约机制提供了重要的信息来源，因为对缔约方"自主贡献"报告和审查有利于了解各方履行自主贡献的能力、了解各方前进的障碍以及克服这些障碍的途径。

《巴黎协定》在跟踪缔约方"自主贡献"实施（"自上而下"体系合作）与赋予缔约方自主权（"自上而下"单元合作）之间实现了平衡，保留了各个缔约方在确定其减排贡献方面的自主权，通过健全的透明度制度、全球盘点程序和遵约机制加强了对这些贡献的监督。这样做不仅限制了缔约方自决的自我服务性质，也产生了规范性期望。由于《巴黎协定》并未要求缔约方必须实现其自主贡献的减排承诺，这些规则的重要性不言而喻，因为如果设计科学合理，跟踪缔约方自主贡献进展的透明度规则有可能产生某种程度的问责制。

（二）《巴黎协定》下透明度框架对遵约机制的促进作用分析

基于《联合国气候变化框架公约》及《京都议定书》的范式，《巴黎协定》第 13 条透明度框架在理论上可以揭示缔约方在执行国家自主贡献方面取得进展的程度，从而可以为第 15 条遵约机制提供助力。

在报告提交方面,《巴黎协定》透明度框架要求缔约方提交两年期透明度报告,这些报告记录各方为实施其国家自主贡献所做的最新努力,包括国家温室气体清单和发达国家向发展中国家提供资金、技术或能力建设支持的证据,还鼓励缔约方报告有关国家气候影响和适应的信息,以及鼓励发展中国家报告实现其国家自主贡献所需的支持形式(财政、技术或能力建设)。同时,承认小岛屿发展中国家和最不发达国家的特殊情况,允许其酌情提交相关信息。

提交后,两年期透明度报告将经历技术专家审查小组和促进性多边进展审议进行审查。在此过程中,各个缔约方必须对其他国家提交的有关其两年期透明度报告结果的书面问题作出回应,相关国家将介绍其气候应对活动,之后其他国家将进行集体讨论,就其对透明度框架的遵守情况提出意见和建议。

值得注意的是,透明度不仅包括事前信息,例如每五年传达或更新的缔约方国家的自主贡献(行动、目标等),还有过程中的信息,即在实施国家自主贡献和温室气体排放过程中取得的进展以及有关支持的信息。透明度还包括事后信息,即在国家自主贡献预定时间之后对国家自主贡献完成情况的自我评估和报告。因此,透明度框架提供了《巴黎协定》运作所需的信息,通过技术专家和多边评审沟通,在尊重国家主权、尊重国家自主贡献性质、不干涉内政的前提下,尽可能保证信息的透明性、准确性、完整性、一致性和可比性,从而为实施《巴黎协定》的遵约机制提供信息依据。

四、《巴黎协定》透明度框架促进遵约机制的挑战分析

透明度框架的关键要素涉及缔约方提交的报告及审查,旨在深入了解各个缔约方履行国家自主贡献的能力、缔约方前进

的障碍以及克服这些障碍的途径，这为促进缔约方遵约提供了信息支持。当然能否通过透明度框架提高减排雄心主要取决于能否获得关于缔约方在气候行动和提供支持方面的完整和及时的信息。

（一）两者在条款内容上的协同挑战

尽管透明度框架与《巴黎协定》第 15 条遵约机制之间没有明确的联系，但是基于《联合国气候变化框架公约》和《京都议定书》的经验以及《巴黎协定》实施细则都表明，应在第 13 条和第 15 条之间制定一套连贯的准则，其中面临着一些重要挑战。

首先，两者在范围和目标上存在不同。透明度框架的范围主要是根据商定模式、程序和指南实施透明度框架，目标上主要侧重单个缔约方，比如对发展中国家的审查将包括协助确定其能力建设需求，从而有助于了解缔约方在实施国家自主贡献方面的努力和进展。对于第 15 条遵约机制，目前尚未明确审议问题的范围，不仅要考虑个案，还要考虑集体行动，从而促进集体减排。

其次，两者在关系上如何界定。透明度框架下义务的性质可能会影响第 13 条与第 15 条之间的相互作用，比如缔约方违反第 13 条下强制性义务或非强制性义务是否都会引发第 15 条下遵约委员会的审议？如果缔约方在满足报告要求方面遇到问题能否向第 15 条的遵约委员会寻求帮助，此时遵约委员会介入的触发因素是什么呢？技术专家审查组、缔约方与第 15 条遵约委员会之间的关系如何界定？在第 13 条技术专家与第 15 条遵约委员会之间构建联系会引发对国家主权的担忧，且削弱透明度框架下模式、程序和指南的强制性以及破坏技术专家的技术性和非政治性。这些问题都是梳理第 13 条透明度机制与第 15 条遵约机制关系难以回避的问题。

（二）灵活性带来的审查挑战

《联合国气候变化框架公约》为平衡发达国家和发展中国家对提交信息的要求，采取差异化的方式缓和了发展中国家的不满，这种区别化对待阻碍了信息生成及其可比性[1]。目前《巴黎协定》透明度框架对发达国家和发展中国家的要求开始趋同，不过发展中国家享有一定的灵活性，最不发达国家和小岛屿发展中国家的灵活性更大，这在某种程度上限制了信息的生成及可比性。虽然针对缔约方选择灵活性，透明度框架的模式、程序和指南要求缔约方说明其能力限制及改进的时间框架，比如明确只有"那些根据其能力需要灵活性的国家"才可享有灵活性，且这些灵活性只涉及某些条款，限制了灵活性适用的范围，同时意欲利用灵活性的发展中国家必须确定其适用灵活性的条款，发展中国家必须根据其能力限制确定自我改进时限。

但是，这种灵活性毕竟会导致数据的不完整和缺乏可比性，更为糟糕的是，技术评审专家无权审查缔约方是否可采用模式、程序和指南中的灵活性，也无法审查缔约方在没有灵活性的情形下是否有能力执行某项规定。因此，这种灵活性会导致发展中国家有意回避一些细节化信息[2]，比如沙特阿拉伯、埃及等在首次自主贡献中并未考虑除二氧化碳以外的任何气体。此外，发展中国家提高能力所需的估计时间框架也是"自行决定的"。

（三）安全化框架阻碍了解决渠道

为了凝聚合作共识和回避政治性，国际社会一开始就从专

---

〔1〕 J. Ellis, S. Moarif, "Identifying and Addressing Gaps in the UNFCCC Reporting Framework", OECD, No. 11, 2015.

〔2〕 W. P. Pauw et al., "Beyond Headline Mitigation Numbers: We Need More Transparent and Comparable NDCs to Achieve the Paris Agreement on Climate Change", *Climatic Change*, Vol. 147, No. 1, 2018, pp. 23−29.

业角度解决气候变化问题,《联合国气候变化框架公约》构建的
透明度机制也回避了政治判断, 导致缔约方可以轻松回避责任。
《巴黎协定》透明度框架提出以 "促进性、非侵入性、非惩罚
性" 的方式实施, 这很大程度上削弱了透明度框架本该有的作
用, 进而降低了激励缔约方提高减排雄心的可能性。

　　当前技术专家对缔约方提交的信息进行评审也体现了非政
治性, 尤其在《巴黎协定》这种程序性义务背景下, 缔约方可
能会积极履行信息提交义务, 却不需要采取积极的减排行动,
或者提交信息质量本身可能存在很大问题, 此时技术专家无权
采取一些 "过激" 手段激发缔约方提高减排雄心的初衷。同时,
上文提到一些国家未能及时提交报告是源于缺乏提交报告的能
力, 但也有可能是由于提交的意愿不足〔1〕。因此, 透明度框架
并未从政治上解决缔约方不愿参与的问题, 严重影响《巴黎协
定》减排的整体性和实效性。

五、《巴黎协定》透明度框架促进遵约机制的进路分析

　　《巴黎协定》透明度框架机制在理论上能够反映出缔约方执
行国家自主贡献的进展情况, 进而成为第 15 条遵约机制关于各
国满足其需求 (缓解、适应、融资、技术开发和转让以及能力
建设) 的能力的重要信息来源, 并为提高个别缔约方自主贡献
的减排雄心和集体减排努力奠定基础。但《巴黎协定》并未明
确透明度框架机制与遵约机制之间的协同细节, 而这可能影响
整个《巴黎协定》的运作〔2〕。因此, 如何构建和完善两者之

---

〔1〕　R. Weikmans, "The Prospects and Limits of Transparency for Increased Fairness and Equity in International Climate Finance", 2017.

〔2〕　C. Campbell-Duruflé, "Clouds or Sunshine in Katowice? Transparency in the Paris Agreement Rulebook", *Carbon and Climate Law Review*, Vol. 12, No. 3, 2018, pp. 209-217.

间的协同成为《巴黎协定》实施面临的重要问题。

（一）构建两者之间的协同联动机制

2018 年《巴黎协定》实施细则第 22 条（b）款明确了《巴黎协定》第 15 条遵约委员会在缔约方根据其第 13 条第 7 款和第 9 款提交的资料与其第 13 条第 1 款所要求的模式、程序和指南不符的情形下，经有关缔约方同意，可对该问题进行便利性审议。但这一审议需要根据《巴黎协定》第 13 条第 11 款和第 12 款编写的技术专家审查报告中提出的建议以及缔约方在评审期间提供的书面意见为基础。在审议这些事项时，遵约委员会应考虑到《巴黎协定》第 13 条第 14 款和第 15 款的规定以及模式、程序和指南对发展中国家在能力方面提供的灵活性。这赋予了遵约委员会在透明度框架规则、程序和机制之外启动审议的权力，这将使第 15 条遵约委员会在第 13 条技术专家提出问题却未解决问题的情形下有权对相关缔约方在透明度框架下的表现进行监督。

立足于《巴黎协定》双轨制范式，第 13 条技术专家与第 15 条遵约委员会相辅相成。借助缔约方每两年提交的国家清单报告和跟踪国家自主贡献的信息，透明度框架的目标既包括跟踪实现缔约方"自主贡献"的进展状况，也包括缔约方接受或提供的支持，技术专家依据模式、程序和指南对信息进行审查，同时能够确定缔约方的能力建设需求并向其提供援助。不过基于对缔约方国家主权的尊重，遵约委员会自行决定介入是否需要涉事缔约方的同意。为了介入，遵约委员会还要认定第 13 条技术专家对涉事缔约方提交信息与透明度框架下模式、程序和指南之间存在"重大且持续"不一致的决定，虽然实施细则并未定义"重大且持续"，但可以推断出遵约委员会有权对缔约方的表现进行判断。"重大"表明委员会只有在不一致情况严重限制透明度框架有效运作情况下采取行动，"持续"可能指一方未能在后续过程中予以改善，例如，经过技术专家数次提出问题后仍未解决。同时，后续遵约委员会需要通过其议事规则或惯例进一步明确这两个标准。当然，如果"重大"和"持续"的不一致是由缔约方能力上的差距造成的，则涉及协助与提供财政、技术或能力建设支持的机构接下来的措施可能特别重要。值得注意的是，依据第 13 条第 7 款和第 11 款，似乎只有技术专家有权认定缔约方是否实现了自主贡献，遵约委员会并无权对此进行认定。然而从遵约有效性来看，应该赋予遵约委员会在缔约方偏离自主贡献轨道时提请该方注意的权力，这对于缔约方实现国家自主贡献至关重要。

（二）规范灵活性机制，提升整体性

《巴黎协定》第 13 条透明度框架中的灵活性旨在照顾缔约方的能力不足问题。为了减少灵活性，模式、程序和指南在评估缔约方实现国家自主贡献缓解目标的进展所需的报告要求方面没有灵活性，且报告频率也不允许有灵活性，因此只有涉及能力方面的报告才会适用灵活性。同时，模式、程序和指南要求缔约方必须明确指出适用灵活性的条款及适用灵活性的必要性，即阐明能力方面的限制，且必须提供自行确定的改进预估时限，因此从本质上看灵活性适用具有例外性和临时性。对于技术专家组而言，虽然不能审查缔约方适用灵活性的理由或时限，但可尝试推动缔约方内部对适用灵活性的理由或时限进行审查，并可以核查缔约方是否遵守了适用灵活性的要求，同时可以指出有待改进的领域和/或能力建设需要的情况下对这些问题进行评论。

即使缔约方适用灵活性，也要区分不同类型条款而适用不同类型的灵活性，每个灵活性都要设定一个"下限"，低于该"下限"的报告将无法进入审查程序。同时要避免出现倒退情形，即缔约方的报告及对报告的审查方式和要求绝不能降低。对于某些类型的灵活性要规定时间限制，所有情形下都有持续改进的预期。总之，实施第 13 条规定的灵活性应随着时间的推移提高透明度，而不应被用来破坏可比性。

（三）正视政治化，构建风险化框架机制

虽然当前存在一些争议，但国际社会对气候变化及其危害的应对已经成为主流，并达成了共识，仅在应对方式、机制和责任上存在一些纷争。正视问题是解决困局的开始，民族国家作为当前国际社会主体，在应对气候变化中必然代表本国利益。透明度框架并未解决潜在的政治上不愿参与的问题，比如通过确定和促进报告的激励措施，或者指定不报告的任何后果。《巴黎协定》第 15 条第 3 款要求遵约委员会每年向缔约方会议报告，但报告的内容并未明确，依据第 13 条技术专家与遵约委员会构建联动机制后，应赋权遵约委员会向缔约方会议提出建议，且缔约方会议有权对该报告作出最终决定，这些都需要在遵约委员会的议事规则中予以明确。

此时，缔约方如果不履行减排承诺或不接受技术专家的建议，直接影响《巴黎协定》遵约机制的实效性，这意味着遵约机制需要直面政治才能取得成功。当然，如果引入强制遵约工具有可能导致缔约方退出《巴黎协定》，而不是遵约机制的实效不足。

最后，《巴黎协定》本身既复杂又详细，包括了很多具体且相互交织的内容，这些内容共同实现了《巴黎协定》的共同目标。因此，构建透明度框架与遵约机制的联系必须仔细考虑《巴黎协定》规定和要求之间的相互关联性，确保它们之间能够有效合作。为此，本部分梳理了《巴黎协定》透明度框架与遵约机制之间的关系，为两者之间协同制定连贯、高效、稳健和可持续的操作规则。

第 5 章

《巴黎协定》全球盘点
与遵约机制的协同分析

　　《巴黎协定》通过规定温室气体减排、适应和支持目标，确定了全球气候治理的方向。全球盘点承诺评估实现《巴黎协定》目的及其长期目标的集体进展情况，确定为实现其"自主贡献"目标的需求，并强调提高气候行动雄心。全球盘点与第 4 条要求缔约方提交自主贡献、第 13 条透明度框架和第 15 条遵约机制共同构成了《巴黎协定》的治理机制。具体而言，全球盘点能够帮助缔约方了解各方应对气候变化方面取得的成就，其与第 15 条遵约机制密切关联，因为尽管全球盘点决定中没有明确指出来自第 15 条专家委员会的信息可能成为全球盘点的来源，但是，在开展工作和考虑投入来源时，全球盘点将在集体层面考虑有关"发展中国家面临的障碍和挑战，包括资金、技术和能力建设差距"的信息。

一、全球盘点是《巴黎协定》的"引擎"

　　在自主贡献背景下，全球盘点至关重要，因为国际社会尚未兑现减排承诺，气候行动尚未反映所有缔约方为应对气候变化所需的减排力度。全球盘点是对《巴黎协定》执行情况进行盘点的过程，旨在评估世界在实现协定宗旨及其长期目标（第

14 条）方面的集体进展，因此全球盘点可以理解为对气候变化减缓和适应的定期审查机制。

（一）全球盘点激励缔约方提升减排雄心

作为《巴黎协定》下国际气候治理机制的重要组成部分，全球盘点收集、评估和披露缔约方有关实现《巴黎协定》宗旨及其长期目标的具体进展的信息。由于气候变化问题是由世界各地众多的多重行为体造成的，这些行为体所处国家在福利、地理条件、政治文化和法律制度等方面往往差异很大，很难评估这些行为体是否充分发挥了减排努力。考虑到缔约方提交自主贡献与《巴黎协定》总体减排目标相差甚远，提升缔约方的减排雄心就成了核心议题。为了阶段性持续提升缔约方减排雄心，《巴黎协定》规定缔约方不断提高减排行动力度，且每五年汇报各自的自主贡献进展状况。全球盘点制度将缔约方减排行动与《巴黎协定》总体减排目标关联起来，以评估实现《巴黎协定》长期目标的执行情况和集体进展，其依赖于不断制定更富雄心的减排目标以及同行审查[1]，该评估过程旨在为下一轮国家自主贡献提供信息，以提高其雄心水平，同时还提供了评估加强行动和支持的必要性的机会。因此，全球盘点建立了一个反馈机制，将缔约方自主贡献中包含的短期气候行动与《巴黎协定》的总体长期目标联系起来，将随着时间的推移推动减排雄心水平的动态增长。

由此可见，全球盘点旨在通过三个功能来促进缔约方提升减排雄心：首先帮助缔约方意识到目前国际集体减排取得的成果；其次帮助缔约方意识到为了实现减排目标还需要做什么；

---

[1] K. Ross et al., "Strengthening Nationally Determined Contributions to Catalyze Actions That Reduce Short-Lived Climate Pollutants", Oxfam & World Resources Institute, 2018.

最后告知缔约方在国内或国际提升减排雄心的选项。

从 2022 年开始到 2023 年结束，第一次全球盘点将分三个阶段进行：

（1）信息收集和准备。这一阶段是收集进行盘点所需的信息，包括国家自主贡献、科学研究（包括来自政府间气候变化专门委员会的研究）、国家报告（包括透明度报告）和加强减缓和适应国际合作的机会以及其他信息。《联合国气候变化框架公约》秘书处将准备多份综合报告，为技术评估提供信息。

（2）技术评估。该评估将包括在连续两到三届联合国气候大会上举行的一系列技术对话。将组织对话以评估实现《巴黎协定》宗旨和长期目标的集体进展，包括根据《巴黎协定》第2条，重点围绕三个主题：缓解、适应以及实施和支持手段。其他跨领域主题，例如应对措施以及损失和损害，可以通过三个主题领域加以考虑。对话的共同召集人将为三个主题领域中的每一个领域编写摘要报告，并提供跨领域的事实摘要。

（3）考虑产出。这一阶段将在盘点当年的缔约方会议上进行（即 2023 年及其后每五年）。在此阶段，将讨论和介绍技术评估的结果，以期全球盘点的结果为缔约方以国家自主的方式根据《巴黎协定》的有关规定更新和加强它们的行动和支助。这一阶段将总结关键的政治信息，并确定加强行动和支持的机会。

（二）全球盘点的主要任务分析

《巴黎协定》全球盘点的总体任务是"定期盘点本协定的履行情况，以评估实现本协定宗旨和长期目标的集体进展情况[1]"。依据《联合国气候变化框架公约》第2条，《巴黎协定》的目的

---

[1]　《巴黎协定》第14条第1款。

是在可持续发展和消除贫困的背景下加强全球应对气候变化的能力。为实现此目的，《巴黎协定》规定了六项长期目标，包括第 2 条第 1 款中的三项，即①把全球平均气温升幅控制在工业化前水平以上低于 2℃之内，并努力将气温升幅限制在工业化前水平以上 1.5℃之内；②提高适应气候变化不利影响的能力等；③使资金流动符合温室气体低排放和气候适应型发展的路径。同时，依据卡托维兹气候大会通过的决议，根据盘点《巴黎协定》的履行情况开展工作，"以评估在减缓、适应以及执行手段和支助等专题领域实现其宗旨和长期目标的集体进展"〔1〕，在这方面注意到，全球盘点可酌情考虑与其以下工作相关的努力：①处理应对措施的社会和经济后果和影响；②防止、尽量减少和处理与气候变化不利影响相关的损失和损害。因此，相比《巴黎协定》第 2 条第 1 款所列三项，后面的减缓、适应以及执行手段和支助三项要弱一些。

值得注意的是全球盘点与后续行动的关系。许多缔约方认为其国内行动规划过程应该完全由国家自主决定，而不应受到任何来自国际层面的影响。《巴黎协定》第 14 条第 3 款明确全球盘点的结果应为缔约方提供参考，以国家自主的方式根据《巴黎协定》有关规定更新和加强它们的行动和支助，这体现了缔约方之间对全球盘点在气候治理中角色定位的一种博弈。

二、全球盘点的缘起与演进

《巴黎协定》这种基于缔约方自主减排承诺和行动的做法并非原创，"承诺+审查"机制最初来源于《哥本哈根协议》，后续被《坎昆协议》固化并强化，这主要是因为《京都议定书》

---

〔1〕 H. Winkler, "Putting Equity Into Practice in the Global Stocktake Under the Paris Agreement", *Climate Policy*, Vol. 20, No. 1, 2020, pp. 124-132.

"自上而下"的范式已经难以为继。《巴黎协定》主要由自下而上的要素组成,以各国选择本国具体的气候行动计划和目标为标志,但也有自上而下的机制来巩固和加强《巴黎协定》的执行,全球盘点就属于其中一个机制。

（一）全球盘点的缘起

管理《联合国气候变化框架公约》实施情况的机制包括两个并行的过程:对实施情况的"综合影响"进行总体评估,以及对每个发达国家缔约方的绩效进行单独评估。对"综合影响"进行总体评估主要由缔约方会议及其两个附属机构——附属履行机构（履行机构）和附属科学技术咨询机构（科技咨询机构）负责[1]。作为《联合国气候变化框架公约》的最高机构,缔约方会议由所有批准或加入《联合国气候变化框架公约》的国家组成,其有权定期审查缔约方的义务,并评估缔约方对《联合国气候变化框架公约》的执行情况和根据《联合国气候变化框架公约》采取的措施的总体效果。对每个发达国家缔约方的减排成果进行评估都是通过报告、审查和评估的三步过程来实现的。

《京都议定书》继承了《联合国气候变化框架公约》评估缔约方实施情况的总体程序,这些进程将由《京都议定书》的最高机构——缔约方会议以及科技咨询机构和履行机构监督[2]。值得一提的是,《京都议定书》不仅强化了对缔约方的减排要求,而且加强了对每个缔约方的减排成果的评估[3],特别是发达国

〔1〕　A. Halvorssen, J. Hovi, "The Nature, Origin and Impact of Legally Binding Consequences: The Case of the Climate Regime", *International Environmental Agreements: Politics, Law and Economics*, Vol. 6, No. 2, 2006, pp. 157-171.

〔2〕　S. Dessai, E. Schipper, "The Marrakech Accords to the Kyoto Protocol: Analysis and Future Prospects", *Global Environmental Change*, Vol. 13, No. 2, 2003, pp. 149-153.

〔3〕　C. Hagem et al., "Enforcing the Kyoto Protocol: Sanctions and Strategic Behavior", *Energy Policy*, Vol. 33, No. 16, 2005, pp. 2112-2122.

家的减排过程。虽然《京都议定书》也采用了报告、审查和评估遵约，但《京都议定书》的目标更具雄心，因此，《京都议定书》在具体制度设计上更具新颖性且充满活力。

不过，《联合国气候变化框架公约》关于应对单个缔约方实施问题的机制薄弱。在《京都议定书》谈判过程中，大多数缔约方都认识到《京都议定书》的减排目标具有法律约束力，因此需要一个更加严格的制度。然而，由于既没有时间也没有共识来制定和商定具体遵约规则的性质，《京都议定书》第 18 条没有提供任何细节。后续缔约方在《马拉喀什协定》中设立了一个常设委员会[1]，由两个部门组成，即促进部门和执行部门。

《巴黎协定》为了凝聚参与共识采纳了"自下而上"的范式，但很多缔约方也意识到对这种事前承诺进行事后审查的必要性。欧盟和小岛屿国家联盟等在 2013 年华沙气候大会（COP19）上提出要对缔约方所取得的进展进行某种形式的审查，以及要对拟议减排贡献进行事前评估以提升减排雄心并创造向上的动力。2014 年的利马气候大会（COP20）上，缔约方在谈判草案中引入了两个想法："预先审议拟议的贡献"以及"执行情况战略审查/总体雄心评估/增强雄心机制"，旨在审查缔约方在实现《联合国气候变化框架公约》目标方面取得的进展。早期，这两个过程都被视为一个周期的内容，放在时间框架下进行讨论。随着人们认识到每个周期都必须对具体的领域进行调整，涉及周期的很多要素被分拆进了各个专题条款之中。《巴黎协定》第 14 条的全球盘点的各个要素具有共同性，包括第 1 款迄今取得的进展和第 3 款事先告知未来的行动。

---

〔1〕 M. Finus, "The Enforcement Mechanisms of the Kyoto Protocol: Flawed or Promising Concepts?" *Letters in Spatial and Resource Sciences*, Vol. 1, No. 1, 2008, pp. 13-25.

　　值得一提的是，最初的事先程序包括两个步骤，第一步由缔约方提交国家自主贡献的初稿，第二步需要经所有缔约方审查，之后才可以作为终稿提交。很显然，大多数缔约方不同意该程序的第二步，因为国家自主贡献初稿毕竟是在缔约方国内进行了长期谈判的结果，如果根据国际评估再次修改其国家自主贡献，必定会影响国家减排的自主性。不过，这一想法在2018 年以促进性对话的形式得以延续，并规定国家自主贡献应在当年缔约方会议前 9 个月至 12 个月提交。

　　2014 年利马气候大会上，缔约方同意评估将只聚焦集体执行情况，而不评估个别国家的执行情况[1]。因此，《巴黎协定》第 14 条第 1 款包括了集体进步内容，然而单个缔约方评估会在第 13 条透明度框架下完成，且此内容将为全球盘点提供信息和支撑。

　　（二）全球盘点的演进

　　在巴黎气候大会上，《巴黎协定》第 14 条确定了全球盘点的最终条款，并明确全球盘点的结果应通知到缔约方，以国家自主方式更新和加强其依据《巴黎协定》相关规定采取的行动和提供的支助，以及加强气候行动方面的国际合作。这意味着完成全球盘点后，缔约方应该根据全球盘点的结果，结合共同但有区别的责任原则、各自能力和国情并在可能或必要时寻求国际合作，以编制更具雄心的国家自主贡献。由于缔约方提交的自主贡献与《巴黎协定》的减排目标之间存在差距，全球盘点必须有效实施。

　　2018 年在卡托维兹气候大会（COP24）上，缔约方就全球盘点的模式和程序的核心要素进行了谈判，并明确了相关盘点

---

　　[1]　Daniel Bodansky, "The Paris Climate Change Agreement: A New Hope?" *American Journal of International Law*, Vol. 110, No. 2, 2017, pp. 288-319.

的信息来源。如上所述，全球盘点将在 18 个月到 24 个月内分三个部分完成：信息收集和准备、技术评估和产出考虑。COP24 决定全球盘点必须根据对《巴黎协定》缓解、适应和调整资金流以及实施和支持手段的长期目标评估来组织工作，并要考虑解决应对气候变化的政策的社会和经济后果和影响的努力，努力减少，甚至避免气候变化不利影响造成的损失和损害，如果出现气候变化不利影响造成的损失和损害，要妥善予以解决。

不过，COP24 并未就如何组织实质性全球盘点，时间线、投入来源、参与以及产出提供完整的规则。这些进程中的问题都需要技术对话的共同主持人以及附属科学技术咨询机构（科技咨询机构）和附属履行机构（履行机构）的主席进行充实完善。如果全球盘点要实现其向更雄心勃勃的国家自主贡献提供信息和促进必要水平的国际气候合作的目的，其还需要解决与长期目标评估相关信息和数据的信息缺口和不确定性问题。

三、全球盘点与遵约机制的关联性分析

全球盘点是《巴黎协定》架构的一个重要组成部分，旨在协调全球长期减排目标与个别国家的减排雄心之间的系统性行动，因此这是在集体而非单个国家基础上进行的盘点。全球盘点的结果将用于以国家确定的方式，向缔约方通报其根据本协定相关规定采取的行动和提供的支持[1]，以及加强气候行动方面的国际合作。

（一）全球盘点激励缔约方减排

制度主义理论认为促进新观点传播和推动技术创新都能从

---

[1] L. Rajamani, "Ambition and Differentiation in the 2015 Paris Agreement: Interpretative Possibilities and Underlying Politics", *International & Comparative Law Quarterly*, Vol. 65, No. 2, 2016, pp. 493-514.

根本上重构人类行为[1]，因此全球盘点有助于协调各个层面的气候政策制定以提高一致性，从而提高缔约方的减排雄心。虽然《巴黎协定》对民族国家的强制性"结果义务"规定并不多，但是《巴黎协定》设定了一系列程序性"行为义务"，特别是关于每五年编制和通报国家"自主贡献"的义务。

　　具体而言，全球盘点将在减缓、适应、实施与支持方式三个领域评估《巴黎协定》的实施取得的进展。其中，减缓方面，全球盘点需要评估《巴黎协定》长期减缓目标（第 2 条第 1 款[2]和第 4 条第 1 款[3]）的集体进展，这两个目标之间相互关联，比如第一个目标中长期温度目标的进展情况评估、涉及第二个目标中峰值的评估以及对人为源和清除量平衡的时间安排的说明。单独国家自主贡献本身无法反映全球减缓进展程度，因此全球评估将需要超越国家数据中心所传达的行动，评估已实施的其他行动、政策和措施以及其他场所正在

---

　　[1]　U. Schneidewind, K. Augenstein, "Three Schools of Transformation Thinking: The Impact of Ideas, Institutions, and Technological Innovation on Transformation Processes", *Gaia-Ecological Perspectives for Science and Society*, Vol. 25, No. 2, 2016, pp. 88 - 93.

　　[2]　《巴黎协定》第 2 条第 1 款："本协定在加强《公约》，包括其目标的履行方面，旨在联系可持续发展和消除贫困的努力，加强对气候变化威胁的全球应对，包括：

　　（一）把全球平均气温升幅控制在工业化前水平以上低于 2℃之内，并努力将气温升幅限制在工业化前水平以上 1.5℃之内，同时认识到这将大大减少气候变化的风险和影响；（二）提高适应气候变化不利影响的能力并以不威胁粮食生产的方式增强气候复原力和温室气体低排放发展；并（三）使资金流动符合温室气体低排放和气候适应型发展的路径。"

　　[3]　《巴黎协定》第 4 条第 1 款："为了实现第二条规定的长期气温目标，缔约方旨在尽快达到温室气体排放的全球峰值，同时认识到达峰对发展中国家缔约方来说需要更长的时间；此后利用现有的最佳科学迅速减排，以联系可持续发展和消除贫困，在公平的基础上，在本世纪下半叶实现温室气体源的人为排放与汇的清除之间的平衡。"

进行的减缓努力。

对于适应，全球盘点需要对《巴黎协定》第 7 条第 1 款〔1〕所规定的目标进行评估，且第 7 条第 14 款第 4 项明确全球盘点要审评在实现第 7 条第 1 款所述的全球适应目标方面所取得的总体进展。同时，《巴黎协定》第 2 条第 1 款第 3 项也明确了长期目标与金融之间的关系，因此全球盘点必然要涉及资金流动盘点，因为评估资金流动是衡量实现《巴黎协定》目标和其他长期目标的进展所必需。

基于《巴黎协定》的程序规则——五年一次的国家自主贡献更新、评估和审查缔约方行动和支持，以及以定期全球盘点的形式对执行情况进行总体评估——创造了一个"起搏器"，为后续国家自主贡献周期的评估阶段和议程制定阶段搭建了桥梁，汇总了各个缔约方的评价，以便在全球层面得出结论，这些评估获得信息，结合第 14 条第 3 款要求全球评估的结果为缔约方提供更新和加强其减排行动和支持的信息，因此，全球盘点的模式及其产出可以突出信息、前进的选择以及缔约方和非缔约利益相关方可以采取行动的最佳做法，从而为《巴黎协定》遵约提供助力和支持。

（二）全球盘点促进缔约方减排合作

从理性主义的角度出发，气候变化是一个集体行动的问题，需要各方通力合作。诚如前述，《巴黎协定》并未对其成员规定任何具有法律约束力的义务，缔约方通过一种政治问责机制受到约束：高度透明度框架与五年一次的全球盘点周期相结合，创造了公众关注的周期性时刻，旨在为政策制定者实际实施国

---

〔1〕《巴黎协定》第 7 条第 1 款："缔约方兹确立关于提高适应能力、加强复原力和减少对气候变化的脆弱性的全球适应目标，以促进可持续发展，并确保在第二条所述气温目标方面采取充分的适应对策。"

家自主贡献创设政治责任[1]。

第14条第3款要求全球盘点的结果为缔约方提供更新和加强减排行动和支持的信息。缔约方可以在实施自主贡献时加强合作，比如分享良好的做法和机会，更好地利用非缔约利益相关方的作用，跨国界或跨区域扩大规模或开展工作，应对共同挑战或突出国家加入或支持的具体举措等。因此，全球盘点也可以被视为一个组织知识共享和确定最佳实践的过程，这些都是基于已经实施或正在讨论的行动的具体例子，因此会启发其他缔约方。毕竟展示各种可行的行动和政策可以增加人们对实现更雄心勃勃的目标的可能性的信心，以及对实现这些目标所需的政策行动和结构性条件的理解。事实上，全球盘点可以为不同利益相关方之间的公开对话创造空间，支持更好的协调行动，从而为缔约方、非缔约方等为实施和加强国家自主贡献制定的目标、政策和措施而采取的行动之间加强交互的影响。这对于实施2021年格拉斯哥大会（COP26）期间作出的许多声明和联盟，并确保它们在现实世界经济中转化为实际行动尤其重要，因为它们是推动国家雄心变化的关键因素。

同时，全球盘点可以为缔约方提升减排雄心创造国际因素。在大多数情况下，国家的减排雄心受到有关国际边界条件（例如技术、贸易、金融等）的（隐含或明确）假设的限制。深入了解这些条件有助于构建关于国际合作的建设性讨论，国际合作应作为实现国家减排雄心的关键要求加以执行。

因此，全球盘点通过公开接收、审查和评估个别国家的报告，为强化透明度框架建立一个回音室，帮助吸引必要的公众

---

[1]　W. Obergassel et al.，"Phoenix from the Ashes—An Analysis of the Paris Agreement to the United Nations Framework Convention on Climate Change"，Wuppertal Institute for Climate，Environment and Energy，2016，pp. 1–54.

关注。当然，作为《巴黎协定》遵约机制的一个关键部分，全球盘点可以帮助缔约方更好地理解需要什么来增加减排雄心和行动。根据国家自主贡献对温室气体排放趋势和目标的进展状况进行的评估，缔约方必须加快近期和短期的行动，包括修订国家自主贡献，并提供强有力和准确的信息。然而，这种差距分析不足以加速气候雄心和行动。为此，全球盘点还应着重于确定阻碍和刺激行动的因素，了解促使这些行动发生的条件，即政治、社会、经济和治理，从而有助于确定提升缔约方减排雄心。

四、全球盘点促进缔约方遵约的机制分析

全球盘点是《巴黎协定》遵约范式的关键组成部分，用于监测缔约方实施情况并评估在实现长期减排目标方面取得的集体进展[1]。《格拉斯哥气候协议》强调了当前缔约方的减排雄心和自主贡献难以实现《巴黎协定》的目标，全球盘点应基于当前差距关注并明确弥补该差距的机会，告知缔约方"加强"其国家行动，以及加强气候行动的国际合作。在"全球盘点"的背景下，如何确保盘点的结果能够驱动每个缔约方不断提高减排雄心，从而实现《巴黎协定》最终减排目标是关键。这就需要从全球盘点的流程、具体产出等方面构建规则、制度，激励缔约方超越先前"自主贡献"的"进步"，并反映其"最大可能的雄心"，确保全球盘点的建议能够随着时间的推移得到落实。

（一）完善全球盘点与透明度在遵约上的对接

基于过往的国际审查和评估经验，缔约方和非缔约利益相

---

〔1〕 E. Northrop et al.，"Achieving the Ambition of Paris：Designing the Global Stocktake"，available at https：//www. gcca. eu/sites/default/files/2020-01/2018,%20WRI_ Northrop_ designing-global-stocktake. pdf, last visited on 2019-09-12.

关方广泛参与有助于强化缔约方的参与度及对全球盘点产出的"主人公"地位，并在缔约方之间建立信任，进而有助于将产出转化为成果，因为缔约方可能更愿意推进其发挥了重要作用的成果。

值得注意的是，《巴黎协定》第 13 条的透明度框架不过是一个报告信息、检查缔约方报告是否遵守报告准则（关于内容、方法和格式）的框架，并就如何改进报告向各个国家提供反馈。一旦技术专家审查小组检查了这些信息，就应将其纳入全球盘点。透明度框架的目的是根据《联合国气候变化框架公约》第 2 条规定的目标，提供对气候变化行动的明确理解，并根据《巴黎协定》第 14 条向全球盘点提供信息。

显然，《巴黎协定》的透明度框架关乎个体表现，而非个体的减排雄心——当然也不关乎集体的减排雄心。如果通过透明度框架产生的任何信息引发了关于公平的讨论，那么将在全球盘点的背景下进行，因为透明度框架本身没有这样的功能。提出这些问题肯定不是技术专家团队的职责。依据《巴黎协定》第 14 条第 1 款，集体进步将是全球盘点的唯一焦点，根据第 2 条的温度限制来衡量。这将排除充分促进集体进步的"个人进步盘点"，即国家层面的减排雄心。

因此，有必要将《巴黎协定》的集体缓解目标降低为国家级义务，与集体目标并行存在，并将二者相加。缔约方自主贡献必须从国家决定转变为公平决定。全球盘点可能是对当前孤立主义和自下而上做法的回应，这一机制是新制度的唯一一组成部分，可用于监督 2℃ 的集体目标，并向各个国家施加真正的压力，使其采取更富雄心的减排计划。

此外，在两年期透明度报告中的技术专家审查可考虑缔约方是否已根据《巴黎协定》第 4 条第 9 款和 COP24 决定中规定的指导作了报告，以及如何将全球盘点的结果告知其他国家以促进缔约方国家自主贡献的清晰、透明和便于理解。

（二）健全组织流程，提升缔约方遵约成效

实现全球盘点预期效果的关键是建立健全组织流程，因为配套制度、目标对象以及盘点产出是否逐渐提高都将在很大程度上影响全球盘点将其产出转化为预期结果的可能性。当然，基于缔约方和非缔约利益相关方以及预期目标的差异，全球盘点的不同类型产出可以发挥不同的作用，比如高级别政治产出为缔约方决策提供信息，而偏技术的产出则可为专家和谈判提供信息。

首先，技术评估层面的产出应确定关键部门的减排机会和加快行动的步骤。在技术附件里应确定加快关键部门减排雄心的条件，重点是缓解、适应、实施手段和支持机会，考虑不同缔约方的国情，总结可扩大和复制的潜在备选方案组合。同时，技术附件还应包括关键部门的新举措或现有举措的详细信息，这些举措有助于加强与相关持续努力的联系，例如马拉喀什伙伴关系的突破议程和气候行动路径等现有举措。

其次，多渠道提升缔约方后续减排雄心的路径。依据《巴黎协定》第4条第9款和COP24的决议促进自主贡献透明度和理解，缔约方说明获悉全球盘点的信息如何影响和鼓励其编制后续的自主贡献。这一点与缔约方编制自主贡献会考虑各自能力和国情原则一样，缔约方需要考虑全球盘点产出来编制自主贡献。同时，可鼓励相关机构在其工作中纳入全球盘点的建议，比如技术专家组和咨询机构可以将能力建设列为优先事项以实施全球盘点的建议，更新自主贡献和制定长期温室气体低排放发展战略（Long-term Low Greenhouse Gas Emission Development Strategy，LT-LEDS），从而改进监控和数据收集为下一轮全球盘点提供准确信息。《联合国气候变化框架公约》秘书处也可以编写一份关于经验教训的报告，供缔约方会议借鉴使用。

最后，非缔约利益相关方可在其工作中纳入全球盘点建议。《巴黎协定》明确指出了非利益相关方的积极参与，并为其参与提供制度保障[1]。因此，非政府组织、相关组织和其他机构可将全球盘点的建议纳入其工作，例如支持不同国家的国家自主贡献规划进程，支持不同国家国内的宣传、沟通和教育活动，推进相关部门举措等。

（三）引入政治激励，为缔约方遵约动能蓄势

《巴黎协定》采用了"国内驱动"范式，缔约方对更新"自主贡献"享有自主性，因此政治宣传力度和强度对于构建激励缔约方减排的压力环境非常重要，这可能是所有缔约方强化气候减排行动的重要因素，尤其对一些排放大国而言更为明显。在 2015 年《巴黎协定》通过之前，全球政治宣传发挥了重要作用，比如各国领导人公布本国减排雄心，为《巴黎协定》通过营造了政治氛围。后续在《巴黎协定》实施以及缔约方提交"自主贡献"过程中，缔约方会议主席或联合国秘书长对不同区域的访问、与主要排放国国家领导人会谈等政治宣传都能影响缔约方的减排雄心。

在不同的多边论坛或平台上将气候变化纳入议程之中，同时增加媒体报道，经过一定时间后，宣传上的一致性开始转化为观念上的共识，并引发对某个问题的支持进而带来切实的结果。COP24 也提出在考虑全球盘点产出的高级别政治活动时，国家元首和政府首脑级别的活动可以最大限度地传递政治信号，有助于为国家进程提供信息以实现全球盘点商定结果。

除全球盘点外，在《联合国气候变化框架公约》框架之内

---

〔1〕 李昕蕾、王彬彬："国际非政府组织与全球气候治理"，载《国际展望》2018 年第 5 期。

的活动中也要推动政治对话，包括缔约方会议主席和《联合国气候变化框架公约》秘书处要积极利用全球盘点的产出或建议推动参与者之间对话合作，在《联合国气候变化框架公约》进程中推动全球盘点发展完善，在减缓和适应工作中纳入全球盘点，从而对缓解潜力、减缓技术和最佳做法等进行更为深入的讨论。《联合国气候变化框架公约》秘书处对缔约方自主贡献年度更新综合报告将会引发对缔约方在全球盘点之后的提交自主贡献的关注。在《联合国气候变化框架公约》之外，也要积极借助政治对话在其他多边平台推进更为有效和更具雄心的气候减排行动。联合国大会、二十国集团等多边平台或区域合作机制都可以发挥积极带头示范作用，将气候合作纳入议程，认可和支持全球盘点的成果。基于气候变化投融资机制，国际货币基金组织、世界银行和多边开发银行等应该考虑支持和促进全球盘点的结果，此外，还可以考虑让民间组织和非缔约利益相关方参与，保持对全球盘点的关注热度。

第 6 章

《巴黎协定》 遵约机制的完善

作为透明度框架和全球盘点的补充和支持，《巴黎协定》第
15 条建立了促进执行和推动遵约的机制。考虑到《巴黎协定》
并未规定强制执行措施要求缔约方对其不作为和不遵守《巴黎
协定》的规定承担责任，这意味着遵约机制需要采取其他方式
在一些关键议题上提升有效性[1]，如缔约方向委员会发起提
议、拟采取的措施类型以及委员会的职能或权力等。在《巴黎
协定》第 15 条规定的原则和方向上，2016 年波恩气候大会启动
了关于遵约机制的谈判。后各方在 COP24 上对遵约机制的框架
结构基本达成共识，但对具体运行规则还有一些分歧。遵约机
制的设计在考虑《巴黎协定》独特法律制度的前提下，更应结
合缔约方退出及暴露出的问题，在凸显预设理念的同时提升缔
约方的履约意愿、能力和水平。

一、扩大遵约委员会的职能范围

遵约委员会目前主要以参与对话并协助成员国制定行动计

---

[1] S. Oberthür, E. Northrop, "The Mechanism to Facilitate Implementation and
Promote Compliance with the Paris Agreement: Design Options", 2018, available at https://
www. wri. org/research/mechanism-facilitate-implementation-and-promote-compliance-paris-
agreement-design-options, last visited on 2022-08-12.

划来促进执行和推动遵守《巴黎协定》，但不能作为执行或争端解决的机制。根据《巴黎协定》第 15 条，遵约委员会应促进本协定条款的实施和遵守，虽然各方对遵约委员会的职能范围尚未形成共识，但是从《巴黎协定》范式来看不应局限于讨论遵约委员会职能是包括《巴黎协定》的所有条款还是仅包括某些条款，而应聚焦于遵约委员会的启动和作用的制度措施。

首先，遵约委员会基于《巴黎协定》遵约价值定位有权处理一些特定事项，有权处理缔约方没有提交自主贡献的事项。透明度框架要求审查缔约方提交的相关信息以及缔约方自主贡献实施情况，但对于缔约方没有提交自主贡献的情况，遵约委员会应该有权介入。同时，相比《巴黎协定》第 13 条规定的技术评审专家，遵约委员会作为常设机构更有利于与某个缔约方进行合作以改进该缔约方的遵约情况，在避免与其他流程重叠的情况下提供援助。当然，遵约委员会还应从宏观系统的角度研究多个缔约方面临的遵约共性问题。

其次，遵约委员会基于推动遵约定位有权应对不遵约情况，明确其对不遵约情况有处理应对的职能。《巴黎协定》基于共同但有区别的责任和各自能力（CBDR-RC）的原则确立了缔约方各自减排义务，由此发达国家有义务向发展中国家提供财政和技术援助，但发展中国家也必须采取与其在《巴黎协定》中的承诺相关的必要措施。除此之外，遵约委员会还应创设一些协同分享机制，比如在成员国和非缔约利益相关方之间公开讨论不遵约问题，以驱动缔约方遵约。同时，考虑缔约方的具体情况，探索间接性约束机制，如有些缔约方依赖国际碳市场，当该缔约方出现不遵约情形时可尝试通过限制国际转移缓解成果（ITMOs）转让以激励其遵约。

最后，还可以借助资金支持力度调整以及限制缔约方参与正式谈判的次数来促使不遵约的缔约方遵约。

二、内部治理：规范遵约委员会的受案程序

遵约委员会作为《巴黎协定》规定的常设专家机构，其任务是处理与个别缔约方履约有关的问题。一般而言，遵约委员会应尽一切努力以协商一致的方式作出决定，但是，如果用尽一切努力仍未通过决议，则多数票（出席并参加表决的成员的3/4以上）即可通过。

（一）构建多元化遵约启动机制

《巴黎协定》弱化了传统观念中的法律约束力，要求缔约方依据自身实际进行减排，以技术规范和要领取代了减排行动的实质内容和力度。未来气候变化举措的有效性依赖于对《巴黎协定》模式的提升和细化，确保各方的自主承诺得以具体执行，包括透明度框架和全球盘点以及遵约机制等。立足《巴黎协定》自身减排模式，结合美国当前"退而不出"的实际，遵约机制的启动应在防止缔约方消极履约或不履约方面有所考虑和侧重。

首先是缔约方自我启动（self-referral）。关于遵约机制的启动，各方目前对缔约方自我启动均无争议，即当缔约方在执行过程中面临问题或困难时，主动向遵约委员会报告寻求帮助，由于缔约方对自己执行中的困难最为清楚，应从遵约委员会处获得遵约协助。为有效促进执行，几乎所有的多边环境公约都会赋予缔约方启动权，但这种启动机制多停留在寻求遵约委员会的协助和支持层面，出于自我利益的考虑，自我启动机制在应对缔约方不遵约行为方面难免不尽如人意。为减少违约空间，其他缔约方启动（party-to-party referral）也应纳入启动机制，不过为降低滥用风险和提升对此种启动机制的接受度，应构建一些保障措施，如可借鉴《京都议定书》要求启动方提供支持材

料和正式授权，遵约委员会要在初审阶段过滤掉一些微不足道、明显恶意或证据不足的启动申请。同时，其他缔约方启动应明确限制在某些特定程序下，如包括遵约委员会在内的三方会谈、磋商等弱势处理机制，确保遵循《巴黎协定》的柔性处理原则。

其次是遵约委员会自动启动（automatic referral）。当缔约方违反《巴黎协定》具有法律约束力的条款时，遵约委员会不需要缔约方同意就有权自动启动程序。鉴于 2011 年加拿大退出《京都议定书》，其他缔约方很少会基于公共利益而对不遵约方启动司法或准司法程序。基于美国"退而不出"的状态，在其他缔约方没有启动遵约机制的情况下，赋予遵约委员会、秘书处、缔约方会议等非缔约方启动权可以在满足特定条件下启动遵约机制，比如某个缔约方未能依照《巴黎协定》第 4 条第 12 款要求提交国家自主贡献，或者未能按照第 13 条第 7 款和第 9 款等要求提交强制性报告等。考虑到《巴黎协定》的五年盘点期限，以及遵约委员会促进执行和推动遵约的属性，遵约委员会应有权采取促进实施和推动遵约措施，如书面问询等，尤其在出现缔约方不遵约行为的时候，因为此时事先措施的必要性更为突出。

最后是遵约委员会的自主启动（discretion referral）。在缔约方提交的信息存在重大且持续不一致的情形下，遵约委员会有权不征得缔约方同意就可以启动，尤其是涉及技术专家审查报告中包含强制性"建议"的情况。此时，遵约委员会可以就辅助或支持透明度框架中发现但未解决的重大且持续不一致的问题进行监管。根据卡托维兹气候大会第 20/CMA.1 号决定附件中第 22 段的要求，遵约委员会可以对其在现有透明度框架规则、程序和机制之外进行处理。技术专家审查小组和遵约委员会的作用是相辅相成的，既可以帮助缔约方，也可以让缔约方对其个体遵约表现负责。值得一提的是，在参与过程中，遵约委员会"应"采取适当措施，其中可包括卡托维兹气候大会第20/CMA.1 号决定附件第 30 段所列的措施。如果严重和持续的不一致是由缔约方能力的差距造成的，则需要采取措施，协助与提供财政、技术或能力建设支持等。

此外，《巴黎协定》第 13 条透明度框架和第 4 条自主贡献登记为非缔约方启动提供了可能和选择。第 13 条第 7 款要求缔约方提交"温室气体源的人为排放和汇的清除的国家清单报告"，并"跟踪在根据第四条执行和实现国家自主贡献方面取得的进展所必需的信息"，同时第 9 款和第 10 款要求发达国家和发展中国家缔约方应就提供或接受"资金、技术转让和能力建设支助的情况提供信息"。这些信息将被技术专家评估，并总结缔约方的执行问题和不足。同时，第 4 条第 12 款要求"缔约方通报的国家自主贡献应记录在秘书处保存的一个公共登记册上"，这些也为遵约委员会启动遵约机制提供了基础信息。

《巴黎协定》放弃了减排行动的实质内容和力度，借助技术规范和要领，以期待性规范和程序机制促进减排合作。虽然第13 条透明度框架和第 4 条自主贡献登记册条款都属于程序性要求，但都具有法律约束力，因而对于执行协助和不遵约行为具有相关性。因此，遵约委员会作出启动决定应基于所收取的信息和技术专家审核报告，这样既可以赋予遵约委员会在启动程序上的裁量权，同时也避免了技术专家和遵约委员会的潜在政治化。

（二）遵约委员会的具体措施内容

启动程序后，遵约委员会需要基于《巴黎协定》相关条款的法律性质、缔约方能力和意见来确定适当措施、调查结果或建议，这需要相关缔约方向遵约委员会提供关于特定能力限制、需求或挑战的信息，包括与所获得的支持有关的信息，供遵约委员会在确定适当措施、调查结果或建议时审议。

具体措施方面，包括与有关缔约方进行对话，以确定挑战、提出建议和分享信息，以酌情获得资金、技术和能力建设支持；协助有关缔约方适当与金融、技术和能力建设机构接触以确定可能的挑战和解决办法，并就该挑战和解决办法向有关缔约方提出建议，在征得有关缔约方同意的前提下，酌情向有关机构通报这些建议；建议制订行动计划，如有要求，协助有关缔约方制订该计划。这些措施都是为了补充和增加《巴黎协定》下的其他进程，从而实现促进执行和推动遵约。

如果已确定某一缔约方出现了未遵约事项，委员会应考虑该缔约方不遵约的原因、类型、程度和频率，注意缔约方各自的国家能力和情况并向缔约方发布不遵约的说明，同时要求该缔约方制订遵约行动计划。同时，《巴黎协定》缔约方会议采取的措施包括提供建议和协助、发布关注声明、实施或采取行动促进执行以及解决不遵约情况等。

此外，遵约机制应每年向《巴黎协定》缔约方会议报告，并应按照缔约方第一届会议商定的方式和程序开展工作。遵约委员会应制定其议事规则，该规则须经《巴黎协定》缔约方会议批准。

三、外部约束：完善配套制度机制

(一) 强化遵约措施威慑性

"自主减排贡献"范式并未改变协定下缔约方减排的法律义务，《巴黎协定》生效条件、文件存放和退出条款等内容充分体现了其国际法属性。《巴黎协定》第4条第4款要求作为发达国家的美国应努力实现全经济规模的绝对减排目标，"定期盘点"

和棘轮锁定机制的遵约模式要求美国应依照提交的"自主贡献"进行减排。但是《巴黎协定》第 15 条第 2 款明确了遵约措施的非对抗性和非惩罚性,明显排除了金钱性罚款。分享经验和信息、促进协助、提供建议、制订遵约计划等"软措施"虽然与要求相一致,但是并未体现出美国为其违约所应付出的"代价"。因此,有必要在第 15 条第 2 款设定的范围内探讨一些针对不履约的强势措施。

在程序上确认违约后,遵约委员会可以向相关方发布预警通知,类似做法可以在《巴塞尔公约》(全称为《控制危险废料越境转移及其处置巴塞尔公约》)的遵约机制中找到借鉴与范例[1]。此种做法并不会给违约方施加成本,但会使其意识到自己受到遵约委员会的集中关注,此种意识将会给相关方施以压力以促使其遵守约定。当然,预警通知并非单纯的促进性,它也可以被设计成"非惩罚性"。内容上要确保预警通知更多的是关于不遵约的情形描述而非警告,同时要以非公开的方式仅通知到相关方,并附带提供进一步支持的提议,避免创设一个冲突的场景。若预警通知不足以让违约方遵约,遵约委员会下一步可以宣告其不遵约,类似方式在《京都议定书》等多边环境公约中也被使用过。《巴黎协定》第 15 条第 3 款规定遵约委员会每年需要向缔约方会议提交报告,委员会可依据第 15 条第 2 款的"透明度"要求将违约方不遵约事项纳入年度报告中,借助媒体和非政府组织等给违约方施加压力以促使其遵约。

当然,沙特阿拉伯、印度尼西亚等提出宣告不遵约与"非对抗性和非惩罚性"相悖,不应纳入。但是,《巴黎协定》第 15 条第 1 款不仅包括促进实施,还囊括推动遵约,这表明委员

---

〔1〕　Decision VI/12, appendix, para. 20 (b).

会有可能适用一些并非侧重协助和支持的措施。同时，推动遵约显示至少能实行一些对不遵约行为造成压力的举措。在此背景下，委员会应有权在年度报告中加入宣告不遵约，甚至可以暂停违约方的一些权利和特权，如《巴黎协定》第 6 条确立的国际转让的减缓成果。因此，《巴黎协定》不仅应包括一些促进性的"弱势措施"，还应包括有压力的"强势措施"，以增强遵约机制的权威性和对不遵约行为的威慑。

（二）提升遵约惠益的吸引性

除了在强化透明度框架和全球盘点机制的基础上对缔约方予以反向倒逼，遵约机制设计还必须考虑《巴黎协定》的制度特点对缔约方减排行动进行正向激励。《巴黎协定》允许缔约方自主制定减排贡献，也应允许缔约方在全球范围内寻求一切可以减排的方式。《蒙特利尔议定书》和《京都议定书》的经验都表明若能构建适当的法律框架，国家间的竞争可以升华为履约的动力，国家间的对抗也可以转化为国家间的合作。

虽然并未明确规定"京都三机制"[1]，但《巴黎协定》第 6 条第 1 款承认更广泛的国际合作将有助于缔约方实现其自主贡献，赋予了缔约方进行减排合作的自主性。第 6 条第 2 款确立了政府之间的"合作方式（cooperative approaches）"，授权缔约方借助国际转移减缓成果进行的国际减排合作框架下并无多方参与的规定，表明缔约方之间的减排合作并不需要缔约方会议的同意，从而为国际转移减缓成果交易实现自主减排贡献提供了便捷。由于不需要《巴黎协定》缔约方会议审核，基于自愿基础上的国际减排合作能够以直接或间接，双边、诸边和多边等多元化形式呈现。直接的国际合作机制是指不同缔约方之

---

[1] 葛辉："国际法'碎片化'视角下的气候变化单边措施——以欧盟航空指令为例"，载《国际商务（对外经济贸易大学学报）》2015 年第 3 期。

间碳减排单位的互认、交易、抵充和使用等，如日本创设的联合信用机制（Joint Crediting Mechanism）和缔约方之间碳交易体系的连接（linking）等。间接的合作机制是指在两个互不认可彼此碳排放交易单位的缔约方之间借助第三方作为"通道"构建减排单位认可或交易等合作机制。无论直接合作机制，还是间接合作机制都可以通过双方、多方和区域等形式进行呈现。同时，缔约方之间的合作还应包括能效、绿证以及其他从自主贡献角度看具有意义的方式之间的合作。而且由于《巴黎协定》第 6 条第 2 款确立的合作仅需缔约方同意，那么缔约方有权授权非国家层面或私有企业部门介入国际减排合作，从而调动减排积极性。

《巴黎协定》第 6 条第 4 款规定了国际监督下的可持续发展机制（sustainable development mechanism），与第 2 款不同，该条款明确《巴黎协定》缔约方会议为监督主体，并且为减排成果的创设提供了规则。然而，其并未明确减排成果的产生地和使用者，这意味着发展中国家和发达国家都可以提供减排成果，也可能成为使用者。可持续发展机制下的减排成果就如《京都议定书》下的核证减排量（CER）和其他减排单位一样，因此第 4 款可以使用《京都议定书》下的清洁发展机制（CDM），并且尽可能接受清洁发展机制项目和核证减排量。这样能够维持清洁发展机制市场中参与者之间的信任，避免他们被市场机制疏远，从而将市场机制下的减排贡献效用最大化。

国际减排合作机制除可以扩大缔约方减排选择、降低减排成本和增加缔约方履约的惠益性外，还可以降低由缔约方碳政策差异导致的"碳泄漏"。同时，参与国际减排合作能够在《巴黎协定》缔约方之间加强对彼此履约的监督和制约，提升履约积极性。这种"气候俱乐部"构建也会协调和整合缔约方在气候外交上的行动〔1〕，使这些国家和地区在国际舞台上获得碳话语权的优势，促进国际气候合作良性循环。值得注意的是，构建国际气候合作机制的核心是确保碳减排成果的真实性和"额外性"，避免在不同国家和地区之间重复计算，确保实现《巴黎协定》的总体减排目标。

（三）明确"自主贡献"不能降级

虽然《巴黎协定》第 4 条第 11 款规定缔约方有权随时调整其自主贡献〔2〕，但此处随时调整绝不意味着可以肆意降低，因为这种调整需要接受缔约方会议通过的指导，且必须以加强贡献力度为目标。除了上述提到的规范性期待，巴黎气候大会之前的日内瓦谈判文件中提到两种潜在条款：一种是缔约方选择自愿或可能的情况下提高自主贡献，另一种则是在特定情况下允许缔约方降低自主贡献，包括不可抗力、极端自然事件、缺乏充足国际支持等〔3〕。但是，各方对任何降低自主贡献的情形都未予认可，导致《巴黎协定》并未概括此类情形。显然，未明确规定情形不能作为降低自主贡献的理由，除非遭遇特殊情形，否则将与协定的宗旨和精神相悖。在《巴黎协定》的法语版本中对于此条直接表述为"为了提升雄心水平"，比英文表述更能体现提升减排的预设。

依据《巴黎协定》，缔约方有确定"自主贡献"的自主性，但正如前述，一旦提交"自主贡献"，缔约方就要接受《巴黎协

〔1〕 W. Nordhaus，"Climate Clubs: Overcoming Free-Riding in International Climate Policy"，*American Economic Review*，Vol. 105，No. 4，2015，pp. 1339–1370.

〔2〕 详见《巴黎协定》第 4 条第 11 款："缔约方可根据作为本协定缔约方会议的《公约》缔约方会议通过的指导，随时调整其现有的国家自主贡献，以加强其力度水平。"

〔3〕 "Ad Hoc Working Group on the Durban Platform for Enhanced Action（ADP）"，Negotiating Text（25 February 2015）FCCC/ADP/2015/1，p. 181.

定》所确立的对缔约方行为透明度的强规范性期待和全球盘点与"棘轮合作"的义务性规则约束，这是从整体上确认了"不后退"原则，确保不断加强各方行动力度。从《巴黎协定》规范的整体上看，美国作为缔约方的一系列违反协定行为相比其直接退出的负面影响更大。虽然美国退出可能会引发不良示范效应，进而危及《巴黎协定》的整体性，但若允许任意降低"自主贡献"将破坏协定的规范性期待，从根本上否定《巴黎协定》。因此，当前缔约方正在围绕履约机制设计提出各种意见和建议，遵约委员会在工作模式和程序中必须明确提出"自主贡献"不能随意降级，确保《巴黎协定》的规范整体性和一致性。

此外，由于《巴黎协定》主要依靠技术性规范和程序性要领约束缔约方履约，确保缔约方有效完成程序性"规定动作"对于实现缔约目的至关重要。遵约委员会的工作模式和程序应强化与其他程序性机制的互动与关联，尤其是《巴黎协定》第13条透明度框架为遵约委员会启动遵约程序提供了基础信息，委员会的年度报告或特别报告也可为第14条的全球盘点提供支持。因此，遵约机制也应与资金、技术和能力建设之间建立信息沟通渠道，确保各专门机制及时获悉缔约方的需求和遵约信息，以便及时采取相应行动。

第7章
国内层面减排政策协同分析

　　随着气候问题日益突出，国际社会对适应和应对这一变化的合作正在逐步加强。相对传统环境政策工具——命令-控制的僵化性，拥有总量控制优势的碳排放权交易体系和依靠价格导向的碳税凭借市场化、激励机制、灵活性以及潜在财政收入等赢得了诸多国家和地区的青睐[1]。当今利用碳交易进行减排的国家和地区有：欧盟地区、澳大利亚、新西兰、美国加利福尼亚州、加拿大魁北克省、中国等，而北欧国家，如丹麦、挪威、芬兰等则采用碳税进行减排。作为温室气体排放大国——中国面临着来自国际和国内的双重减排压力。

　　《巴黎协定》遵约机制的开放性规定赋予了缔约方极大自主权，中国要利用该市场机制引导节能减排，运用制度创新保护环境，这表明市场机制和制度建设将成为我国应对气候变化问题的主要政策导向。中国作为发展中国家在《京都议定书》下

---

　　〔1〕　R. O. Zerbe, "Theoretical Efficiency in Pollution Control", *Economic Inquiry*, Vol. 8, No. 4, 1970, pp. 364-376; W. A. Magat, "Pollution Control and Technological Advance: A Dynamic Model of the Firm", *Journal of Environmental Economics and Management*, Vol. 5, No. 1, 1978, pp. 1-25; W. A. Magat, "The Effects of Environmental Regulation on Innovation", *Law and Contemporary Problems*, Vol. 43, No. 1, 1979, pp. 4-25; P. B. Downing, L. J. White, "Innovation in Pollution Control", *Journal of Environmental Economics and Management*, Vol. 13, No. 1, 1986, pp. 18-29.

并不承担强制减排义务，对于清洁发展机制等市场合作机制多是被动应对。如今作为世界上最大的排放体，中国面临着欧美发达国家减排紧逼、发展中国家阵营分化、国内经济发展模式改变及环境治理推进等诸多压力。中国于 2020 年宣布二氧化碳排放力争在 2030 年前达到峰值，努力争取 2060 年前实现碳中和，我国的减排任务空前艰巨[1]，在市场机制框架下积极探索多元化推进减排合作则是一个有益的探索。

一、碳交易与碳税协同推进路径分析

早在碳交易试点启动运营后，我国财政部和原环保部就开始酝酿环境税[2]，拟对排放二氧化碳的单位或集体征收碳税。这一方面体现了当下环境问题的复杂性，需要多策并举削减温室气体，另一方面也彰显了中国政府推进低碳发展的决心和践行"自主贡献"减排承诺的决心。

（一）文献爬梳与问题提出

理论上，在充分竞争、信息全面的市场中，碳交易和碳税在减排效果上并无差异[3]。因此早期对于碳交易和碳税的关系研究都是替代性方案的分析，而非相互补充的思路。实践中，基于庇古理论的碳税与源于科斯定理的碳交易受到了诸多现实因素的影响，制约了理论减排效果的实现。具体而言，碳税税率的设定需要考虑边际个人成本和边际社会成本的差异，由于不同地区存在边际减排成本和边际社会成本的区别，碍于信息

---

〔1〕　李猛："'双碳'目标背景下完善我国碳中和立法的理论基础与实现路径"，载《社会科学研究》2021 年第 6 期。

〔2〕　郑爽、窦勇："利用经济手段应对气候变化——碳税与碳交易对比分析"，载《中国能源》2013 年第 10 期。

〔3〕　M. L. Weitzman, "Prices vs. Quantities", *The Review of Economic Studies*, Vol. 41, No. 4, 1974, pp. 477-491.

不对称和地区差异性，即使当今数据基础和统计技术不断提升，为预估减排总量设定碳税税率依然困难重重。相比碳税，基于科斯定理和产权理论的碳交易通过设定污染物总量，创制出排放权的"稀缺性"，赋予其经济价值，进而在减排主体之间形成交易市场。减排主体结合自身边际减排成本和交易价格，以理性经济人的思维参与碳市场激励体系，削减温室气体排放，从而确保环境整体效果。但正如王毅刚所言，碳交易一直被认为"理论非常吸引人但实践中并不可行"，尤其是具体交易制度规则设定等难度较大，使其一度仅停留在概念中[1]。

此外，如果减排成本预期较高，碳税条件下的一些减排主体将选择多缴税以换取排放额度，导致总体排放量不减反增；而碳交易由于设定了排放总量，利用配额价格的变动来传导减排成本的变化，导致减排成本具有不确定性。同时碳交易和碳税的减排效果不仅受到经济效率的影响，而且还要顾及部门行业竞争和收入分配问题，这些现实因素也会对减排运作机制形成制约，进而影响整体减排效果。从实际减排成本方面而言，两者在预期减排效果的效率方面并非完美。出于单一政策解决单一问题的思维，以及效率、经济、必要性等因素考虑，早期对于碳交易和碳税替代性方案的研究遭遇到了现实障碍。因此，以实践应用为导向，通过相互补充的思路调整优化两者契合度是探索制度创新的一个新方向和新任务。

国外对环境政策叠合（policy interaction 或 policy mix）的研究最早来自政治学的贡献：A. 瓦尔达沃夫斯基（A. Wildavsky）提出重叠是众多政策发展的重要缘由，对内部问题的调整会带动

---

[1] 王毅刚等：《碳排放交易制度的中国道路——国际实践与中国应用》，经济管理出版社 2011 年版。

对外部问题的应对〔1〕。G. 梅琼（G. Majone）认为在政策众多的情形下，新方案将导致新问题出现，如政策重叠、管辖混乱以及其他一些始料未及的后果〔2〕。环境问题方面，M. L. 罗伯茨（M. L. Roberts）和 M. 思朋斯（M. Spence）〔3〕提出应结合数量机制（quantity-based approach）和价格机制（price-based approach）两项政策来降低社会成本；S. 史密斯（S. Smith）提出在命令-控制的基础上，应附加税收和补贴机制〔4〕；W. A. 皮泽（W. A. Pizer）发现混合路径略微优于价格机制，却明显胜过数量机制〔5〕；S. 索雷尔（S. Sorrell）和 J. 西姆（J. Sijm）提出政策组合应谨慎设计，并且目标透明〔6〕；T. 艾希纳（T. Eichner）和 R. 帕斯格（R. Pethig）分析了欧盟碳排放权交易体系和不参加碳排放权交易体系而实行碳税部门的减排协调问题〔7〕。在大量关注替代性研究的同时，国外学者也对碳交易和碳税在低碳减排方面的补充性进行了一些研究，并对潜在问题进行了积极分析，为我国环境政策工具制定提供了理论指导。

〔1〕　A. Wildavsky, *Speaking Truth to Power: The Art and Craft of Policy Analysis*, Little, Brown and Co. , 1979, p. 431.

〔2〕　G. Majone, *Evidence, Argument, and Persuasion in the Policy Process*, Yale University Press, 1989, p. 159.

〔3〕　M. J. Roberts, M. Spence, "Effluent Charges and Licenses Under Uncertainty", *Journal of Public Economics*, Vol. 5, No. 3, 1976, pp. 193-208.

〔4〕　S. Smith, "The Compatibility of Tradable Permits with Other Environmental Policy Instruments", *Implementing Domestic Tradable Permits for Environmental Protection*, 1999, p. 212.

〔5〕　W. A. Pizer, "Combining Price and Quantity Controls to Mitigate Global Climate Change", *Journal of Public Economics*, Vol. 85, No. 3, 2002, pp. 409-434.

〔6〕　S. Sorrell, J. Sijm, "Carbon Trading in the Policy Mix", *Oxford Review of Economic Policy*, 2003, pp. 420-437.

〔7〕　T. Eichner, R. Pethig, "Efficient CO2 Emissions Control with Emissions Taxes and International Emissions Trading", *European Economic Review*, Vol. 53, No. 6, 2009, pp. 625-635.

　　在低碳减排背景下，国内学者也对此问题进行了分析。许光[1]提出为了有效规制环境问题，应联合运用碳交易和碳税；在总结国际碳交易和碳税的经验后，朱苏荣[2]建议应结合两者的各自优势，综合运用；通过对中国能源、经济和环境的动态CGE模型的分析，石敏俊等人提出应借助碳税规制分散行业，实施碳交易调节排放集中行业[3]。还有人提出先碳税后碳交易的两步走战略[4]。但王慧、曹明德[5]则认为结合经济、环境和外交等方面分析，碳税更适合中国；而赵骏、吕成龙[6]通过简析两者利弊，支持中国采纳碳交易进行减排。

　　相比国外，国内减排起步较晚，研究粗放，欠缺深度。国内学者从碳交易和碳税两者的理论起源、机制原理、政治可行性、市场接受度、国际竞争力、社会经济影响等方面简单分析，倡导组合运用。这种宽泛倡导缺少对两者契合度和可行性等核心问题的分析，也没有对碳交易和碳税的兼容性进行系统研究。根据经济模型，J. E. 阿尔迪（J. E. Aldy）和皮泽指出气候政策微调将影响多个经济部门，且如果多个同时调节的政策内部存

　　[1]　许光："碳税与碳交易在中国环境规制中的比较及运用"，载《北方经济》2011年第6期。
　　[2]　朱苏荣："碳税与碳交易的国际经验和比较分析"，载《金融发展评论》2012年第12期。
　　[3]　石敏俊等："碳减排政策：碳税、碳交易还是两者兼之？"载《管理科学学报》2013年第9期。
　　[4]　杨晓妹："应对气候变化：碳税与碳排放权交易的比较分析"，载《青海社会科学》2010年第6期。
　　[5]　王慧、曹明德："气候变化的应对：排污权交易抑或碳税"，载《法学论坛》2011年第1期。
　　[6]　赵骏、吕成龙："气候变化治理技术方案之中国路径"，载《现代法学》2013年第3期。

在较大离散，结果将很不理想[1]。C. 菲希尔（C. Fischer）和
L. 普雷奥纳（L. Preonas）提出多重政策调节之下，碳交易市场
将无法准确反映出边际减排成本[2]。此外，环境政策工具还会
涉及税收、劳动力市场、商业往来、行政管理等大多数经济部门。

　　因此，面对实践中碳交易和碳税的不足，基于不同理论和
运作机制的环境政策工具组合是低碳减排制度创新的新思路。
但两者是彼此强化，繁杂但相互无碍，还是彼此排斥呢？更重
要的是中国已在 2021 年 7 月启动了国家碳交易市场，能否两者
同时并举？本研究基于我国的"双碳"目标，结合《巴黎协
定》第 6 条市场机制履约的大背景，对碳交易市场与碳税之间
的兼容性进行分析，并研究两者如何兼容并蓄，为中国选择有
效的环境减排工具，为实现社会经济绿色低碳发展进行探索，
进而实现中国在《巴黎协定》下的"自主贡献"减排承诺。

　　（二）碳交易、碳税与不同减排目标的兼容性分析

　　诚如前述，为应对减排形势的复杂性和严峻性，包括中国
在内的一些国家正在酝酿同时借助碳交易和碳税进行减排，但
这两种政策能否在核心设计、机制运行和减排效果等方面兼容
并蓄是一个亟待解决的问题。此外，减排目标分为绝对减排目
标（Absolute Target）和相对减排目标（Relative Target），碳交
易和碳税在两种目标之下的运行机制、社会成本等也存在诸多
差异。单纯基于减排目标导向，通过环境政策工具的简单算术
进行累加，却不对其关联性和契合度进行制度设计是否有助于

---

　　[1]　J. E. Aldy, W. A. Pizer, "Issues in Designing U. S. Climate Change Policy",
The Energy Journal, Vol. 30, No. 3, 2009, pp. 179–210.

　　[2]　C. Fischer, L. Preonas, "Combining Policies for Renewable Energy：Is the
Whole Less Than the Sum of Its Parts?" *International Review of Environmental and Resource
Economics*, Vol. 4, No. 1, 2010, pp. 51–92.

问题的解决还有待商榷。鉴于此，笔者将首先对碳交易和碳税与不同减排目标的兼容性进行分析。

首先是绝对减排目标下碳交易与碳税互动分析。绝对减排目标，简言之，就是削减整体排放量，通过具体排放数据计算出温室气体排放总量，借助各个排放主体的减排来实现总体排放量削减的减排目标。从短期看，基于碳税的额外调节作用，一些减排主体将会提高技术水平或调整生产规模以减少温室气体排放量，进而增加了二级市场上的排放配额。但由于总体排放量保持不断，基于供求关系和溢出效应，配额供过于求将导致其价格下降。其他减排主体根据自身成本收益购买这些配额以弥补额外排放，获取收益。此时，碳税并未削减整体排放量。长期看，通过碳税来减排并为未来设定更严格的总量控制是有意义的，但碳税能否克服市场失灵并推动减排技术研发有待商榷[1]。如若不能，其效果将适得其反。

其次是相对减排目标下碳交易与碳税的互动关系分析。与绝对减排目标相比，相对减排目标则更加弹性化。通过借助其他因素，如产出值、税收等，相对减排目标将温室气体排放量与其建立比例互动关系，从而确保减排不会对经济增长造成重大影响。由于气候问题源于温室气体排放总量的不断累积，而相对减排目标并非削减总体排放量，其减排效果常常备受争议。但不同于发达国家的经济发展水平和经济结构，发展中国家面临着经济增长和改善民生的双重挑战，选择相对减排目标更符合现实需要。

---

〔1〕 将配额价格内生化到未来的总排放量的预测的成本上是理想模式，美国二氧化硫交易就做到了价格内生化；即便当下最为成功的欧盟碳交易市场也不能做到通过调高配额价格来推动技术进步以应对气候变化带来的威胁。此时，在碳交易的基础之上制度配套政策推动将来设定更严格的减排总量目标就显得极为必要。但需谨慎评估配套政策能否降低减排成本。

由于缺少固定且严格的排放总量限制，减排目标存在动态性，而相对减排目标不会出现超出限定排放的情形。此外，科学技术更新也会推动新的减排。一些减排主体在碳税调节下转换出来的排放额度，并不能像绝对减排目标下一样被积极购买。除碳交易外，碳税也能制约减排主体的肆意排放，相对降低总体排放量。此时，碳交易和碳税的联系和互动相比绝对减排目标被削弱了很多，但在追求低碳减排目标方面能够做到兼容并蓄。

最后，不同减排目标下，碳交易与碳税的兼容度也存在不同。对于绝对减排目标，两者的整体减排效果较差，基本不具有兼容性。但在相对减排目标下，两者能够兼容并蓄，对于推动整体经济减排具有积极意义。

（三）整合理论制度优势，构建组合模式

针对绝对减排目标下碳交易与碳税直接并行的兼容性问题，有人[1]提出保留各自制度优势，将两者整合成一个组合模式。简言之，即在碳交易的基础之上嵌入碳税，把碳税界定为最低限价，为减排提供持续动力，同时提高配额供给弹性，避免因需求与配额价格的生硬传导而导致其无序波动[2]。此时，投资者的投资预期也可以获得稳定的投资回报：若配额价格过高，减排主体可以通过缴纳碳税来抵扣排放量，此时的碳税充当了配额的最高限价[3]。简言之，组合模式就是将碳交易附加最低

〔1〕　A. Wildavsky, *Speaking Truth to Power: The Art and Craft of Policy Analysis*, Little, Brown and Co., 1979, pp. 193-208.

〔2〕　如 2000 年加州氮氧化物配额的价格从每吨 400 美元涨到了每吨 40 000 美元；从 2006 年 4 月 19 日到 5 月 12 日，欧盟碳交易市场的期货配额价格从 32.25 欧元猛跌到 17.8 欧元。

〔3〕　但若此时减排主体也拥有较多配额，其将不用缴纳碳税，碳税的作用就无法凸显。

限价或最高限价，抑或两者兼有。

通过设定最低限价和最高限价，组合模式能够有效应对配额价格过度波动，实现创新减排和成本管理。若配额价格超过最高限价，管理者可以向市场提供预留的配额；若价格低于最低限价，管理者可从市场上收购配额予以留存[1]，减少流通量抑制价格上扬。在最低和最高限价之间的区域，组合模式可以确保一定减排量，但也存在一些弊端，即为了取得这些减排量，要么对污染者施加额外负担，要么为了坚守初始减排目标而放弃更廉价和高性价比的减排机会。为厘清组合模式的系统性和兼容性问题，笔者将从不确定性、配额价格、配额分配和组合优势等方面进行分析。

1. 应对不确定性因素

基于制度构建的初衷，环境减排工具首要目标是确保减排主体能够依照制度安排实现减排。而减排目标的实现取决于减排主体是否积极参与，因此，应尽量降低对减排行为形成冲击的不确定性因素，提升减排主体的减排意愿。

首先，减排效果的不确定性。环境政策选取依赖于减排目标的确定和评估，净利益最大化（net benefit maximization）和成本效益分析（cost-effectiveness）两大指标对减排目标评判和政策选取具有重要指导意义。根据 M. L. 韦茨曼（M. L. Weitzman）的经典结论[2]：如果边际减排成本的斜率大于边际环境损害时，碳税优于碳交易，即减排成本因额外污染控制而急剧上升的情形下，适用价格控制机制——碳税，可以使减排主体避免不可预

---

[1]　此时，管理者可以用完所有预留配额，此规定就限制了环境的不确定性，增加了配额价格的不确定性。

[2]　M. L. Weitzman，"Prices vs. Quantities"，*The Review of Economic Studies*，Vol. 41，No. 4，1974，pp. 477–491.

测的减排成本。如若边际减排成本的斜率小于边际环境损害时，则碳交易优于碳税，即随着污染增加，整体环境效益急剧恶化时，则更适用数量控制机制——碳交易。此时的评判标准是净利益最大化，而如果适用成本效益分析指标，则碳交易具有显著优势，因为其预先设定了总量控制目标。

相对而论，污染超标排放相比配额价格波动对社会危害更大，碳交易的排放总量限制和政治上可行性使其赢得了众多支持。针对配额价格不确定性问题，碳交易和碳税的组合模式对配额予以"管控"。其通过设置价格涨跌区间，控制价格波动幅度，消减对减排成本和经济活动的消极影响。但长时间的"价格管制"与实现减排目标相左，因为最高限价意味着配额的增加，而最低限价则暗指减少了流通中的配额数量，这样就使得排放总量水平处于不确定状态。对此，R. N. 斯塔温斯（R. N. Stavins）认为只要政策制定者在执行最高限价的时候，允许其他抵消项目来弥补增加的排放量就可以消除或减少这种不确定状态[1]。

其次，在应对新信息方面。碳税税率僵化，且难以准确反映边际减排成本的变动；而借助跨期配额储存机制，碳交易和组合模式则可能在当下和未来的边际减排成本之间予以平衡，使企业可以凭借对未来减排政策的预期来调整当下的减排安排，从而保持配额价格相对平稳[2]。增设配额存储机制可以提高减排主体抵御价格风险的能力，从而扩大配额收益并稳定市场预期。因此，组合模式下的碳交易在应对未来不确定性方面比碳税更具从容性。

〔1〕　R. N. Stavins，"A Meaningful U. S. Cap-and-Trade System to Address Climate Change"，*Harvard Environmental Law Review*，Vol. 32，2008，pp. 293-371.

〔2〕　B. C. Murray et al.，"Balancing Cost and Emissions Certainty：An Allowance Reserve for Cap-and-Trade"，*Review of Environmental Economics and Policy*，Vol. 3，No. 1，2009，pp. 84-103.

概括而言，对不确定性的界定依据不同，导致政策选取也不尽相同。从成本效益最大化角度看，碳税和组合模式占据优势；但从应对新情况考虑，碳交易和组合模式则更可取。简言之，组合模式在应对不确定性方面具有更大优势。

2. 对配额价格的影响

碳税条件下不存在配额价格问题。根据两者的覆盖范围进行划分，主要分为完全覆盖和部分覆盖。碳税对碳交易配额价格的影响也主要分为这两个层次：碳交易和碳税调整范围完全重合与碳税仅覆盖碳交易的一部分。

首先，碳交易下完全重合的情形分析。针对两者完全重合，即两者调整减排范围完全一致，S. 史密斯（S. Smith）[1]认为如果碳税税率低于配额价格[2]，碳税将会慢慢蚕食配额的价格，这种情况会持续到碳税所调控的减排量。因为边际配额的价值决定配额的价格，若没有碳税，边际减排成本决定了此配额的价格；而碳税的存在则降低了配额价格的收益，原先拥有配额即享有该配额所对应的边际减排成本，而现在需对余下的排放量征收碳税。早先储备配额就可以带来的收益现在取决于总量控制下边际减排成本和碳税税率的差异。但如果碳税税率高于配额价格[3]，总体排放量将会低于设定总值，且配额价格会降至零。此时，排放量总值的设定将失去作用，且配额也丧失了价值。决定排放水平来源于减排主体对碳税的反馈，此时的碳交易政策就是冗余的，因此，两者调整范围应该适度重合或分离。

---

[1]　S. Smith, "Environmentally Related Taxes and Tradable Permit Systems in Practice", Organization for Economic Cooperation and Development (OECD), 2008.

[2]　此时是指在假设没有碳税的情形下碳交易市场中配额的价格。

[3]　此时也是指没有碳税情形下，碳交易市场中的配额的价格。

其次，碳交易下部分重合情形分析。在碳交易调节的情况下，一部分排放源也会受到碳税调节。以欧盟为例，成员国的碳税政策仅涵盖本国排放源，而无法辐射到欧盟碳交易市场的其他地方。此时，如果碳税税率较低且覆盖范围较小，可以忽略对配额价格的影响；若碳税较高或覆盖范围较大，碳税将开始削减部分配额价格，通过削减碳税覆盖的排放源的排放量，进而增加其他排放源的配额。随着碳税覆盖范围的不断扩大，将会出现上面第一种情形，即两者重合，配额价格将会以碳税的数量级予以削减。

为了处理污染物，英国采取了多种政策并举的做法，包括垃圾填埋税（Landfill Tax）和垃圾配额交易体系（Landfill Allowance Trading Scheme，LATS）。在垃圾填埋税的基础上引入垃圾配额交易体系，并非为了增加减排激励，而是针对垃圾总量设定数量控制。但史密斯通过分析认为这种高度重合导致减排成本出乎意料地提高。

但如果适度制定碳税调节范围，或者适当划分碳交易和碳税的调节范围，减少两者覆盖面的重合机会，将会降低或忽略碳税对碳交易配额的负面影响，这对于两者协同减排将会起到助推作用。

3. 对拍卖制度的补救

在理论上，碳交易通过拍卖配额提供减排激励的同时，也为政府提供了经济收益。这些收益可以用于补偿受减排影响的群体或代替其他税收。现实中，碍于减排主体的认可、获取政治支持、减轻企业负担等因素，欧盟、中国的碳交易试点在早期都主要采用了免费分配配额的原则[1]，即祖父条款（Grandfa-

---

［1］　欧盟在第一阶段（2005 年至 2007 年）全部采用免费分配配额，第二阶段（2008 年至 2012 年）开始采用拍卖的方式分配配额，并承诺以后逐步提高拍卖比例；中国已启动的 6 个碳排放交易试点中，明确采用拍卖的试点城市为广州。

thering)，而且这也是当下的一个惯常做法。免费分配使得来自配额拍卖的收入消失了，且配额分配的经济租金（Economic Rent）也都整体转移到了减排主体手中，这与碳交易政策的设计初衷相左。

根据产权经济学原理，碳交易制度架构中的"拍卖"具有激励污染者为污染行为付出"代价"的减排驱动机制，但出于保全制度先行推行的需要而削弱，甚至放弃了拍卖激励。相比拍卖，免费分配条件下的减排主体就获得了具有市场价值的配额，即凭空获得了经济收益，这就与"污染者付费原则"产生了偏差。

从实用主义和弥补配额拍卖缺憾的角度来分析，引入碳税将使得碳交易下的减排主体付出一部分超边际排放（Inframarginal Emissions）的经济代价，尽管与边际排放作价不同，但能够提供减排技术革新的激励[1]；对减排主体免费获得配额的价值予以部分回收[2]，与"污染者付费原则"保持基本一致；同时还可以代替或抵消其他一些税收。这样可以促进企业积极减排；政府也可以利用获得的经济收益资助环境减排技术发展。

4. 两者组合应对多元化问题

综合欧盟、美国、中国碳交易试点等减排实践经验，碳税和碳交易存在明显的设计偏向型喜好。针对不同部门行业的企业，两者的适用优势存在较大差异。由于监管、交易、监测等运行成本较大，从效率角度分析，对大中型集中排放减排主体适用碳交易进行调节较为适宜。如北京碳交易试点强制纳入2009—2012年，二氧化碳平均排放量1万吨，而年综合能耗2000吨标准煤的可自愿参加。反观碳税较低的行政和实施成本，

---

〔1〕 结合配额价格相关论述，此时可能受到碳税对碳交易配额价格的影响而使减排技术革新受到阻碍。

〔2〕 N. Johnstone, "Efficient and Effective Use of Tradeable Permits in Combination with Other Policy Instruments", *Greenhouse Gas Emissions Trading and Project-Based Mechanisms*, 2003, pp. 119-127.

更适用于一些分散、微小型不易监控到的排放源。

此外，为扩大减排覆盖范围，当某个政策无法单独有效解决环境外部性问题时，寻求多重政策实施的积极模糊化效果就成为一个次优选择。环境污染是一个复杂多元化的问题，即使一项完美的理论设计也无法顾及现实中的诸多因素和矛盾纠葛。因此，结合环境问题的复杂性和现实矛盾多重性，运用碳交易和碳税联合解决减排问题也是一个次优选择。

（四）具体协同减排路径选择

作为一个发展中国家，中国并不承担强制减排义务。但作为世界上最大的温室气体排放国和第二大经济体，我国在应对气候变化问题上的态度越来越受到国际社会的关注。在后京都时代，中国提出了自己的减排目标，即到 2020 年单位国内生产总值二氧化碳排放水平比 2005 年降低 40%—45%。这一方面是由于长期"高耗能、高污染、资源性"粗放型经济发展模式难以为继，我国急需产业转型升级；另一方面是由于低碳已经成为一个新的经济增长点和发展机遇，中国应尽快建立并完善减排体系，积极利用制度引导技术和产业创新是中国在低碳时代获得发展机遇的重要举措。最后，顺应时代潮流，为以后国际气候谈判和低碳合作赢取主动权奠定基础和积累经验。

减排基调确定后，中国面临着借助什么环境政策工具进行减排的问题。诚如上述，我国正在探索碳交易和碳税并用的减排路径。借助上述思路，笔者将对中国减排路径进行梳理分析。

1. 我国控排目标分析

不同于欧美发达国家经济发展水平，中国经济还处于快速发展期，保证我国社会经济持续发展是建设碳排放交易体系的最大前提。相比欧盟的绝对减排目标，我国承诺相对减排目标，即削减碳强度。针对绝对减排目标的制度优势，有些学者提出根据经济未来发展规模将我国的国际减排承诺折算为绝对减排量，实施绝对总量控制。这一提议为中国碳交易市场采用绝对减排目标以获得国际认可和参与国际合作提供了思路，但忽视了经济增长速度、资源消耗结构、人口总量变动、经济发展周期等重大参数的模拟和推演的难度及潜在的系统风险。对于世界上最大的发展中国家，中国当前的经济发展承载着基础性需求，不能将碳强度转换为绝对值而强制减排，这种预算和减排是不切合实际的，也不符合社会主义市场经济的本义。

七个碳交易试点都以 2010 年为基础，2015 年为截止期，提出各自的控排目标，即削减单位生产总值的二氧化碳含量（详见表1）。国家发展和改革委员会原副主任解振华曾表示：借助碳交易试点在交易规则、交易经验和监测核算方面的经验，为以后全国统一碳交易市场的构建积累经验[1]。

表1　不同碳交易试点的控排目标

试点城市	北京	上海	天津	重庆	深圳	广东	湖北
控排目标	18%	19%	15%	17%	15%	19.5%	17%

资料来源：各个碳交易试点的官方网站和相关文件

因此，试点控排目标对我国未来国家层面碳交易市场控排目标设定具有重大的借鉴意义。但王毅刚等人[2]认为碳强度减排就是基线减排和信用交易体系，可以辅助和补充总量控制与交易体系，但其本身存在诸多缺点和不足，如交易成本较高、

〔1〕 钟志敏："碳交易试点全面启动 配套设施待完善"，载《中国证券报》2013年12月16日，第A13版。

〔2〕 M. L. Weitzman, "Prices vs. Quantities", *The Review of Economic Studies*, Vol. 41, No. 4, 1974, pp. 477-491.

流动性较低，难以形成规模化、规范化、金融化的碳市场。同时根据碳强度的监测、排放、核算等烦琐参数的要求，我国目前能源数据薄弱也是一大软肋。

此外，结合碳交易自身特点，现阶段中国可选的碳排放交易体系的路径不多，这主要是因为我国仍应以社会经济发展为主、环保部门机构设置偏弱、减排技术和设备落后以及重点减排行业市场化程度偏低。2013 年 10 月 23 日，京津冀晋蒙鲁六省市针对二氧化碳减排、核查、建立区域碳排放权交易合作等达成框架合作协议，专家认为这意味着我国已在构建区域碳交易市场方面迈出了重大一步，也为建设全国碳交易市场提供了有益探索[1]。在构建国家层面的碳交易体系之路仍较为缓慢的背景下，探索区域减排协调机制未尝不是一种新思路。因此，在非绝对总量控制减排目标下，碳税与碳交易不存在必然冲突，能够协同促进碳排放量削减，无论从短期来看还是长远来看，都不失为一种具有减排效果的路径选择。

2. 碳减排的不确定性

上文提到碳交易市场的不确定性主要体现在减排成本未定、配额价格波动等方面。结合我国当下碳交易试点的相关规定和具体实际，此种不确定性出现的概率极低。

（1）制度构建初期。首先，由于刚刚开启碳交易试点，中国控排企业碳交易市场参与意识较弱，通过碳交易进行减排的意愿不强[2]，自然持观望态度的企业不在少数。其次，碳排放

---

〔1〕　刘金松、姜鑫："同步治理空气 京津冀联手压煤"，载《经济观察报》2013 年 10 月 28 日，第 10 版。

〔2〕　根据《中国碳市场报告（2014）》对上海碳交易试点地区 168 家控排企业进行的调研，发现企业层面对减排潜力和成本预估的仅占 20%；已经设立专职碳交易的部门仅占 18%；有固定预算资金在碳排放权交易上的仅占 4%；有兴趣参与第一批交易的仅占 13%；而大部分企业希望通过自身减排完成减排目标（115 家）。

权额度的合理分配是整个碳交易机制运行的基础，过度分配减弱了对企业减排的激励和驱动作用。各试点采用"祖父条款"[1]免费分发配额使得控排企业丧失了碳减排的制度约束和成本激励。再其次，相比欧盟碳交易市场 100 欧元的罚款，国内碳交易试点的激励约束和处罚机制存在不足或缺失的问题[2]，出现了中国环境法领域老生常谈的问题——守法成本高，违法成本低。最后，检验排放设施是否履约主要来自对其排放的温室气体的监测、报告以及核查，除上海制定了较为详细的核算报告和指南外，其他试点都较为原则化和概括化，缺乏实施细节，甚至暂无规定。

（2）试点交易不甚活跃。国际学术期刊《自然地球科学》(*Nature Geoscience*) 指出，2013 年中国碳排放超过欧盟和美国的总和，达到 100 亿吨。相比庞大的排放量，国内各个试点的碳交易量不甚活跃，如以北京环境交易所为例，从 2013 年 11 月 28 日启动到 2014 年 8 月 6 日，总共交易 137 笔，总成交量为 94.5 万吨，成交额将近 5720 万人民币。与欧盟碳市场 2013 年 102.6 亿吨的总交易量和 528.49 亿美元的总交易额相比，各个碳交易试点的交易量微乎其微。另外国内碳交易试点也对交易

---

〔1〕 个别试点采用了免费为主、有偿为辅的配额分配原则，如广东 2013—2014 年控排企业、新建项目企业的免费配额和有偿配额分别为 97% 和 3%。

〔2〕 根据公布的规则：上海和深圳处罚规则较为详细，其中上海规定未履行报告义务的，罚款 1 万元到 3 万元；提供虚假不实文件资料或隐瞒重要信息未按规定接受核查的，罚款 1 万元到 3 万元；无理抗拒阻碍第三方机构开展核查工作的，罚款 3 万元到 5 万元；未履约配额清缴义务配合不合规的，罚款 5 万元到 10 万元。深圳则规定未按时提交核查报告：逾期未改的，罚款 1 万元到 5 万元，情节严重的，罚款 5 万元到 10 万元；未按时提交足额配额或中国核证自愿减排量的，强制扣除，不足部分从下一年度配额中直接扣除，按当月前连续六个月碳交易配额平均价格三倍罚款；未在迁出、解散或破产清算之前完成履约的，强制扣除，不足部分按当月前连续六个月碳交易配额平均价格三倍罚款。而北京、天津暂无此项规定。详见各碳交易试点的交易管理规则。

异常和配额价格波动等作出了一些制度防范，其中北京构建了价格预警机制，国家发展和改革委员会可以实施拍卖或回购配额等方式；上海则施行涨跌幅限制制度、配额最大持有量限制等。由于减排成本对企业生产成本和经营惯性的影响，目前，国内企业并没有表现出较大减排积极性，我国碳交易市场试点尚未出现因配额价格而导致市场异常的情形。

　　总之，现阶段各个碳交易试点的交易量很小，碳价虽有波动，但在较小的交易量面前和制度规制面前难以形成影响力，也就无法对减排成本形成较大不确定性。在碳交易试点和未来国家碳交易市场建设过程中，随着交易主体活跃和交易量增加，我国应借鉴碳交易和碳税的组合模式建立"价格安全阀"制度，包括最低限价和最高限价，并设立配额存储机制，积极引入项目配额抵消制度，提高控排主体应对减排不确定因素的能力。

　　3. 对碳交易价格的影响

　　各个碳交易试点都以碳强度为控排目标，而非总量控制与交易。此时，外部政策的影响作用因为缺乏绝对总量的控制就会降低。结合上述减排目标的分析和我国碳交易试点的建设，中国碳交易市场建设不可能采用绝对总量与控制减排目标[1]。因此，碳税对配额价格的负面影响就会大幅削减。此外，国家层面的碳交易市场设计还处于探索研究阶段，且可选之路较为有限。但我国当下改变"两高一资"模式，发展低碳经济的任务异常紧迫。

　　针对碳税对碳交易配额价格的影响，在两者调节范围完全或部分重合的情形下，碳税会以自身为数量级对配额价格予以削减，进而影响配额的激励和减排作用。这一点是直接影响碳

---

　　[1]　曹明德："中国参与国际气候治理的法律立场和策略：以气候正义为视角"，载《中国法学》2016 年第 1 期。

交易和碳税组合使用的减排效果，也是在政策设计中必须慎重予以考虑的。但在碳交易基础上适用碳税有三种方式：第一种方式是适用于碳交易之外的行业或部门，避免两者调节范围重合，造成政策扭曲；第二种方式是调节碳交易项下一部分行业，减少政策重合覆盖；第三种是两者完全重合，共同调节。

结合我国碳交易试点的实践，第一种和第二种方式都可适用。为力求稳妥，笔者建议我国将碳交易与碳税调节的范围有限重合和适度分离，避免政策中和，导致调节混乱或效果错位。极端情况下，参与碳交易的企业可不征碳税，而缴纳碳税的企业将不必参与碳交易。对于碳交易和碳税的选择权不在企业，而应结合我国低碳经济发展的实际。如火电厂是碳交易减排的重点目标，那么火电厂就应该加入碳交易市场，而不能通过缴纳碳税减排。通过两者调整客体分离，推动碳交易与碳税协同发挥减排作用。

4. 财政税收贡献

我国经济高速发展，随之而来的是日益严峻的环境问题，雾霾问题更让国人感受到了生态环境之可贵。随着 2014 年李克强总理在两会上的政府工作报告中提出向污染宣战，我国开始了大规模的污染治理行动。选择合适的环境政策工具，尤其适合中国实际国情，对我国环境问题的解决具有重要意义。

目前国内碳交易试点基本上都采取无偿为主、有偿为辅的配额分配原则，由于配额本身具有市场经济价值，免费分配使得减排主体凭空获取了"巨额经济利益"，这似乎与传统"污染者付费原则"相悖。但免费分配在国际上依然是主流[1]，且此举是为获得制度先行推行而牺牲制度的公平性。因为免费分配转嫁了企业承担的制度参与成本，提升了企业的减排意愿，且

---

〔1〕 S. Evans et al. , "Border Carbon Adjustments and Industrial Competitiveness in a European Green Deal", *Climate Policy*, Vol. 21, No. 3, 2020, pp. 307-317.

从长远看由于机会成本的存在，免费分配在减排激励上与拍卖并无差别[1]。此外，除了边际成本，污染企业在获得免费配额的同时，也省去了很多超边际的成本费用。而这些利益和费用原本应该用来资助环保科技发展，造福社会。

因此，通过征收碳税可以弥补碳交易配额免费分配导致的财政收入流失，激励企业积极减排。鉴于我国应采用碳税与碳交易调整对象适度重合或相分离的前提，碳税应主要针对不参与碳交易的企业。对于缴纳碳税的减排主体，政府应积极削减其他税收，如营业税、消费税等，或对敏感竞争行业给予碳税减免，以维护两类企业之间减排的公平性。

5. 应对多元化问题

碍于环境问题的复杂性和非环境原因的诸多现实问题，即使完美的理论或环境政策设计也会遭遇重重制约，难以实现预期效果。鉴于此，很多国家运用多项环境政策来应对环境问题，如在市政垃圾管理、非点源污染、区域性空气污染等问题。碳交易和碳税也不例外，由于交易成本、配额价格、监测、核算等方面的现实制约性因素，自然难以发挥最佳减排效果。当下我国面临经济发展和环境保护的双重任务，碳交易市场建设处于起始阶段，国家层面的碳交易控排模式选择异常艰难。因此，组合运用两者应对当前复杂的中国环境问题不失为一种有益尝试和探索。

查阅各个碳交易试点章程和规则可以发现大部分控排主体都是大中型企业，即使以行业划分也限定了企业的规模（详见表2）。这就给大企业化整为零、拆分逃避减排提供了可乘之机。结合碳交易和碳税各自的效率优势和理论侧重点，两者组合运

---

〔1〕　T. Stoerk, D. Dudek, J. Yang, "China's National Carbon Emissions Trading Scheme: Lessons from the Pilot Emission Trading Schemes, Academic Literature, and Known Policy Details", *Climate Policy*, Vol. 19, No. 4, 2019, pp. 472-486.

用可以有效应对未知和潜在的问题，防止出现政策疏漏。

表 2　各个试点城市的控排范围

试点省市	北京	上海	天津	广东	深圳	湖北	重庆
控排范围	年二氧化碳直接排放量与间接排放量之和大于1万吨（含）的单位为重点排放单位，需履行年度控制二氧化碳排放责任，是参与碳排放权交易的主体	钢铁、石化、化工、有色、电力、建材、纺织、造纸、橡胶、化纤等年碳排放量两万吨及以上及航空、港口、机场、铁路、商业、宾馆、金融等非工业行业年碳排放量一万吨及以上	钢铁、化工、电力、热力、石化、油气开采等重点排放行业和民用建筑领域年碳排放量2万吨以上	电力、水泥、钢铁、陶瓷、石化、纺织、有色、塑料、造纸年碳排放量2万吨以上	年碳排放总量5000吨二氧化碳当量以上的企事业单位、2万平方米以上的大型公共建筑物和1万平方米以上的国家机关办公建筑物、自愿加入并经核准的企事业单位或建筑物、主管部门制定的其他企事业单位或建筑物	年能源消费量6万吨标准煤及以上的重点工业企业	2015年前，将2008—2012年任一年度排放量达到2万吨二氧化碳当量的工业企业纳入配额管理

资料来源：各个碳交易试点交易规则和指南〔1〕

　　面对日益严重的气候问题及潜在威胁，越来越多的国家开始采取环境措施应对这一全球化问题。相比传统行政命令，碳交易和碳税凭借市场机制不断受到关注，但两者自身都受到了

---

〔1〕　基于各个试点官网搜集的材料整理。

现实因素的制约，很难完全发挥理论上的减排效果。能否取长补短，将两者组合运用就成为减排制度研究的一个新方向。由于两者理论基础、运行机制、减排激励等存在较大差异[1]，通过对不同减排目标类型与碳税的关系分析得出：由于绝对减排目标下的碳交易控排总量固定，由碳税减排的额度将会传导至碳交易中致使配额价格降低，导致有需求的减排主体通过购买排放权抵消了碳税的减排努力，此时，两者兼容性较差[2]；而相对减排目标下碳交易由于排放总量未定，碳税能够与之兼容，共同推动温室气体减排。针对绝对碳交易制度下的碳交易和碳税兼容性问题，通过理论架构和对实际问题的分析，笔者认为组合模式中的限价模式能够在总量控制的基础上实现减排效果，对于碳交易减排成本和碳税环境效益不确定性具有重大改良作用。同时不同行业部门适度重合或分开实施碳交易和碳税，有利于增加财政收入和有效应对多元化环境问题。

二、碳交易与绿色电力政策协同研究

党的二十大报告提出要积极稳妥推进碳达峰碳中和，并从碳排放"双控"、能源革命、健全碳市场等方面作了具体部署[3]。为应对气候变化这一重大全球性挑战，切实履行《巴黎协定》减排承诺，中国国家主席习近平在第 75 届联合国大会上郑重承诺，中国将力争于 2030 年前实现碳达峰，努力争

〔1〕　L. Belkhir, A. Elmeligi, "Carbon Footprint of the Global Pharmaceutical Industry and Relative Impact of Its Major Players", *Journal of Cleaner Production*, Vol. 214, 2019, pp. 185–194.

〔2〕　E. Tvinnereim, M. Mehling, "Carbon Pricing and Deep Decarbonisation", *Energy Policy*, Vol. 121, 2018, pp. 185–189.

〔3〕　张中祥:"立足现实，积极稳妥推进'双碳'工作"，载 https://www.bjnews.com.cn/detail/166590139714755.html，最后访问日期：2022 年 10 月 27 日。

取 2060 年前实现碳中和[1]。"双碳"目标向世界展示了中国应对气候变化的雄心与担当。对中国而言，实现"双碳"目标是贯彻新发展理念、构建新发展格局和推动高质量发展的内在要求和必然选择，也是一场广泛而深刻的经济社会系统性变革，面临的挑战和困难也是前所未有的。电力行业作为中国当前主要温室气体排放源是实现"双碳"目标的主战场，目前受到碳市场和绿色电力政策的"双重规制"。因此，立足我国市场发展环境和现实需要，坚持先立后破研究碳交易市场与绿色电力政策的相互作用，有利于充分发挥综合调控作用，助力"双碳"目标实现。

（一）环境政策工具互动的文献梳理与问题提出

气候环境问题的复杂性、广泛性、不确定性和潜在性要求建立多元化和全方位的应对机制，基于"多胜于少"的思维，政策制定者往往选择出台一系列政策，包括碳交易市场、碳税、清洁能源补贴和低碳技术标准等。有时候这些政策之间具有包容性和耦合性，有时候则会产生政策张力和内耗，甚至冲突，导致减排成本上升和竞争扭曲[2]。推进能源政策和气候政策之间的兼容与协同[3]就成为国内外学者关注的热点。

1. 国外对环境政策协同的研究梳理

西方发达国家对环境政策整合研究最早始于政治学，到今天已经形成了比较完善的理论体系和方法体系。根据整合类型，

〔1〕 林伯强："碳中和进程中的中国经济高质量增长"，载《经济研究》2022年第1期。

〔2〕 Nils Axel Braathen, "Instrument Mixes for Environmental Policy: How Many Stones Should Be Used to Kill a Bird?" *International Review of Environmental and Resource Economics*, Vol. 1, No. 2, 2007, pp. 185-236.

〔3〕 胡德胜："西方国家生态文明政策法律的演进"，载《国外社会科学》2018年第1期。

环境政策协同可以分为部门之间的政策整合与环境政策工具之间的整合两类，前者包括环境政策整合（Environmental Policy Integration，EPI）理论和气候政策整合（Climate Policy Integration，CPI）理论；后者是个体环境政策工具之间的整合。

（1）碳交易市场与能源政策整合的理论研究。本杰明·高拉奇（Benjamin Görlach）[1]认为政策分析应该着眼于整个工具组合的表现，其认为碳交易市场在工具组合中具有特殊的地位，并讨论了其他政策工具如何影响碳排放交易市场的运作。H. 威尔茨（H. Wilts）等人[2]开发了一个概念框架，用于定义、评估和开发资源效率政策组合，该框架认为政策和工具的组合最适合克服复杂挑战，因为这种组合在战略、高层次上解决了多个资源领域问题。L. 拉杜（L. Ladu）等人[3]考虑了不同的情景以确定最合适的政策组合，其对备选方案的分析揭示了一些关于不同政策组合相对有效性的发现。J. B. 斯凯尔赛斯（J. B. Skjærseth）[4]考察了气候和能源政策的发展，从单独和狭隘的倡议到协调的一揽子政策，侧重于政策如何加速技术创新、限制污染活动、促进绿色增长和确保社会正义，提出欧盟政策组合需要实现不同的转型功能，其提供了结合不同参与者利益以

〔1〕　Benjamin Görlach, "Emissions Trading in the Climate Policy Mix—Understanding and Managing Interactions with Other Policy Instruments", *Energy & Environment*, Vol. 25, No. 3-4, 2014, pp. 733-749.

〔2〕　H. Wilts, M. O'Brien, "A Policy Mix for Resource Efficiency in the EU: Key Instruments, Challenges and Research Needs", *Ecological Economics*, Vol. 155, 2019, pp. 59-69.

〔3〕　L. Ladu et al., "The Role of the Policy Mix in the Transition Toward a Circular Forest Bioeconomy", *Forest Policy and Economics*, Vol. 110, 2020.

〔4〕　J. B. Skjærseth, "Towards a European Green Deal: The Evolution of EU Climate and Energy Policy Mixes", *International Environmental Agreements: Politics, Law and Economics*, Vol. 21, No. 1, 2021, pp. 25-41.

提高气候雄心的机会。A. M. 博尔赛尼（A. M. Bersani）等人[1]考虑了在不确定需求下受碳交易市场影响的电力部门最佳能源组合决策，在电力生产商最大化其预期利润的假设下，其研究表明碳交易市场对减排目标产生了奇特的影响，并指出从长远来看，碳交易市场阻碍了可再生技术的扩展能力，而不是促进了它。

（2）碳交易市场与能源政策协调的实证分析。基于环境问题的复杂性，强调多策并举成为应对环境问题的重要思路，但环境政策的快速增多加大了它们之间产生冲突的可能性，因此克里斯蒂娜·胡德（Christina Hood）[2]提出单个技术政策将会对长期减排政策产生影响，应具体协调碳价与能源政策之间的关系。帕布罗·德尔·里奥（Pablo del Río）[3]认为尽管政策组合不是万能药，并且本身也会带来问题，但欧盟碳交易市场中配额价格与可再生能源政策之间的相互作用的负面性可以通过适当的协调或工具选择和设计来缓解。O. 勒库耶（O. Lecuyer）等人[4]建构模型分析后提出当不确定性较小时，可再生能源补贴不会改善福利，但当不确定性足够大时，这些补贴会增加预期福利，因为即使配额过度分配的情况下也会出现减排。J. 范

[1] A. M. Bersani, P. Falbo, L. Mastroeni, "Is the ETS an Effective Environmental Policy? Undesired Interaction Between Energy-Mix, Fuel-Switch and Electricity Prices", *Energy Economics*, Vol. 110, 2022, pp. 105-981.

[2] Christina Hood, *Managing Interactions Between Carbon Pricing and Existing Energy Policies*, IEA Insights Publication, 2013, pp. 6-7.

[3] Pablo del Río, "Why Does the Combination of the European Union Emissions Trading Scheme and a Renewable Energy Target Makes Economic Sense?" *Renewable and Sustainable Energy Reviews*, Vol. 74, 2017, pp. 824-834.

[4] O. Lecuyer, P. Quirion, "Interaction Between CO2 Emissions Trading and Renewable Energy Subsidies Under Uncertainty: Feed-in Tariffs as a Safety Net Against Over-Allocation", *Climate Policy*, Vol. 19, No. 8, 2019, pp. 1002-1018.

登伯格（J. van den Bergh）等人[1]评估了气候政策工具之间相互作用如何影响整体减排的理论建模、实证和实验研究的证据，认为这种相互作用可以采取消极、零或积极协同效应的形式，并提出国家政策的透明度和协调性可能是实现全球排放目标的政治可行路径的关键。

西方发达国家对环境政策工具整合研究始于一般政策，借助可持续发展的媒介，强调其他政策在制定中要考虑环境议题，后续发展将环境议题摆在优先位置，这一点与气候政策整合理论类似。基于统筹协调理念，域外学者也对碳交易市场与能源政策之间的互动与整合进行了理论和实证研究，这些研究和分析有助于我们认识环境治理工具协调的重要性和复杂性。同时，域外学者对环境政策工具整合的效率性、有效性、非经济性等标准为我国协调和整合碳交易市场与绿色能源政策提供了思路和参考。

2. 国内对环境政策协同的研究梳理

国内早期对政策协调的研究多集中在组合研究，起步于政治学研究和经济政策组合。祁毓[2]提出环境管理失灵的表现之一就是各种政策之间协调不足，环境政策协调性和整合开始受到学界的关注。碳交易市场与能源政策组合协调的相关研究主要分为三类：

（1）借鉴欧盟碳交易市场与能源政策协同思路。操小娟[3]借鉴欧盟激励政策工具组合的实践，对政策组合形式、在目标

〔1〕　J. van den Bergh et al. , "Designing an Effective Climate-Policy Mix: Accounting for Instrument Synergy", *Climate Policy*, Vol. 21, No. 6, 2021, pp. 745-764.

〔2〕　祁毓："环境税费理论研究进展与政策实践"，载《国外社会科学》2019年第 1 期。

〔3〕　操小娟："气候政策中激励政策工具的组合应用：欧盟的实践与启示"，载《中国地质大学学报（社会科学版）》2014 年第 4 期。

分配中的作用、政策网络、绩效评估等方面进行借鉴性分析。王许等人[1]注意到了发达国家基于不同减排政策工具的优势，即构建政策组合实现隔离减排政策的优势互补，如将碳税作为应对碳市场配额价格低迷的工具。张立锋[2]分析了欧盟碳交易市场与可再生能源政策的协调做法，提出中国在构建碳市场时要注重不同类型碳市场之间衔接规则的制定。梁希等人[3]提出欧盟碳市场的配额价格机制反映了减排目标下的边际减排成本，有利于促进能源行业的低碳转型。

（2）从碳交易市场制度机理分析政策组合产生的风险和制度构建回应。郭宏宝等人[4]从政策组合可能产生新的作用性质、方式、途径方面，要求对组合时所出现的新的或模糊的政策性质、效应、途径方式进行风险统计和测算，估算潜在风险，克服不确定性和认识局限性导致的环境影响，探索组合的实现方式和途径。李冬琴[5]认为命令控制型和市场激励型环境政策各有优势，组合使用有助于企业创新和提升绩效，但并未深入分析如何确定科学合理的政策组合。王林辉等人[6]认为政策组合有助于破除经济增长和环境质量的两难困境，在碳排放权交易试点实施补贴政策效果明显优于实施单一政策，但这种政策

〔1〕 王许、朱磊、范英："国际经验对我国市场化减排机制设计的启示"，载《中国矿业大学学报（社会科学版）》2015 年第 5 期。

〔2〕 张立锋："欧盟碳市场法制建设若干特点及对中国的启示"，载《河北学刊》2018 年第 4 期。

〔3〕 梁希等："以碳市场引导能源行业转型：欧盟经验与借鉴"，载《环境保护》2022 年第 10 期。

〔4〕 郭宏宝、朱志勇："环境政策工具组合的次优改进效应"，载《首都经济贸易大学学报》2016 年第 2 期。

〔5〕 李冬琴："环境政策工具组合、环境技术创新与绩效"，载《科学学研究》2018 年第 12 期。

〔6〕 王林辉、王辉、董直庆："经济增长和环境质量相容性政策条件——环境技术进步方向视角下的政策偏向效应检验"，载《管理世界》2020 年第 3 期。

组合效果并非一成不变，而是处于不断变化的过程中，充满着风险与不确定性。赵静等人[1]提出在当前精准施政阶段，公共政策制定要考虑对象多元化的趋势，多方博弈和影响网络机制要求政策机制运用从单一走向多元，因此需要灵活协同各类政策以降低模式匹配带来的经济社会成本，实现全面深化改革发展。

（3）碳强度减排视野下碳市场与能源政策工具协同研究。与之前的替代性研究思路不同，很多学者开始提出碳交易和碳税并用的理论，笔者[2]分析了不同碳交易市场的类型与碳税兼容的可行性，提出了集碳交易与碳税于一体的组合模式，即通过引入限价模式、"分而治之"、跨期储存机制、项目抵消减排等统筹推进。朴英爱等人[3]提出碳交易和碳税具有互补性，应针对不同调整范围同时实施。段茂盛等人[4]提出影响深远的改革正在同步进行，如能源使用权交易改革、电力行业改革等与国家体制效率和效益密切相关，应积极有效协调碳交易市场等紧密关联政策的设计，为未来的设计改进铺平道路。张希良等人[5]提出碳市场通过与产品市场共同作用来体现其减排效果和效率，而电力部门作为首个纳入全国碳市场的行业，当前电价

〔1〕　赵静、薛澜："探究政策机制的类型匹配与运用"，载《中国社会科学》2021 年第 10 期。

〔2〕　魏庆坡："碳交易与碳税兼容性分析——兼论中国减排路径选择"，载《中国人口·资源与环境》2015 年第 5 期。

〔3〕　朴英爱、杨志宇："碳交易与碳税：有效的温室气体减排政策组合"，载《东北师大学报（哲学社会科学版）》2016 年第 4 期。

〔4〕　Maosheng Duan, Li Zhou, "Key Issues in Designing China's National Carbon Emissions Trading System", *Economics of Energy and Environmental Policy*, Vol. 6, No. 2, 2017, pp. 55-72.

〔5〕　张希良、张达、余润心："中国特色全国碳市场设计理论与实践"，载《管理世界》2021 年第 8 期。

无法在碳市场中发挥价格传导作用，因此应处理好碳市场建设与电力市场化改革之间的关系。

当前关于碳交易市场与能源政策的研究主要停留在管理学和经济学领域，仅有少量研究也从应对环境问题复杂性和严峻性的角度上倡导对环境政策工具的组合运用。而从法学视角专门研究市场型减排工具与其他能源政策的相互影响问题的则主要聚集在碳交易市场与碳税的兼容性研究，将整体减排效果追求作为目标导向加以研究。现有研究已经关注到碳市场建设与绿色电力政策的政策衔接问题，也提出了一些前瞻性建议，但因历史原因和实践所限，对碳交易市场与绿色电力政策协同的理论研究不足，缺乏对两者互动整合逻辑的系统分析，这也是本书拟回答的关键问题。

能源消费电气化和能源生产清洁化是能源体系低碳转型的主线，持续提升电气化水平和能源综合利用效率是实现"双碳"目标的关键。基于"电力脱碳"问题的广泛性、关联性和错综复杂性，一个设计良好的碳交易市场能够兼顾环境整体性和经济效率性，帮助应对二氧化碳和其他温室气体减排。在碳交易市场之外附加绿色电力政策则需要具体分析它们之间的交互性与整体性，降低减排政策工具的"运行成本"，以充分发挥综合调控作用，实现"电力脱碳"和整个社会的绿色低碳转型。本部分立足中国"双碳"目标的实际，借助实证分析法，试图从理论上回答碳交易市场与绿色电力政策的互动逻辑，深入剖析中国碳交易市场与绿电入网政策，以及碳交易市场与绿证交易和绿电交易的相互影响机理，并提出全面、系统和可落地的协同建议。

（二）中国碳交易市场与绿色电力政策的发展现状分析

"双碳"目标下，我国正在综合运用市场化和法治化手段出台多个环境政策工具以应对"电力脱碳"的复杂性和综合性。

碳交易市场借助总量控制（CAP）[1]和交易机制实现控制温室气体排放的目标，客观上能够督促企业节能降耗，合理优化能源使用方式。绿色电力是指符合国家相关政策要求的可再生能源发电企业上网电量，而绿色电力政策主要包括上网电价（Feed-in Tarrif）、绿证交易和绿电交易政策，旨在优化能源产品结构、提高能源效率，以及促进绿色低碳技术发展，因此客观上也会减少温室气体排放。可见，碳交易与绿色电力政策在政策目标上具有并存的合理性。

1. 碳交易市场与绿色电力政策的发展演进

基于产权市场原理和利用市场化手段解决问题的初衷，中国于 2011 年启动了北京、上海、湖北等七个省市碳交易试点工作，福建和四川相继加入。碳交易试点在确定排放"总量"上的思路是一致的，都以 2010 年排放量为基础确定单位国内生产总值（GDP）减排标准，覆盖范围包括电力、交通和建筑等排放行业，配额分配以免费为主，配额数量主要根据不同行业特点采取基准线法或历史强度法确定。在总结试点经验的基础上，国家碳交易市场于 2021 年 7 月正式启动上线，也采取了相对减排目标，基于强度控制的行业基准法来分配排放配额，该方法与实际产出量相挂钩，凸显了当前将排放强度列为约束性指标的制度安排，配额分配包括免费和拍卖两种，目前仅纳入了电力行业[2]，具体包括年排放量在 2.6 万吨二氧化碳当量及以上的 2000 多家发电企业和自备电厂，这些发电企业温室气体排放量约占我国温室气体排放总量的 40%，是我国节能减排的"牛鼻

[1]　Sharon Mascher, "Striving for Equivalency Across the Alberta, British Columbia, Ontario and Québec Carbon Pricing Systems: The Pan-Canadian Carbon Pricing Benchmark", *Climate Policy*, Vol. 18, No. 4, 2018, pp. 1–16.

[2]　张希良、张达、余润心："中国特色全国碳市场设计理论与实践"，载《管理世界》2021 年第 8 期。

子"。截至 2022 年 11 月，交易碳排放配额（CEA）累计成交量突破 2 亿吨，累计成交金额接近 90 亿元[1]，未来我国将逐步扩大碳市场覆盖范围，推动经济产业结构和能源结构向绿色低碳转型。

为促进可再生能源发展和构建以新能源为主体的新型电力系统，我国在 2005 年制定并于 2009 年修正后的《可再生能源法》中对可再生能源发电上网进行补贴，其中以光伏发电入网最具代表性，这些政策都极大地促进了光伏发电的裂变式发展。随着新能源装机的快速发展，以及补贴缺口问题日益严重，摆脱对入网补贴的依赖，绿色电力平价上网已是大势所趋。2017年 1 月《国家发展改革委、财政部、国家能源局关于试行可再生能源绿色电力证书核发及自愿认购交易制度的通知》发布，开始试行可再生能源绿色电力证书核发及自愿认购交易（即"绿证交易"）。2021 年 9 月我国国家发展和改革委员会等部门正式批复《绿色电力交易试点工作方案》，并启动了绿色电力交易（即"绿电交易"）试点，随后国家电网和南方电网先后于2022 年 2 月和 5 月出台了绿电交易规则，由此产生的绿电附加收益被寄希望成为后补贴时代加快绿色能源发展的重要的市场化激励机制。2022 年 1 月至 11 月，我国绿电交易累计交易量将近 200 亿千瓦时[2]，构建了绿色能源生产消费的市场体系和长效机制。绿色电力政策以市场路径大规模消纳新能源电量，促进了能源结构和产业结构优化，也助推了温室气体减排，为社会经济低碳化转型提供了新动力。

---

〔1〕 侯捷宁、韩昱："全国碳市场成交量突破 2 亿吨大关 专家预计我国碳价将逐步走高"，载《证券日报》2022 年 11 月 26 日，第 A02 版。

〔2〕 林楚："2022 年 1—11 月我国电力市场交易电量大幅增长"，载《机电商报》2023 年 1 月 9 日，第 A06 版。

由此可见，电力部门作为"双碳"目标下的降碳主战场，既受到碳交易市场的减排机制约束，也受到绿色电力政策的影响，两者皆是通过市场机制深刻影响发电企业的行为决策。虽然碳市场和绿色电力政策的运行机理不同，但借助发电量和配额等中间变量，通过电价和配额价格将会实现市场状态交互传导，且在推动电力行业脱碳的目标上具有一致性。

2. 碳交易市场与绿色电力政策现状与问题分析

目前，绿证市场在自愿认购体系下挂牌率和交易率皆处于低位运行，价格却居高不下，市场流动性较弱。绿电交易则刚刚起步，且目前参与绿电交易的项目主要是来自 2021 年后无补贴的项目，因为早期项目享有补贴且电价较高，人们参与绿电交易意愿并不高，这使得当前绿电交易的需求和规模有限。由此，绿色电力政策对电力市场和碳交易市场等市场体系影响较小，与其他市场的联系互动也不够紧密。

我国碳交易市场和绿色电力政策隶属于不同政府部门，且彼此拥有不同的交易平台相互独立运行，这就导致制度设计时对统筹、关联和协同的考虑不足，导致减排功能重复与交叉，市场机制作用发挥不充分。一般而言，碳交易市场与绿证交易之间的作用较为复杂，涉及前者中的配额价格、后者相关的绿证价格和电力价格，以及燃料价格的传递作用。绿色电力政策提升了可再生能源电力的比例，导致传统电力供给降低和批发价格下降，对可再生能源电力供给和电力需求的影响却是不确定的。基于作用机制和运行原理，碳交易市场与绿色电力政策之间可能相互补充和加强，也有可能相互干扰甚至引发冲突。因此，并不能贸然认定两者之间的相互作用都是相互补充或相互冲突的，主要取决于具体政策的设计与协调。

2022 年 1 月，我国发布了《促进绿色消费实施方案》，明确要求加强绿色电力与碳排放权交易的衔接。当前中国碳交易市场仅涵盖电力行业，与绿色电力政策在调整行业上完全重叠，这样很容易产生"双重规制"。因此，如何消除或降低碳交易市场与绿色电力政策之间的干扰或张力，探讨两者之间的相互影响是实现"双碳"目标必须面临的一大问题。

（三）碳交易市场与绿色电力政策的互动机理分析

碳交易市场分为绝对减排目标（基于总量的碳市场）和相对减排目标（基于强度的碳市场），前者是强调硬性约束排放总量，后者则根据产量或能耗强度来设置排放总量。不同减排目标情形下配额价格传递减排信号影响不同，进而对绿色电力政策的影响也存有差异。

1. 绝对减排目标与绿色电力政策的互动机理

绝对减排目标下碳交易市场强制性限定排放总量，并将配额以免费或拍卖的方式分发给控排主体，通过定期履约要求促使控排主体在二级市场上交易以完成整体减排目标。此类市场减排的优势就是特定时空下减排总量的绝对削减与控排主体减排成本的市场化，欧盟碳交易市场就是典型的绝对减排目标市场[1]。在"双碳"目标背景下，补贴可再生能源电力项目能够促进可再生能源和绿色电力的发展。但在绝对减排目标碳交易市场中，可再生能源电力项目发电入网行为必将导致市场中其他发电排放源排放降低，致使二级市场相应的配额需求降低。

假设某电力企业在生产电力的同时面临两个相互重叠的政策，一个是绝对排放配额和碳交易政策，每年排放配额有一定额度，如果超过额度就需要到其他企业购买额度，如果有剩余额度，则可以出售额度；另一个是可再生能源电力项目的激励

---

[1] 孙春："中国碳市场与 EU 碳市场价格波动溢出效应研究"，载《工业技术经济》2018 年第 3 期。

政策，如投资环保设备，达到单位产量排放的国家标准，就可以享受按产量的补贴政策。这两个政策一个具有限制企业排放的作用，而另一个具有鼓励企业投资环保设备、扩大生产的作用，显然两个政策存在互动和冲突。以下模型试图阐明这两个政策的互动或冲突逻辑。

企业总成本由三项构成：固定投入、环保设备投入和可变成本投入，因此成本函数设定为：

$$TC = f_0 + f(q) + mc[f(q)]q \qquad (1)$$

式（1）中，f_0 为维持正常生产的固定投入；$f(q)$ 为环保设备投入，随着产量 q 的增加而增加，因此一阶导数 $f'(q) > 0$；$mc[f(q)]$ 为生产的边际成本，乘以产量就构成成本的第三项可变成本，这个成本随着环保投入的增加而减少，因此一阶导数为负，即 $mc'[f(q)] < 0$。

企业的总收益包括销售收入和两种政策补贴收入，因此企业收益函数初步设定为：

$$TR = pq + S_1 + S_2[f(q)]$$

其中，p 为产品价格，在电力企业，价格可以视为固定价格；S_1 为能源配额和碳交易市场政策补贴，污染排放与年度污染排放配额的差为正，则可以出售配额，不足则需要购买配额，补贴额度可表示为 $p(q_0 - q)b$，b 为产量和环保设备决定的单位产量的污染排放系数，乘以电力价格可以构成减少的单位排放的补贴价格，在碳交易市场上等于二氧化碳的排放交易价格；$S_2[f(q)]$ 为环保标准政策补贴，投入环保设备，达到环保标准则可享受国家政策补贴，补贴额度随着环保投入增加而增加，但是存在上限，用数学公式表达为 $S_2'[f(q)] > 0$，$S_2''[f(q)] < 0$。综合起来，企业的收益函数可以表示为：

$$TR = pq + p(q_0 - q)b + S_2[f(q)] \qquad (2)$$

基于以上分析，可以得到企业的利润函数表达式，企业追求最大化利润：

$$Max\pi(p,q)=pq+p(q_0-q)b+S_2[f(q)]pq-f_0-mc[f(q)]q-f(q) \tag{3}$$

由于存在价格管制，产品价格 p 的波动可以忽略不计，企业可以选择在产量 q 上进行利润最大化决策，利润函数对产量求导，得到一阶条件（FOC）：

$$p-pb+S'_2[f(q)]f'(q)pq+S_2[f(q)]p-mc'[f(q)]f'(q)q-mc[f(q)]-f'(q)=0 \tag{4}$$

亦得企业选择最优产量 q 的表达式：

$$q=\frac{pq-p-S_2[f(q)]p+f'(q)+mc[f(q)]}{S'_2[f(q)]f'(q)p-mc'[f(q)]f'(q)} \tag{5}$$

对式（5）作比较静态分析，可得到如下研究结论：

碳排放绝对配额政策限制了企业的生产扩张。政策补贴 $S_1=p(q_0-q)b$ 说明，企业产量与配额的差距越小则补贴越少，如果超过了配额，则需要去购买额度，收益转化为成本，这导致企业会主动限制自己的产量。

可再生能源电力项目政策促进了企业产量的扩张。假设其他条件不变，可以对影响企业产量的因素进行比较静态分析。补贴之后，实际价格 p 越低，则产量越高；随着环保设备的投入 $f(q)$ 增加，边际成本的削减 $mc'[f(q)]f'(q)$ 越快，则企业产量 q 增加越快。企业为了弥补环保设备投入的成本，尽可能享受绿色环保政策的好处，会积极扩大生产。因此，这两个政策之间会形成冲突，或者激励不相容，导致企业选择困境，从而削弱政策补贴的效果。

基于供应关系理论，最终将导致配额价格降低。在排放总量既定的情形下，配额价格降低势必会引起其他控排主体利用低价购买配额进而排放更多温室气体。理论上而言，只要配额的价值相对控排主体来说具有正面性，一个或更多控排主体必将增加排放直到整个排放总量被耗尽[1]。同时，可再生能源电力入网政策对于碳交易市场配额价格影响也会破坏投资，进而造成整体排放量并未削减的后果。

除了排放总量增加，可再生能源电力项目入网在确保能源安全方面也存在问题。发展可再生能源的一个重要理由是摆脱对传统化石能源的影响，降低能源对外依存度。可再生能源电力并不消耗化石能源，该理论似乎具有合理性，但与绝对减排目标碳交易市场互动后的结果就需要重新分析。如前所述，可再生能源电力项目入网并未降低整体排放量，其他填充的排放量也会消耗化石能源，可能源于排放总量的增长而言，也可能是源于既有水平下强度的提升，如天然气发电代替煤电。

2. 相对减排目标与绿色电力入网政策互动机理

相对减排目标碳交易市场并不设定严格的控排总量，依据能源损耗、产出、税收等作为衡量排放总量的标准，确保经济增长的同时降低排放总量，在经济发展与控排之间寻求平衡。此类交易体系下温室气体排放量与能源消耗或工业生产有关，即生产规模降低或提高都不会影响碳强度变化。与绝对减排体系下的存量交易相比，相对减排目标下的碳交易市场并不限制总量，因核查和执行的原因，实际排放总量一般都会超过既定总量。因此，相对减排体系不仅存在存量交易，还会产生增量交易。对于中国、南非、墨西哥等新兴经济体，基于经济和排放都高速发展的实际适合采用此类减排模式。

假设某电力企业面对两个政策，一个是相对排放配额和碳

〔1〕 Easwaran Narassimhan et al., "Carbon Pricing in Practice：A Review of Existing Emissions Trading Systems", *Climate Policy*, Vol. 18, No. 8, 2018, pp. 967-991.

交易政策，每年排放配额根据产量有一个可伸缩额度，如果超过额度就需要到其他企业购买额度，如果有剩余额度，则可以出售额度；另一个是绿色电力激励政策，如投资环保设备，达到单位产量排放的国家标准，就可以享受按产量的补贴政策。企业总成本由三项构成：固定投入、环保设备投入和可变成本投入，因此成本函数见式（1）。

企业的总收益包括销售收入和两种政策补贴收入，因此企业收益函数初步设定为：

$$TR = pq + p[q_0(q) - q]b + S_2[f(q)]$$ (6)

式（6）中，补贴额度可表示为 $p[q_0(q) - q]b$，排放的额度与产量相关。

基于以上分析，可以得到企业的利润函数表达式，企业追求最大化利润：

$$Max\pi(p,q) = pq + p(q_0 - q)b + S_2[f(q)]pq - f_0 - mc[f(q)]q - f(q)$$ (7)

利润函数对产量求导，得到一阶条件（FOC）：

$$p + pq'_0(q) - pb + S'_2[f(q)]f'(q)pq + S_2[f(q)]p - mc'[f(q)]f'(q)q - mc[f(q)] - f'(q) = 0$$ (8)

亦得企业选择最优产量 q 的表达式：

$$q = \frac{pb - p - pq'_0(q) + S_2[f(q)]p + f'(q) + mc[f(q)]}{S'_2[f(q)]f'(q)p - mc'[f(q)]f'(q)}$$ (9)

碳交易市场政策限制了企业的生产扩张。政策补贴 $S_1 = p[q_0(q) - q]b$ 说明，尽管企业产量与配额的差距越小则补贴越少，如果超过了配额，则需要去购买额度，但是企业的排放额度会随着产量而上升，这实际上软化了排放的额度约束，这导致企业会尽可能扩大自己的产量。

环保标准政策促进了企业产量的扩张。与绝对减排目标的分析类似，企业为了弥补环保设备投入的成本，尽可能享受绿色环保政策的好处，会积极扩大生产。因此，这两个政策之间形成激励相容，企业选择投入绿色能源设备的情况下，尽量扩大生产，获取政策补贴的效果。

　　由于总量控制与激励，相对碳交易市场下的控排主体减排积极性某种程度上要弱于绝对碳交易市场。但是，可再生能源电力入网政策依然能够降低单位能量供给的排放量，进而导致配额需求和价格下降。同时，囿于总量设置的宽松与灵活，也不会激发其他控排主体趁机购买低价配额的积极性。同理，可再生能源电力入网政策导致的能源安全问题在相对碳交易市场下的现实意义并不大，因为其他领域的排放弥补并不积极。

　　换言之，绝对减排目标下严苛的控排总量导致绿色电力入网政策削减的排放量获得其他排放源的递补，继而导致排放总量不变，甚至增加。同时，基于其他排放源的需求，绝对碳交易减排体系下的绿色电力入网政策并非一定能确保能源安全。如荷兰于 2013 年考虑替代煤电的一个重大顾虑就是欧盟碳交易市场的"水床效应"将会填补替代的排放减少[1]。相比之下，相对减排目标下的绿色电力入网政策在灵活的总量下并不能产生"硬性"配额价格传导，其对排放总量和能源安全一定程度上能够发挥"多策并举"的作用。

　　（四）中国碳交易市场与绿色电力政策相互影响分析

　　当前我国经济社会发展的重心将逐步从重视经济规模的"高增速"转到提高效率和质量的"高质量"上来。"双碳"目标是中国实现高质量发展的战略罗盘，为中国经济高质量增长提供了明确的指标和目标。顺利实现"双碳"目标的关键在于

〔1〕　Chris Fonteijn, Jarig van Sinderen, "Economic Analysis as a Tool to Improve Decision-Making", *Competition Law International*, Vol. 11, No. 61, 2015, pp. 61-70.

构建清洁、高效、安全的现代能源结构[1]，这就要求不断提高非化石能源的消费比重，构建清洁、高效的新能源体系，尤其是以新能源为主体的新型电力系统。

1. 中国碳交易市场与绿色电力入网政策交互影响分析

碳交易市场主要以成本有效的方式来削减温室气体排放，我国绿色电力入网政策旨在鼓励低碳技术发展和确保能源安全，因此碳交易市场与绿色电力入网政策在目标上不一致，两者具有互补性，后者在很大程度上弥补了前者在技术创新和扩散领域上的市场失灵，也不会影响前者的环境整体性和有效性。

基于碳交易试点和中国的减排承诺，以及当前发展经济改善民生要务的思路，国家碳交易市场中短期内将会继续坚持相对减排目标，此时由于监督、核算和执行机制的不足，实际排放总量因不会被严格约束而将有所增加。如果将动态效率（如鼓励发展低碳技术）和能源安全考虑在内，虽然我国绿色电力入网政策并未产生成本有效的减排，但其可以与碳交易市场共存。同时，碳成本的计入肯定会被纳入电力企业决策之中，影响电力市场出清结果。比如，燃煤机组发电边际成本在引入碳市场之前肯定要低于绿色电力，在电力市场中具备竞争优势，但随着碳市场引入后，燃煤机组配额之外的减排成本开始提高，绿色电力在一些场景下可能开始具备一些边际成本优势。

绿色电力入网政策也会促进碳强度减排目标的实现。绿色电力入网政策为消费者提供了绿色电力选择，在需求侧倒逼供给侧绿色低碳转型。基于相对减排目标的灵活性，绿色电力入

---

[1] 林伯强：“现代能源体系下的碳市场与电力市场协调发展”，载《人民论坛·学术前沿》2022年第13期。

网政策对电力价格的影响会传导到配额价格上，即在电力市场需求不变的情况下，理论上绿色电力入网政策会降低电力价格，从而降低碳市场中配额需求，进而降低配额价格，从而实现减少温室气体排放。此时，绿色电力入网政策将会作为碳交易市场的某种意义上的"附加政策"推动削减温室气体排放，因此我国相对减排目标下碳市场与绿色电力政策具有正向兼容性。

碳市场中配额价格传导需要借助电力市场的价格机制，然而我国目前电力市场化价格机制有待进一步完善，不同市场价格传导过程也尚未实现顺畅衔接，这在一定程度上阻断了碳交易市场与绿色电力入网政策的交互影响。

2. 中国碳交易市场与"绿证"和"绿电"互动影响分析

绿色电力证书是我国对可再生能源上网电量颁发的电子认证，对于证明可再生能源发电量、绿色属性以及配额制具有重要作用。绿证制度功能定位是借助市场化手段弥补可再生能源补贴的缺口，可再生能源企业出售绿证后将不再获得该电量对应的补贴，同时也为消费者提供了绿色电力消费选项。绿电交易作为我国首创的绿电消费模式以绿色电力产品作为中长期电力交易标的物，在电量价值基础上体现环境价值，借助绿证与绿色电量的"证电合一"将绿色环境权益转至电力用户，并为新能源企业提供额外收益。目前，仅纳入发电行业的碳交易市场可能与绿证交易和绿电交易存在重复支付环境费用的问题。

从机理上看，碳交易市场与绿证交易和绿电交易通过市场机制深刻影响市场主体决策，借助供需关系和价格机制产生交互影响。在电价上升通道中，绿证或绿电价格走高会促使新能源投资增加，导致市场中绿证或绿电供过于求，进而价格回落；伴随着电价上涨，新能源投建装机增多，电力供给增加导致电价格回落；电价上升也会带动化石能源装机容量增加，电量供应增加致使电价下降；在电价上升过程中，碳交易市场的配额价格会随着电价和化石能源装机容量增加而上涨，这会导致装机容量收缩，从而降低配额需求，引发配额价格回落和电价回升。因此，在碳交易市场、绿证市场和绿电市场并存的情况下，用电需求、配额数量以及可再生能源消纳责任权重等都是影响市场运行与交互的重要因素[1]，相关市场主体需要考虑上述多重复杂因素方能实现最优化决策。

目前我国碳交易市场刚刚起步，仅纳入电力行业且配额发放宽松，导致负外部性未能充分体现。由于绿证代替补贴的功能定位、绿证购买自愿、约束机制不足、范围有限和仅可单次交易等，长期以来我国绿证市场的挂牌率一直较低，绿证价格处于高位运行，且绿证流动性非常有限，致使市场基本面偏弱。绿电交易也是刚刚起步，项目较少，且未与可再生能源消纳责任权重挂钩，尚未实现成熟运作。因此，碳交易市场、绿证交易和绿电交易本应相互关联、彼此依存，但由于三个市场之间缺乏统筹和协同，交易规则衔接缺失，致使三个市场之间的交互联动存在一些制约短板和堵点，制约了市场之间的协同发展。

3. 中国碳交易市场与绿色电力政策相互影响的实证检验

首先进行计量模型设定。根据理论分析，结合数据的可获得性，验证碳交易市场政策和绿色电力入网政策对碳排放的影响。考虑各省情况的异质性，设定四个固定效应模型（1—4），分别用碳交易市场政策、绿色电力入网政策，以及两个政策同时和协同对碳排放进行回归。模型中具体变量的含义、功能和测度如表 3 所示：

$$Epg = \beta_0 + \beta_i + \beta_1 Rev_{it} + \beta_2 Carbon_{it} + \varepsilon_{it} \text{（模型 1）}$$

---

[1] 尚楠等："电力市场、碳市场及绿证市场互动机理及协调机制"，载《电网技术》2023 年第 1 期。

$$Epg = \beta_0 + \beta_i + \beta_1 Rev_{it} + \beta_3 Green_{it} + \varepsilon_{it} \text{（模型 2）}$$
$$Epg = \beta_0 + \beta_i + \beta_1 Rev_{it} + \beta_2 Carbon_{it} + \beta_3 Green_{it} + \varepsilon_{it} \text{（模型 3）}$$
$$Epg = \beta_0 + \beta_i + \beta_1 Rev_{it} + \beta_4 Carbon_{it} \times Green_{it} + \varepsilon_{it} \text{（模型 4）}$$

表 3　回归模型中各变量的含义、功能和测度

变量	含义	功能和测度
Epg	各省月度火力发电量（亿度）	二氧化碳排放的代理变量，国家统计局发布的月度数据
Rev	各省月度工业营收（亿元）	控制变量，国家统计局发布的月度数据
$Carbon$	是否实施碳交易市场政策	虚拟变量，2021 年 7 月之前为 0，之后为 1
$Green$	是否实施绿色电力入网政策	虚拟变量，2021 年 8 月之前为 0，之后为 1

　　利用统计分析软件，根据收集的相关数据，对以上 4 个模型进行固定效应回归，计量结果如表 4 所示。从模型 1 的结果来看，碳交易市场政策的实施对碳排放有微弱的抑制作用，但是由于显著性不高，并存在严重的遗漏变量问题，还需要后续模型的进一步检验。从模型 2 的结果来看，绿色电力入网政策的实施对碳排放有一定的抑制作用，但是也存在严重的遗漏变量问题，需要结合其他模型综合判断。模型 3 同时考虑了碳交易市场政策和绿色电力入网政策对于碳排放的影响，结果显示这两项政策对碳排放的影响相反，碳交易市场政策的实施对碳排放有显著的促进作用，绿色电力入网政策的实施对碳排放有显著的抑制作用，这个结果考虑的变量比较全面，具有一定的可信性。模型 4 检验了碳交易市场政策和绿色电力入网政策对

于碳排放的协同作用，结果显示碳交易市场缓解了绿色电力入网政策的抑制作用。

表4　回归模型1—4的结果

解释变量	模型1 (Epg)	模型2 (Epg)	模型3 (Epg)	模型4 (Epg)
Rev	0.012^{***}	0.013^{***}	0.019^{***}	0.013^{***}
	(0.002)	(0.002)	(0.002)	(0.002)
$Carbon$	-3.681^{*}		12.741^{***}	
	(2.259)		(5.034)	
$Green$		-6.761^{***}	-17.907^{***}	
		(2.195)	(4.916)	
$Carbon^{*}\ Green$				-6.761^{***}
				2.195
常数项	116.632^{***}	115.468^{***}	113.892^{***}	115.468^{***}
	(6.008)	(5.992)	(5.999)	(5.992)
个体固定效应	控制	控制	控制	控制
观测值	682	682	682	682

注：参数估计的＊＊＊、＊＊、＊分别表示 $p<0.01$，$p<0.05$ 和 $p<0.1$ 有统计学意义，（ ）内是标准误

总之，根据以上计量结果可以得到以下结论，碳交易市场促进了碳排放，绿色电力政策抑制了碳排放，二者协同的作用是抑制了碳排放，但是抑制的程度比单独使用绿色电力政策减轻了，可以说碳交易市场缓解了绿色电力入网政策的抑制作用。这个结论部分验证了本书提出的理论模型和政策分析的结论。电力行业的碳排放同时受到碳市场和绿色电力政策的影响，为

避免两个政策之间的内耗和张力，要考虑如何更好地协同两个政策。

（五）中国碳交易市场与绿色电力政策协同建议

电力行业是我国当前减排的主战场，也是实现"双碳"目标的关键，目前受到了碳交易市场和绿色电力政策的"双重规制"，这就要求我国必须强化顶层设计，统筹能源体系转型、电力市场改革和碳交易市场发展，不断提升碳减排工具与能源政策之间的协同性和契合度，充分发挥环境政策工具的综合调控作用。

1. 健全统筹推进法律治理体系

首先，立法上应完善协同的法律法规，加强碳交易市场与绿色电力政策协同发展的法制建设，修订和完善能源上位法与行业法等法律制度，健全适应碳交易市场与绿色电力政策协同需要的能源法律制度体系，增强碳排放、环保和生态文明等法律法规的针对性。全面清理现行能源领域法律法规中与碳交易市场和绿色电力政策协同要求不相适应的内容，比如将纳入全国碳排放交易市场中的控排单位从《中华人民共和国节约能源法》的监管范围中剔除[1]，将《中华人民共和国节约能源法》及其配套政策的范围限定在全国碳交易市场之外的用能企业。同时，应将碳交易市场与绿色电力政策的自洽作为生态环境立法的基本原则，将协同推进政策的指导性要求和目标融入立法目的和具体制度中，如在能源法、碳市场监管条例、《中华人民共和国节约能源法》和《中华人民共和国可再生能源法》中纳入协同性要求，以确保新制定的制度能够与现有环境治理法律制度相互契合。

---

〔1〕　张忠利："气候变化背景下《节约能源法》面临的挑战及其思考"，载《河南财经政法大学学报》2018 年第 1 期。

其次，应从行政组织法的角度探索推进组织机构层面的协同。中国碳交易市场与绿色电力入网政策都服务于"电力减碳"和"双碳"目标，但目前碳市场主要由生态环境部管理，新能源上网电价政策、"绿证"和"绿电"政策都由国家发展和改革委员会主管，应以当前碳交易市场和绿色电力政策同步推进发展为契机，遵守《行政法规制定程序条例》和《规章制定程序条例》对部门协调的规定，考虑在生态环境部和国家发展和改革委员会之间建立联席会议制度和跨部门的工作推进机制[1]，探索在生态环境部下应对气候变化司和国家发展和改革委员会下资源节约和环境保护司之间建立常态化沟通合作机制，加强监管模式统筹和资源整合利用，推进碳交易市场与绿色电力政策的协同组织和统筹管理。

2. 完善碳市场配额确定和分配机制

碳市场主要借助价格机制向控排主体发送减排激励，免费配额过多或过少都将阻碍碳市场的减排激励或约束作用。目前我国碳市场处于起步阶段，应在确保供电安全的同时考虑其他行业的发展实际，充分计算碳市场与绿色电力入网政策互动下配额的均衡点，科学合理确定配额分配方法，同时在碳市场中引入价格控制机制和调节机制。

首先，当前应充分结合正常商业（business as usual）下能源效率和技术政策的不同情形考虑减排总量设计的灵活性，尤其应考虑绿色电力能源政策减排产生的空间，确保配额的"稀缺性"以维持价格激励性和市场功能性。绿色电力能源政策导致减排量大则表明碳交易市场的总量设置偏宽松。其次，在运

---

〔1〕段茂盛等："中国碳排放权交易与其他碳减排政策的交互与协调研究"，载齐晔、张希良主编：《中国低碳发展报告（2018）》，社会科学文献出版社 2018 年版，第 102—104 页。

行阶段要确保碳交易市场与绿色电力能源政策之间的协同性和整合性。经济运行周期导致配额价格降低，经济政策溢出效应、经济发展超预期情形等导致政策之间失衡，尤其是这种失衡长期僵化，要确保减排总量，设置可调整性，特别是避免运行早期过多发放配额，以及中国减排承诺履行的实现。例如可引入总量阶段性调整机制、政策协同失衡机制下的调整机制、储存（banking）限制、排放额度调节机制、最高限价和最低限价机制等。最后，长期来看，能源效率和政策也要适时调整。随着配额价格和电力价格上升，要逐步取消对绿色电力项目的补贴政策以避免公共财政支出的过重负担。

未来，随着钢铁、化工、建材、造纸和有色金属等重点工业行业[1]纳入中国碳交易市场，在绝对减排目标下，绿色电力政策将会导致煤电企业的排放量下降，进而导致配额价格降低。但基于总量控制不变的逻辑，钢铁、化工、建材等领域将因配额价格的降低而增加排放量来填充绿色电力入网政策产生的排放空间。因此，虽然财政补贴了绿色电力入网项目，但额外的费用支出并未导致总体温室气体排放量的减少。同理，其他被碳交易市场涵盖的部门也会因配额降低而耗费更多的化石能源，进而对补贴绿色电力项目能够确保能源安全的立论产生怀疑。

3. 建立碳市场与绿电价格衔接体系

产权市场倚重价格信号，碳市场与绿色电力政策直接通过市场机制作用深刻影响市场主体决策，通过电力价格和碳价联动以及供需关系等产生交互影响，因此畅通的价格传动机制是协同碳市场、绿证交易和绿电交易三市场的关键。作为衡量温室气体减排的精确方式，绿证与未来碳交易市场可以形成天然

---

〔1〕 莫建雷等："《巴黎协定》中我国能源和气候政策目标：综合评估与政策选择"，载《经济研究》2018 年第 9 期。

的衔接[1]，但要构建碳价与绿证和绿电的价格衔接机制。在深化电力体制改革背景下，应加快完善电力市场化价格形成机制，不断完善以市场竞争决定价格为核心的电力改革，进一步理顺煤和电价的关系，充分做到发电价格和用电价格顺畅传导，更好发挥电力市场对电力行业低碳转型的支撑作用。

应建立健全碳市场价格发现机制以及传导机制。碳价是碳排放的计价因子，完备的碳价形成机制能将碳排放外部成本自动转化为排放主体的内部成本，明确的碳市场价格信号将通过传导机制影响电力行业定价模式及企业成本收益结构，推动电力企业依据碳价所反映的边际减排成本调整自身生产经营行为，同时碳配额可有效调节电力市场，低能效电力企业将承担更高的经营成本。因此，要发挥碳市场引导终端用户主动节能减排的作用，尤其随着我国碳市场免费配额逐步下调，碳排放成本内化将成为减排的重要驱动力。

在并轨之后，碳交易市场与绿证交易和绿电交易同样面临政策协调与整合问题。绿证和绿电在短期内也会削减总量控制下的碳排放，配额需求降低导致价格降低进而激励其他控排主体增加排放量填补绿证节省下的排放空间，此时绿证和绿电的减排效果将会受到质疑。因此，应依据前文述及的方法梳理碳交易市场与绿证和绿电之间的互动性，提升政策之间的协同性，充分发挥不同市场的综合调控作用。

4. 构建环境权益核查流通互认机制

绿色电力背后的碳减排价值归属多属于项目开发企业，随着中国碳交易市场的完善以及与绿色电力政策衔接互通，应建立发电企业与电力消费企业之间的绿证流通渠道，防止环境权

---

[1] 李鹏："关于可再生能源电力配额与绿色电力证书交易的思考"，载《中国能源报》2017年4月3日，第3版。

益重复计算。不仅发电企业，电力消费企业也将面临减排压力。未来中国碳交易市场应能够甄别电力来源，将绿色电力从企业碳排放履约要求中予以剔除，帮助企业完成碳排放履约。因此，随着全国碳交易体系的成熟，规则制度体系都逐渐完善，应通过立法明确绿证的碳减排权益归属，界定权益交易边界。未来，应通过科学认定"额外性"赋予绿证碳减排在碳交易市场中的认可和交易属性，建立绿色电力交易与可再生能源消纳责任权重挂钩机制，市场化用户通过购买绿色电力或绿证完成可再生能源消纳责任权重，扩大可再生能源减排项目的抵消比例。

绿证和绿电背后新能源项目的温室气体核证减排量纳入全国碳交易市场进行配额清缴抵销，需要加强不同市场之间的数据共享，修订和完善全国碳市场相关行业核算报告技术规范。提升绿证和绿电数据等对碳核查计量的支撑作用，建立健全以电碳关系为基础的温室气体排放核查标准和体系，完善碳市场和绿色电力政策的数据共享和信息交互机制，探索构建环境权益价值存证和流转监管分析平台，强化碳足迹追踪和配额确定能力，推动构建与碳交易市场融合的计量标准和认证体系。

5. 深化开展"碳电"业务探索与技术创新

碳交易市场和绿色电力政策交汇于电力行业，碳电融合和向低碳转型已成必然。充分发挥电力企业能耗数据资源优势，不断挖掘能源产业链中的潜在客户，探索开拓碳资产托管和排放抵消业务，为碳资产管理业务创新发展提供支撑。积极发挥金融机构在碳排放权金融业务研发和推广应用方面的优势[1]，整合碳资产管理公司和碳交易机构的业务优势，探索联合开发

---

[1] 魏庆坡："商业银行绿色信贷法律规制的困境及其破解"，载《法商研究》2021 年第 4 期。

碳期货、碳基金、碳债券和碳期权等金融产品[1]，为减排项目提供资金支持，提升产融结合效率，并尝试构建碳金融衍生品的市场交易规则，努力实现产品联合开发和数据资源共享。完善和创新绿色电力政策的二级市场交易规则，开通绿证交易二级市场，引入电力用户和售电公司等更多交易主体，释放绿证交易潜力。

应健全和完善碳排放统计核算制度，不断夯实碳排放统计基础，采用更加科学的核算方法和更加先进的技术手段全面提高数据质量。基于区块链技术构建碳交易市场和电力市场的联合交易系统，促进自动化、批量化报送审批绿证并进行绿电交易和碳交易，实现跨链记录的同时保证交易可追溯性。创新区块链技术在绿色低碳认证体系中的应用，借助区块链技术分布式数据存储全面记录绿色电力生产、交易和消费等各个环节的信息，实现绿色电力全生命周期追踪。依托区块链技术构建碳资产核证管理平台实现对可再生能源发电项目的技术核证，完善认证标准和认证手段，尤其是面对欧盟提出碳边境调节机制[2]，为中国企业提供使用绿色电力或实现碳减排的相关证明，提升中国企业在国际贸易中减排信息透明度和产品国际竞争力。

三、碳交易与绿色低碳政策的协同路径研究

"双碳"目标为我国应对气候变化提出了全新的目标和要求[3]。"双碳"目标是我国推动构建人类命运共同体的生动实

〔1〕 涂永前："碳金融的法律再造"，载《中国社会科学》2012 年第 3 期。
〔2〕 魏庆坡："WTO 视域下欧盟碳边境调节机制的适法性分析及中国因应"，载《西南民族大学学报（人文社会科学版）》2022 年第 11 期。
〔3〕 张友国："碳达峰、碳中和工作面临的形势与开局思路"，载《行政管理改革》2021 年第 3 期。

践，彰显了中国应对气候变化的责任担当和实现可持续发展的重大决心，体现了对多边主义的坚定支持，展示了我国正在从应对气候变化的参与者走向领导者。"双碳"目标要求中国同时对发展模式和能源结构进行前所未有的系统性调整与变革，不仅要控制温室气体排放，降低规模，而且要推进能源供给结构的绿色低碳转型。因此，为实现"双碳"目标，我国逐步推出了多个环境政策工具积极推动产业结构优化升级，包括引入更多碳减排工具和绿色低碳政策，尤其要借助市场手段和政策激励推动更多社会资源向温室气体减排和绿色低碳产业倾斜。

早在 2010 年 7 月，国家发展和改革委员会就发布了《关于开展低碳省区和低碳城市试点工作的通知》，要求试点制定支持低碳绿色发展的配套政策，以及建立以低碳排放为特征的产业体系。此后，中央和地方出台了一系列政策，如 2021 年 2 月国务院印发了《关于加快建立健全绿色低碳循环发展经济体系的指导意见》，提出要建立健全绿色低碳循环发展经济体系。这些绿色低碳政策融合了绿色和低碳发展。

绿色和低碳发展，旨在强化能源节约和能效提升，遏制高耗能项目发展，从而推动绿色低碳产业持续发展。基于《京都议定书》清洁机制国际气候合作经验，考虑到国内环境约束趋紧，中国充分发挥市场在环境治理中的作用，并于 2011 年底将北京、上海、湖北等七个省市作为碳交易试点，后续福建也加入了试点行列[1]。在总结试点经验的基础上，中国于 2021 年 7月启动了国家层面的碳排放权交易市场，基于行业特点和排放数据，初期只纳入了发电行业，以后将逐步纳入水泥、钢铁等

---

〔1〕　郑爽、刘海燕："碳交易试点地区电力部门配额分配比较研究及对全国的借鉴"，载《气候变化研究进展》2020 年第 6 期。

高能耗和高排放行业。

因此，为实现"双碳"目标，中国逐步推出了多个环境政策工具积极推动产业结构优化升级，包括引入更多碳减排工具和绿色低碳政策，尤其借助市场手段和政策激励推动更多社会资源向温室气体减排和绿色低碳产业倾斜。

（一）文献爬梳与问题的提出

理论上，碳交易体系来源于科斯定理，通过设定温室气体排放总量和发放排放配额，借助市场机制帮助控排主体完成履约要求，从而实现温室气体减排目标。对于这一点很多学者都进行了分析。

1. 国外研究分析

对于碳交易体系与其他环境政策工具的关系而言，早期研究主要集中于论证碳交易和碳税各自的优势与不足[1]。考虑到欧盟碳交易体系在成员国实施的减排效果，一些欧洲学者对二者的兼容性进行了分析：萨缪尔·范克豪瑟（Samuel Fankhauser）等人[2]提出要在碳交易体系中设立配额拍卖机制确保实现减排目标；保罗·莱曼（Paul Lehmann）和埃里克·高维尔（Eric Gawel）[3]对欧盟碳交易体系与可再生电力政策的对接进行了研究；M. B. 冈萨雷斯（M. B. Gonzalez）分析了西班牙面对欧盟碳

---

〔1〕 M. L. Weitzman, "Prices vs. Quantities", *The Review of Economic Studies*, Vol. 41, No. 4, 1974, pp. 477–491; M. J. Roberts, M. Spence, "Effluent Charges and Licenses Under Uncertainty", *Journal of Public Economics*, Vol. 5, No. 3, 1976, pp. 193–208.

〔2〕 Samuel Fankhauser, Cameron Hepburn, Jisung Park, "Combining Multiple Climate Policy Instruments: How Not to Do It", *Climate Change Economics*, Vol. 1, No. 3, 2010, pp. 209–225.

〔3〕 Paul Lehmann, Erik Gawel, "Why Should Support Schemes for Renewable Electricity Complement the EU Emissions Trading Scheme?" *Energy Policy*, Vol. 52, 2013, pp. 597–607.

交易体系在其国内实施碳税的可行性[1]；比伊特·法伊斯
（Birgit Fais）等人[2]通过模型分析提出德国气候政策会削弱欧
盟碳交易的整体减排效果，对后者的减排效果造成扭曲；卡米
拉·巴拉干-波德（Camila Barragán-Beaud）等人[3]研究了碳
交易体系之外能源政策经常会影响配额价格和温室气体减排；
蒂姆尼尔森（Tim Nelson）等人[4]通过对澳大利亚的研究，
认为生产补贴的使用导致了"无序"转型，并打破了脱碳活
动的财政激励与电力系统物理需求之间的联系；斯特凡诺·F.
威尔帝（Stefano F. Verde）等人[5]提出要明确伴随政策所追
求的目标的重要性，以及平衡创新政策和采用低碳技术的政
策；乔恩·比格尔·斯凯尔塞斯（Jon Birger Skjærseth）[6]对不
同阶段的政策进行了研究，提出欧盟政策组合不仅需要履行不
同的转型职能，还需要提供机会结合不同的参与者利益以提高
气候雄心。

〔1〕 M. B. Gonzalez, "Implementing a Carbon Tax in Spain: How to Overcome the Fear of Inflation?" The Green Growth Knowledge Platform's Third Annual Conference Is Hosted in Partnership with the Ca'Foscari University of Venice, The Energy and Resources Institute (TERI) and the United Nations Environment Programme (UNEP), 2015, pp. 18–20.

〔2〕 Birgit Fais et al., "Analysing the Interaction Between Emission Trading and Renewable Electricity Support in TIMES", *Climate Policy*, Vol. 15, No. 3, 2015, pp. 355–373.

〔3〕 Camila Barragán-Beaud et al., "Carbon Tax or Emissions Trading? An Analysis of Economic and Political Feasibility of Policy Mechanisms for Greenhouse Gas Emissions Reduction in the Mexican Power Sector", *Energy Policy*, Vol. 122, 2018, pp. 287–299.

〔4〕 Tim Nelson et al., "Efficient Integration of Climate and Energy Policy in Australia's National Electricity Market", *Economic Analysis and Policy*, Vol. 64, 2019, pp. 178–193.

〔5〕 Stefano F. Verde et al., "The EU ETS and Its Companion Policies: Any Insight for China's ETS?" *Environment and Development Economics*, Vol. 26, No. 3, 2021, pp. 302–320.

〔6〕 Jon Birger Skjærseth, "Towards a European Green Deal: The Evolution of EU Climate and Energy Policy Mixes", *International Environmental Agreements: Politics, Law and Economics*, Vol. 21, No. 1, 2021, pp. 25–41.

综上，大部分国外研究主要是基于欧盟碳交易体系（绝对减排目标下的碳交易市场）的广泛覆盖范围，从整体上研究能源政策与整个交易体系的互动，以及欧盟碳交易体系与单个成员国的能源政策互动。这些研究主要分析了不同政策之间在目标和实施机制上的分歧甚至冲突，强调从经济、有效和实效方面进行政策评估与整合，提出了提升兼容性与协同性的思路和方法，这为我国协调和整合碳交易体系与绿色低碳政策提供了思路和方法。

2. 国内研究分析

相比国外，国内学者也基本遵从了从碳交易与碳税的替代性研究到组合运用的路径。周宏春[1]介绍了国外碳市场的规则制度，提出我国应建立碳市场，推进绿色低碳发展。也有学者提出要采用单项立法的形式推进我国低碳城市建设[2]。郑爽等人[3]结合减排实际，认为我国应实行碳税政策。还有学者[4]提出碳交易体系和碳税在特定情形下具有兼容性，应多策并举进行减排。朴英爱和杨志宇[5]结合环境保护和减排形势，认为应明确碳交易和碳税的制度区别，分门别类推进，避免减排主体承受双重负担。通过双重差分模型，黄向岚等人[6]发现降低能

〔1〕 周宏春："世界碳交易市场的发展与启示"，载《中国软科学》2009 年第 12 期。

〔2〕 张梓太："关于我国碳税立法的几点思考"，载《法学杂志》2010 年第 2 期。

〔3〕 郑爽、窦勇："利用经济手段应对气候变化——碳税与碳交易对比分析"，载《中国能源》2013 年第 10 期。

〔4〕 孙亚男："碳交易市场中的碳税策略研究"，载《中国人口·资源与环境》2014 年第 3 期；魏庆坡："碳交易与碳税兼容性分析——兼论中国减排路径选择"，载《中国人口·资源与环境》2015 年第 5 期。

〔5〕 朴英爱、杨志宇："碳交易与碳税：有效的温室气体减排政策组合"，载《东北师大学报（哲学社会科学版）》2016 年第 4 期。

〔6〕 黄向岚、张训常、刘晔："我国碳交易政策实现环境红利了吗？"载《经济评论》2018 年第 6 期。

源消费总量和调整能源消费结构是中国碳排放权交易政策实现环境红利的有效途径。张丽娜[1]提出实施跨区域碳交易，可协调区域经济发展和优化资金配置，促进可再生能源的发展，弥补个别地区因超标排放而增加的额外成本。

囿于碳交易市场刚刚启动，国内研究主要停留在碳交易与碳税的替代与组合实施，以及碳交易市场减排效果、法律规制、制度建设及与碳税的兼容性路径分析上。对于碳交易体系运行后，如何与绿色低碳政策互动以及产生的影响研究较少，主要是一些域外文献资料的翻译或评述。

3. 问题的提出

生态环境问题具有广泛性、复杂性、潜在性与累积性的特点，这必然要求环境治理工具在供给方面具有多元性和多样性以提升应对的有效性。具体而言，环境政策工具主要包括：价格控制工具，如碳交易体系、碳税、环境税等；命令和控制规章，如技术标准、排放标准、运行标准和报告要求；技术支持政策，如绿色证书、入网政策、政府采购、可再生能源发展补贴、绿色融资等；信息和自愿方式，如评估和标签项目、信息公开、教育和培训等[2]。基于具体类别和目标定位，这些环境政策工具主要可以分为以温室气体削减为主要目标的气候政策和附带性助推温室气体减排的能源政策。

碳交易体系作为典型的温室气体减排工具属于气候政策，绿色低碳政策则是能源政策。总量控制是碳交易体系减排的一大优势，也会提高能效，同时绿色低碳政策主要目标是促进低

---

[1]　张丽娜：“碳排放权交易对可再生能源发展的影响”，对外经济贸易大学 2020 年博士学位论文。

[2]　C. Hood, "Reviewing Existing and Proposed Emissions Trading Systems", *IEA Energy Papers*, No. 2010/13, OECD Publishing, 2010.

碳技术发展和能效提高，也会有减排功能。在当前多个环境政策工具共同进行减排的背景下，探讨碳交易体系与绿色低碳政策的兼容性和协同性显得尤为重要[1]。中国正在建设国家层面的碳交易市场，需要从政策组合的理论和实践两个层面分析碳交易体系与能源政策的互动与整合关系，降低政策之间的消耗与张力，提升碳交易体系与其他政策之间的协同性和整体性，进而实现减排的实效性。

(二) 碳交易体系与绿色低碳政策并存的现实性与必要性

行业和领域的交互性和重叠性促进碳交易体系与绿色低碳政策的目标具有相同性或相似性，两者在削减温室气体减排方面具有趋同性。碳交易体系虽旨在减排，但也会促进企业提高能效和降低能耗。首先，碳交易体系借助配额的价格机制激励控排主体从化石能源转向清洁能源以降低温室气体排放，而且启动碳交易体系的主要目标是将社会经济由高排放转为低排放，而非降低整个经济活动。其次，绿色能源补贴政策，包括直接的经济补贴和碳交易体系中抵消项目，都能够优化能源结构，促进清洁能源发展和优化[2]。最后，约束温室气体排放和鼓励碳封存技术的政策都会提高能源利用效率和清洁化水平，实现促进绿色低碳发展。

同理，绿色低碳政策也会辅助削减温室气体排放。其一，环境税和补贴对化石能源价格的影响能够传递出类似"碳定价"的信号，可以约束企业降低温室气体排放。其二，能效政策旨在降低个人和社会的能源消耗，不过通过能耗标准、排放标签

---

〔1〕 D. Driesen, "Traditional Regulation's Role in Greenhouse Gas Abatement", in Daniel A. Farber, Marjan Peeters eds., *The Encyclopedia of Environmental Law*, Edward Elgar Press, 2016.

〔2〕 Christina Hood, *Managing Interactions Between Carbon Pricing and Existing Energy Policies*, IEA Insights Publication, 2013.

等可以辅助企业降低排放[1]。其三，可再生能源政策和清洁技术能够帮助整个社会实现降低化石能源消耗，进而削减温室气体排放。虽然气候政策与能源政策在具体目标定位上有所差异，但并非完全冲突或排斥，也不是相辅相成，政策之间具有某种程度上的"默契"能够弥补现有其他政策在某些方面的不足，不过并非有助于实现该政策的主要目标。

当然，碳交易体系与绿色低碳政策有并存的必要性。与实物交易市场不同，基于科斯定理构建的碳交易体系对制度构建具有天生的倚重性，不仅要设置明确的产权制度，更要构建清晰的交易规则推进机制整体有效运行。当前很多国家和地区都根据自身实际引入碳交易体系，并通过其他政策予以调整和完善，主要表现在两个方面：一方面是碳交易体系本身优化，另一方面则是附属规则体系协助作用。

首先，碳交易体系本身的优化与完善。碳交易体系通过设定排放总量进行减排，在其涵盖的范围之内具有整体减排影响力和激励机制。但是在赋予了控排主体履约灵活性的同时，碳交易体系也丧失了对配额价格的控制机制。配额价格过低将丧失减排激励性，如欧盟碳交易体系启动早期配额超额发放导致价格过低；反之，配额价格太高也会降低减排效率，不利于整个社会的经济发展。为避免价格波动太大影响减排，很多国家和地区的碳交易体系引入了储存机制和借贷（borrowing）机制，通过错期调配降低配额价格波动[2]，同时为配额设定价格波动空间，以及引入抵消项目（offsets）等确保持续有效减排。因

---

〔1〕 嵇欣："国外气候与能源政策相互作用的研究述评"，载《中国人口·资源与环境》2014 年第 11 期。

〔2〕 Ann E. Carlson, "Designing Effective Climate Policy: Cap-and-Trade and Complementary Policies", *Harvard Journal on Legislation*, Vol. 49, 2012, p. 207.

此，这些修正和完善主要通过弥补碳交易体系设计中的缺陷，克服市场失灵来改善碳交易体系的静态效率。

其次，其他政策的辅助减排作用。单个政策并不能解决所有问题，碳交易体系需要与其他政策协调配合，形成减排合力。美国页岩气使用降低了二氧化碳排放，但水力压裂法导致开采过程中产生甲烷，造成水污染，甲烷也属于温室气体，因此美国国家环境保护局（EPA）引入了其他规则来规制天然气开采过程中的甲烷问题[1]。这表明并不是所有的排放体都可以通过碳交易体系进行减排，其他政策需要填补碳交易体系难以覆盖的减排领域。这些政策可以弥补碳交易体系效率之外的价值选择，如公平等社会目标，同时可以减少非二氧化碳的外部性，如削减甲烷、氧化亚氮等温室气体的排放。

最后，其他能源政策具有激励技术创新与扩散的作用。虽然碳交易体系配额能够促进动态创新[2]，但实践中能源政策可以帮助控排主体达到最低排放要求，支持可再生能源技术创新和扩散，弥补市场体系失灵，从而确保能源供给安全改善碳交易体系的动态效率。此外，碳交易体系与绿色低碳政策共存的合理性还表现在能够促进就业、推动社会公平发展等。

（三）碳交易体系对绿色低碳政策的互动与影响

依据减排总量设置的差异性，碳交易体系主要分为绝对减排目标和相对减排目标，前者也称总量控制与交易模式，侧重于在既定绝对配额总量前提下通过各个控排主体之间交易进而

---

〔1〕 See Oil and Natural Gas Sector: Emission Standards for New, Reconstructed, and Modified Sources; Amendments, available at https://www.epa.gov/sites/production/files/2018-03/documents/frn_ og_ amendments_ final_ rule_ 0.pdf, last visited on 2021-8-23.

〔2〕 J. Wiener, "Global Environmental Regulation: Instrument Choice in Legal Context", *Yale Law Journal*, Vol. 108, 1999, p. 682.

降低减排成本，该类减排目标比较适合经济发达国家和地区，如欧盟就是采用的绝对减排目标的碳交易体系；后者则是降低单位 GDP 的二氧化碳排放量，但并未控制总体排放量，其能够平衡经济发展与环境保护的关系，我国碳交易试点采用的就是此类相对减排目标的碳交易体系。不同减排目标下的碳交易体系与其他政策相互影响的原理、机制和效果存在差异。

1. 碳交易体系与绿色低碳政策的互动：一个企业决策模型

为了阐述两种政策的互动机理，本书尝试建立一个企业面临两种存在冲突的政策的决策模型。假设某火力发电企业，在生产电力的同时面临两个相互重叠的政策，一个是排放配额和碳交易政策，每年排放配额有一定额度，如果超过额度就需要到其他企业购买额度，如果有剩余额度，则可以出售额度；另一个是提高污染排放标准的激励政策，如投资环保设备，达到单位产量排放的国家标准，就可以享受按产量的补贴政策和授信支持[1]。这两个政策一个具有限制企业排放的作用，而另一个具有鼓励企业投资环保设备、扩大生产的作用，显然两个政策存在互动和冲突。本模型试图阐明这两个政策的互动或冲突逻辑。

依据上一章节的模型，环保标准政策促进了企业产量的扩张。假设其他条件不变，可以对影响企业产量的因素进行比较静态分析。补贴之后，实际价格 p 越低，则产量越高；随着环保设备的投入 $f(q)$ 增加，边际成本的削减 $mc'(f(q))f'(q)$ 越快，则企业产量 q 增加越快。企业为了弥补环保设备投入的成本，尽可能享受绿色环保政策的好处，会积极扩大生产。

因此，这两个政策之间形成冲突，或者激励不相容，导致

---

〔1〕　魏庆坡："商业银行绿色信贷法律规制的困境及其破解"，载《法商研究》2021 年第 4 期。

企业选择困境，从而削弱政策补贴的效果。从企业的角度来讲，需要在两种政策的补贴力度上做出权衡，来决定自己的最优设备投入和生产产量。企业是否能达到政府的减排要求，要看两种政策冲突的程度，如果两种政策在制定中能够考虑这种冲突，在补贴的力度上做出调整，实现两种政策的动态互动，有可能找到缓解冲突的办法。这个模型仅仅是说明了一个企业面临政策冲突时的微观决策机理，但是对于国家层面的宏观机理和产业层面的中观机理则需要进一步研究。

2. 碳交易体系对绿色低碳政策的静态"排挤"影响

在绝对减排目标下，其他政策提高能效后将会减少整个碳交易体系的配额需求，基于供求关系配额价格降低，随后被涵盖的其他排放源就会低价购买配额，从而"填补"其他政策带来的排放降低。由于排放总量预先设定，基于"水床效应（waterbed effect）"，绝对减排目标下整个排放体系的温室气体排放总量并未削减[1]，但整个社会的成本（如其他政策实施成本）在增加。因此，只要存在其他政策降低减排可以传导到碳交易体系中，该政策的减排效果就会被"抵消"，并未实现该政策的预期减排目标，除非该政策下的减排产生的配额"空余"被取消。而且在能源安全以及其他温室气体减排方面，其他政策减排的成果都会被绝对减排目标下的碳交易体系的"整合功能"抵消。

因此，在绝对减排目标下，对于任何有权在碳交易体系中出售自己配额并且受其他政策调整的控排主体来说，其他政策的出台可能仅会增加整个社会的减排成本，但并不会产生"真正"的减排量。对于意欲通过项目抵消减排的控排主体来说，

---

[1] Ann E. Carlson, "Designing Effective Climate Policy: Cap-and-Trade and Complementary Policies", *Harvard Journal on Legislation*, Vol. 49, 2012, p. 207.

其他政策的出台将会增加此类项目的开发成本。值得注意的是，在相对减排目标下，碳交易体系缺乏严苛的总量约束，对其他政策"水床效应"有限，其他政策能够与其呈现政策叠加的减排功能，但会增加抵消项目的开发成本和整个社会的减排成本。

3. 碳交易体系对绿色低碳政策的动态"挤出"作用

在绝对减排目标体系下，控排主体的机会成本受到制约。一般情况下，控排主体能够利用其他政策提供的机会成本获取经济利益，如通过关停或降低能耗大企业的产量以转售配额获取收益。市场交易机制减排致使碳交易体系配额价格具有不可控性，同时费用在减排措施实施之后才能兑现，控排主体可能会由于配额价格波动而承受成本费用增加带来的负面影响[1]。

同时，基于效用性，需要确定其他政策产生的减排效果的真实性与"额外性"，即其他政策导致的减排必须是该政策自身驱动的效果，而非自然而然产生的减排。否则，就应当拒绝将该减排成果纳入碳交易体系中。此种情形下，由于抵消项目受到"额外性"审核，一些项目开发者必然会反对此类政策安排，因为若是不存在这些政策，项目开发者自然不会面对"额外性"审核问题。同时其他政策带来的强制减排侵蚀了减排空间，若其他强制能效政策等出台将提高项目的"抵消成本"，增加抵消项目的成本费用。如上所述，其他政策与相对减排目标下的碳交易体系具有兼容性，对于减排能够发挥共同减排正向合力作用。

因此，从减排的效果来看，碳交易体系对于其他政策减排

〔1〕　S. Borenstein et al. , "Expecting the Unexpected: Emissions Uncertainty and Environmental Market Design", *American Economic Review*, Vol. 109, No. 11, 2019, pp. 3953–3977.

具有驱散和"挤出"作用，这就导致一些国家和地区在采取减排措施时会考虑它们之间的兼容性与协调性。如荷兰、澳大利亚、欧盟等都意识到碳交易体系与其他能源能效政策的交互性，产生了对其他政策存废的讨论[1]；有学者甚至批评可再生能源政策干扰了欧盟碳交易体系，导致欧盟远离了更为严格或有效的能源政策[2]。

（四）碳交易体系与绿色低碳政策协同分析

碳交易体系凭借总量控制赢得了包括中国在内的很多国家和地区的青睐，成为低碳减排的重要政策工具。但是，理论上碳交易体系会系统性破坏其他政策的减排效果，增加履约成本，限制灵活性，且并未提升环境整体性。实践中，很多国家和地区却正在借助或考虑启动碳交易体系进行减排，理解碳交易体系与其他政策并存背后的因素与考虑对于我国启动国家碳交易市场建设及发展具有重要理论和现实意义。

1. 尽量避免碳交易体系与绿色低碳政策规制范围产生交叉

相对绿色低碳政策，碳交易体系在总量控制、成本收益、外部合作等方面具有优势，为确保减排有效性，我国应逐步确立碳交易在削减温室气体中的支柱作用，避免其他政策与碳交易体系产生直接或间接的冲突或矛盾。

以节能政策为例，2020 年 12 月，生态环境部发布了《2019—2020 年全国碳排放权交易配额总量设定与分配实施方案（发电行业）》《纳入 2019—2020 年全国碳排放权交易配额管理的重点排放单位名单》，要求 2013—2019 年任一年排放达到 2.6

---

〔1〕 P. Twomey, "Rationales for Additional Climate Policy Instruments Under a Carbon Price", *The Economic and Labour Relations Review*, Vol. 23, No. 1, 2012, pp. 7-32.

〔2〕 Sarah Ladislaw, Anne Hudson, "A Delicate Balance: The EU 2030 Climate Framework", available at https://www.csis.org/analysis/delicate-balance-eu-2030-climate-framework, last visited on 2021-8-27.

万吨二氧化碳当量，即综合能源消费量约 1 万吨标准煤及以上的企业纳入配额管理重点排放单位名单。同时，国家发展和改革委员会于 2017 年 11 月提出实施重点用能单位"百千万"行动，将 2015 年综合能源消费量 10 000 吨标准煤以上的用能单位纳入"百千万"行动实施范围[1]。基于上述政策重叠分析，碳交易体系覆盖范围与"百千万"行动实施范围的重合性将导致两个政策之间产生互动，甚至发生冲突和竞争，进而增加政策实施成本。

纳入碳交易体系的控排主体已经承担了减排义务，节能政策等绿色低碳政策再次对这些控排主体进行规制将会造成经济上和管理上的低效，出现"双重规制"。因此，对于我国国家层面的碳交易体系已经纳入的控排主体，绿色低碳政策应排除对其进行二次规制，避免政策"冗余"和政策间相互排斥。

2. 提升碳交易体系减排和绿色低碳能源政策成本的透明度

不同政策的减排效果为政策协调提供了重要的参考标准，绿色低碳政策的目标虽可能主要考虑其他目标，如能源安全等，但也会推动温室气体减排。当然，在政策制定的初始阶段并不会完全预见这些效果，因此这些政策导致与碳交易体系产生重合。高度透明的信息披露有利于各方及时规划减排决定，同时绿色低碳政策的充分管控有助于确保碳交易体系配额价格的稳定性，提升旨在实现共同目标的不同政策之间的可预见性和兼容性。为确保交叉政策之间的透明度和减排的成效性，政策制定者应借助公开信息和其他政策的影响进行系统性和定期性管控。

当前在国家碳交易体系建设阶段，基于政策实施效果之间

---

〔1〕《国家发展改革委关于开展重点用能单位"百千万"行动有关事项的通知》（发改环资〔2017〕1909 号）。

存在直接或间接的互动与影响，中国应对拟制定或已经制定的与碳交易体系调整领域存在重合的绿色低碳政策进行评估，确保其他绿色能源政策以兼容和透明的方式与碳交易并存，提高政策实施的有效性、公平性、可行性和经济性等。同时，要及时更新相关数据以帮助控排主体将绿色低碳政策的减排成效内化到碳交易体系，而不是让控排主体在混沌状态中参与减排。值得一提的是，透明度建设离不开部门之间的协调与配合，因此我国应有打破部门之间利益的勇气和智慧，确立碳减排体系对绿色低碳能源政策的统领地位。

而且，考虑到碳交易体系受到绿色低碳政策冲击，应提前留有市场稳定储备（Market Stability Reserve）配额。此种制度安排虽不能解决政策之间的重合问题，却可以借助配额增减来抵消其他政策的影响，即校正政策重合的负面效果。相比碳交易体系总量控制优势，其本身也存在配额成本不确定的不足，因此要避免市场稳定储备对碳交易体系成本收益体系的冲击。

3. 管控碳交易体系与绿色低碳政策重合领域的渐进影响

政策制定者应事先从效率、环境整体性、能源市场、对碳交易体系的影响等方面考虑绿色低碳政策与碳交易体系兼容性方面考虑其合理性和可行性。若经过慎重考虑可以制定某项绿色低碳政策，更要确保避免该政策对碳交易体系产生瞬间冲击[1]。若会产生影响，也应是一种渐进的缓和影响。同时，要事先及时向碳交易体系披露新引入的政策，给予市场进行自我调整的时间。

例如，碳交易体系的"水床效应"就容易对其他政策的减排效果造成严重冲击，这种局面的产生主要来源于其他政策的

---

[1] 张雪梅、卢菲菲："中国碳交易政策对区域能源效率的影响"，载《开发研究》2021 年第 4 期。

减排效果能够融入碳交易体系中，借助配额价格"填补"减排空间。因此，降低或阻断其他政策对配额价格的传导性有助于提升碳交易体系与其他政策的兼容性，提升环境的整体性。在绝对减排体系中，碳交易体系设定的排放量不变是减排"水床效应"的主要原因，应及时调整排放总量设置，将其他政策带来的减排量从总额中予以排除，消除额外排放空间的创设。简单剥离有助于确保减排有效性，但要确保计量的准确性以减少政策风险和控排主体长期规划的阻碍。

因此，结合碳交易试点和国家层面的碳交易体系建设进程，我国首先应采用基准线法进行相对目标减排，更应关注其他能源政策受到碳交易体系的影响，如未来我国碳交易体系的配额发放在化石能源发电行业与可再生能源行业之间的差异将直接影响温室气体的减排效果。同时，基于核证减排量主要来源于可再生能源项目，是否将其引入碳交易体系的抵消机制将直接关乎减排成效。因此，我国碳交易体系的配额发放应在对与可再生能源竞争的化石发电机组配额发放时坚持从严从紧原则，进而推动可再生能源的发展，但也要顾及碳交易体系实施的可行性与实效性。

第 8 章

欧盟碳边境调节机制的
适法性分析及中国因应

　　长期以来，以公平为核心的气候变化机制与以效率为核心的国际贸易体系并行不悖，亦无交叉重叠之迹象。即使在《联合国气候变化框架公约》谈判中，气候与贸易之间的联系也未被明确，《京都议定书》的减排机制之中亦未包括贸易措施。直到 2007 年《联合国气候变化框架公约》第 13 次缔约方会议，缔约方才将"贸易和金融"作为四大支柱之一写入了"巴厘路线图"（Bali Roadmap）[1]。为扩大国际社会减排参与度，2015 年《巴黎协定》放弃了《京都议定书》"自上而下"的单轨制，转而寻求"自下而上自主贡献+自上而下定期盘点"的双轨制合作模式[2]，赋予了缔约方更加灵活自主的履约方式，这为欧美等发达国家限制进口商品排放提供了重要依据。2022 年 6 月，欧盟通过了建立"碳边境调节机制"（Carbon Border Adjustment

---

　　〔1〕　M. D. Shamsuddoha, R. K. Chowdhury, "The Political Economy of UNFCCC's Bali Climate Conference: A Roadmap to Climate Commercialization", *Development*, Vol. 51, No. 3, 2008.

　　〔2〕　魏庆坡："美国宣布退出对《巴黎协定》遵约机制的启示及完善"，载《国际商务（对外经济贸易大学学报）》2020 年第 6 期。

Mechanism，CBAM）的提案〔1〕，在立法上迈出了重要一步。

一、问题的提出

作为首个碳边境措施，CBAM 要求生产过程中碳排放量不符合欧盟标准的外国产品购买排放许可，避免碳泄漏破坏欧盟气候政策的整体性和有效性〔2〕。为了避免引发贸易伙伴强势反对和欧盟在批准程序上的繁杂，欧盟将其碳边境措施称为 CBAM，旨在回避"关税"或税收的影子，更多聚焦的是相比欧盟碳交易体系（EU ETS）下商品嵌入碳成本的一种调节机制。当前，CBAM 采取的形式是对出口到欧盟的产品，参照当前 EU ETS 运作及配额定价，设立一专属于进口的名义 ETS 机制（Notional ETS）〔3〕，适格欧盟进口商需要购买证书，其价格会锚定 EU ETS 配额价格。因此，就法律性质而言，CBAM 绝非一种关税，而是欧盟针对出口到其境内商品采取的一种边境后措施。

中国和欧盟同属于世界贸易组织（WTO）缔约方，作为欧盟的重要贸易伙伴，中国发电行业仍以高耗能的火电为主，相比欧盟清洁化发电结构，我国的碳足迹明显高于欧盟水平。虽然中国提出了力争 2030 年前实现碳达峰，2060 年前实现碳中和（"双碳"目标）〔4〕，并启动了国家层面的碳交易市场，但与 EU ETS 相比，无论是覆盖领域还是碳价激励上都存在差距。同

---

〔1〕 "European Parliament Votes in Favour of Implementation of Carbon Border Adjustment Mechanism from 2027"，available at https：//agenceurope. eu/en/bulletin/article/12977/12，last visited on 2022-7-23.

〔2〕 S. Evans et al.，"Border Carbon Adjustments and Industrial Competitiveness in a European Green Deal"，*Climate Policy*，Vol. 21，No. 3，2021.

〔3〕 边永民："世界贸易组织法视域下欧盟碳边境调节措施的合法性"，载《经贸法律评论》2022 年第 2 期。

〔4〕 余耀军："'双碳'目标下中国气候变化立法的双阶体系构造"，载《中国人口·资源与环境》2022 年第 1 期。

时，CBAM 的实施势必会增加中国企业对欧出口商品的额外成本，给中欧贸易带来巨大冲击，中国对此又将如何从法律上予以应对呢？

二、CBAM 在 WTO 框架下的适法性分析

非歧视性原则作为 WTO 多边贸易体系的基石，由最惠国待遇和国民待遇组成，要求从法律上和事实上对"同类产品"给予无歧视之待遇，确保各成员公平、公正和平等地对待其他成员的贸易主体和客体。CBAM 根据含碳量对原产于不同国家和地区的同类进口产品实施差别待遇，明显违背《关税及贸易总协定》（GATT）的非歧视性原则。

（一）最惠国待遇原则下 CBAM 的法律分析

GATT 第 1 条规定了最惠国待遇的原则，要求"任何缔约方对来自或运往其他国家的产品所给予的利益、优待、特权或豁免，应当立即、无条件地给予来自或运往其他缔约方的同类产品"[1]。与 GATT 传统上从关税税则号列、物理特征、产品最终用途以及消费者喜好与习惯等方面认定同类产品的标准不同，欧盟 CBAM 对不同受管制进口对象，依其生产制造过程是否属于高碳排放、能源密集耗能产业而有适用上之区分，这种要求产品的生产过程和生产方法符合特定的环境保护要求就是生产过程和生产方法标准（Process & Production Methods，PPMs）。

PPMs 分为与产品性能有关的 PPM（PR-PPMs）和与产品性能无关的 PPM（NPR-PPMs）两种[2]：前者是指采用不同生

---

〔1〕 ［日］松下满雄著，朱忠良译："世界贸易组织的基本原则和竞争政策的作用"，载《环球法律评论》2003 年第 1 期。

〔2〕 那力、李海英："WTO 框架中的 PPMs 问题"，载《法学论坛》2002 年第 4 期。

产过程和生产方法最后获得了不同的产品，WTO 下的《技术性贸易壁垒协议》（*Agreement on Technical Barriers to Trade*）规制的正是此类标准；后者则指采用不同生产过程和生产方法最后获得了相同的产品，《技术性贸易壁垒协议》对此并无具体规定。NPR-PPMs 强调碳足迹的标准可否作为判断同类产品的要件，WTO 争端解决机制的立场前后不一，换言之，这种无关产品本身属性，聚焦能耗生产与制造过程的相关因素是否可因此被认定为非"同类产品"仍有争议。在印度尼西亚汽车措施案（Indonesia-Autos）中[1]，专家组认定最惠国待遇"不能以与进口产品本身无关的任何标准为条件"。这表明基于与产品无关的流程和生产方法来区分国家是不可接受的。然而随后在加拿大汽车案（Canada-Autos）中，专家组却为基于工艺和生产方法的真正原产地中性措施打开了大门，包括基于产品嵌入碳的碳边境调整措施[2]。当然，根据 1979 年授权法案，各国要考虑到最不发达国家的特殊经济状况及其发展、金融和贸易要求，这为最惠国待遇原则提供了一个例外。换言之，这种例外意味着将最不发达国家从 CBAM 中豁免，并不会引发对其他国家的贸易设置壁垒或造成不必要的困难。在欧盟关税优惠案（EC-Tariff Preferences）中，上诉机构认为所提供的优惠待遇与减轻相关"发展、金融或贸易需求的可能性"之间应存在充分的联系[3]，在 CBAM 背景下，接受优惠待遇的国家可以从优惠待遇中明显

---

[1]　Indonesia—Certain Measures Affecting the Automobile Industry, para. 14. 143, WT/DS54/R, WT/DS55/R, WT/DS59/R, WT/DS64/R.

[2]　Charles Benoit, "Picking Tariff Winners: Non-Product Related PPMs and DSB Interpretations of 'Unconditionally' Within Article I: 1", *Georgetown Journal of International Law*, Vol. 42, No. 2, 2011.

[3]　王贵国："欧盟关税优惠案对发展中国家的影响"，载《时代法学》2004 年第 5 期。

受益，这要求将 CBAM 证书收入用于支持发展中国家，尤其是最不发达国家。

因此，对于"同类产品"，假设因出口国家的气候政策差异而有所差别则很可能违反最惠国待遇原则。同时，如果 CBAM 统一适用于所有进口，不考虑原产国具体减排情形，则可能会出现有出口国家因其国内已采取碳约束机制而挑战 CBAM，因为其出口最终会受到两次碳限制，进而违反最惠国待遇原则。

（二）国民待遇原则下 CBAM 的法律分析

GATT 第 3 条国民待遇原则要求进口产品与国内产品获得同等对待，确保"内外一致"。依据欧洲议会决议，CBAM 的碳定价应反映 EU ETS 下配额价格动态变动[1]，进口商应从单独的配额池中向 EU ETS 购买配额，其配额价格应对应 EU ETS 一定时期内配额价格的均值。

1. EU ETS 属于针对欧盟产品的国内税或其他国内费用

EU ETS 要求减排主体购买配额履约的措施既非所得税也非财产税，因此欧盟的减排措施可以划入间接税收行列。在边境调整的间接税不仅包括消费税或增值税，也涵盖了产品生产或销售环节所征的税收。依据 GATT 关于减让的规定，欧盟征收的加工税或产品税，以及将燃料以及与燃料相关碳排放纳入 ETS 产生的税费都属于可在边境调整的间接税。不过就 GATT 第 3 条而言，EU ETS 要求减排主体持有排放配额的要求是一种"税收或其他费用"，还是一种"条例"或"规定"仍存有争议。就美欧签署的《欧盟-美国开放天空协议》（*EU-US Open Skies Agreement*）而言，欧洲法院认为购买排放配额的义务是一种特殊的监管，而

---

[1] "A WTO-Compatible EU Carbon Border Adjustment Mechanism", available at https://www.europarl.europa.eu/doceo/document/TA-9-2021-0071_EN.html, last visited on 2022-8-1.

非一种税收或收费〔1〕。值得注意的是，欧盟将内部法规调整适用到进口产品，只能对进口产品适用与国内产品相同或同等的法规，但是内部法规并不能直接对进口产品进行边境调整，GATT第 2 条只允许征收与"国内税相当的费用"，不允许边境收费相当于国内法规。这意味着欧盟不能将 ETS 法律规定适用到进口产品上，而只能根据 EU ETS 的配额价格设计 CBAM 的费用。

2. CBAM 所涉进口产品和国内产品属于"同类产品"

依据 GATT 第 3 条第 2 款第 1 句国民待遇义务相符性标准，只有进口产品和国内产品属于"同类产品"，国民待遇原则才会适用。EU ETS 目前涵盖的行业有发电、热能、能源密集型工业部门。从根本上而言，"同类性"判断标准是关于产品之间竞争关系性质和程度的判断。基于 EU ETS 带来的产业竞争和碳泄漏，以及与 EU ETS 互动性的考虑，CBAM 所针对的进口产品主要是 ETS 所覆盖的产品与行业。"同类性"是一个相对概念〔2〕，不考虑品牌差异的情况下，对完全相同的产品应适用完全相同的税率，但也应考虑具体环境和情势加以判断。一般而言，国际贸易主要依靠关税税目或子目下的分类来认定产品是否属于"同类"，当然前提是关税税目确实足够详细。同时，CBAM 要考虑所涉产品在欧盟市场中的最终用途，进口产品的属性、性质和品质。除此之外，还要考虑欧盟对涉案产品的法律规章或制度框架，以及欧盟消费者对产品的偏好和习惯。

3. CBAM 与 EU ETS 措施"烈度"之对比

对进口产品的征税超过对国内产品的征税，是 GATT 第 3 条

---

〔1〕　See Air Transport Association of America and Others v. Secretary of State for Energy and Climate Change, Case C-366/10, 21 December 2011.

〔2〕　See Appellate Body Report, Japan-Taxes on Alcoholic Beverages, WT/DS11/AB/R, circulated on 4 October 1996.

第2款第1句的国民待遇义务标准适用的最后一个要件。如果说前两个标准满足的难度不大，那么 CBAM 能否满足第三个标准则有很大不确定性。EU ETS 要求欧盟境内生产的产品购买排放配额，CBAM 若对欧盟进口"同类产品"进行调节，则其不应超过 EU ETS 的"烈度"。在国际贸易中，"同类产品"以欧盟的标准和以出口方的标准作为基础得出的 CBAM 结果肯定存在差异，若以欧盟标准为基础，不同国家和地区出口到欧盟的产品的"碳足迹"姑且不论，欧盟与出口国家和地区的产品就会存在不同的碳定价，进而导致欧盟违反 GATT 第3条第2款第1句的国民待遇义务。

除了欧盟与出口国家和地区的"碳定价"差异，还存在出口国家和地区之间的"碳定价"差异，这自然会引发对国民待遇原则之违反。GATT 第3条第1款明确规定"国内税和其他国内费用""不应用来对国内生产提供保护"。依据专家组在阿根廷–皮革案（Argentina-Hides and Leather）中的分析，若对一成员国进口产品征税超过对另一成员国同类国内产品的征税，此时将被视为"为国内生产提供保护"，即违反了国民待遇原则。CBAM 若对不同出口国家和地区施加不同机制，那么不仅违背了国民待遇原则，还与最惠国待遇原则相悖。

（三）"一般例外"条款下 CBAM 的法律分析

假设 CBAM 被认为违反了 GATT 下的国民待遇原则，欧盟极有可能会援引第20条一般例外条款进行辩护。抗辩成功与否取决于 CBAM 是否符合 GATT 第20条双层标准：（a）款到（g）款中某一款的规定以及导言部分诸项要求。

1. CBAM 满足 GATT 第20条（b）款或（g）款的法律分析

根据 GATT 第20条（b）款规定及 WTO 过往裁决，WTO 争端解决机构对欧盟 CBAM 的政策目标很容易接受，其更关注为实现该目标而采用的手段是否"必需"。"必需"性是一项全面的法律检验，需要权衡和平衡各种因素，比如出口商受到威胁的利益和国际多边贸易体系价值的重要性、CBAM 对于实现欧盟减排目标的贡献程度，以及其对贸易的限制性。若认定实现CBAM 的政策目标确属必需，那么还需找出欧盟是否有可能诉诸同样的公共政策结果但贸易限制较少的替代措施，并通过在出口商受到威胁的利益和国际多边贸易体系价值的重要性等方面对比 CBAM 与替代措施以确认"必需"性结论。当然，如果仅在理论上具有可行性，但对欧盟施加了一项不恰当的负担，则该类替代措施也不会被认定为"合理地存在"。

判断 CBAM 是否符合 GATT 第 20 条（g）款需要考虑三个要件：涉案措施是用来"保护可用竭的自然资源"、与保护可用竭的自然资源"有关"、与国内限制生产与消费的措施"相配合"。满足前两个要件并不难，因为在美国汽油标准案（US-Gasoline）中，专家组认为清洁空气是"可耗竭自然资源"，同时欧盟要证明 CBAM 与解决气候变化目标之间存有"紧密且真实"的关系并不难，因为这正是 CBAM 出台的目标。而且这是一个适当性测试，专家组和上诉机构可能会质疑 CBAM 是否适合解决气候变化问题。最具挑战性的是第三个要件，即欧盟对自身产品和进口产品施加"不偏不倚"的限制。欧盟一直强调要统筹 CBAM 设计模式与 EU ETS 的修订，确保两者之间的互补性和一致性，从而实现国内规范和进口产品相应限制的共同建立，似乎也可以满足"一同实施"的要求。

2. CBAM 满足 GATT 第 20 条导言部分要求的法律分析

即使满足了 GATT 第 20 条（b）款或（g）款，CBAM 还必须确保以"在条件相同的国家之间"不构成"任意或不合理的歧视"的方式实施（GATT 第 20 条的导言部分）。在 GATT 第

20 条导言要求下，CBAM 可能面临一些以"歧视"和"变相限制贸易"抗辩的法律问题。

首先，基于各个出口商所在国差异进行区别对待可能引发歧视问题。CBAM 若施加一套单一、刻板和僵化的措施，强制要求出口商采取实质上相同的方案以达到应对气候变化的政策目标，可能会造成"任意的歧视"。当然，若欧盟认为不同国家在减排方面的情形并不相同，那么其依然要承担举证责任[1]。但是，欧盟可能依靠生态环境保护进行抗辩，无论在原产国还是欧盟，缴纳费用都体现了碳的社会成本内部化。另外欧洲议会决议中提出"要强调应给予最不发达国家和小岛屿发展中国家特殊待遇，以考虑其特殊性和 CBAM 对其发展的潜在负面影响"，这也可能存在歧视，但从环境角度来看可能是合理的，因为最不发达国家的排放量历来远远低于发达国家，符合"共同但有区别的责任原则"。

其次，"变相限制贸易"问题。在实践中，为了使一般例外条款适用于 CBAM，需要证明来自条件相似的国家的所有进口，包括减排政策，都得到平等对待。这就需要证明在确定碳边界调节措施的适用性时，如何评估和适当考虑其他国家现有的环境标准或减排政策。在 CBAM 下，出口商销往欧盟的那部分产品将需要向欧盟支付碳价格，这必然阻碍了国际贸易。对于那些来自《巴黎协定》非缔约方或与欧盟没有相同碳价格政策的国家和地区的出口产品征收 CBAM，如何定价也取决于原产国的总体政策。此时征收 CBAM 在一定意义上具有"惩罚性"和强制性，实际上等于限制了此类产品的国际贸易。

---

〔1〕 See Appellate Body Report, European Communities — Measures Prohibiting the Importation and Marketing of Seal Products, WT/DS401/AB/R, adopted on 18 June 2014, para. 5. 301.

此外，GATT 第 20 条导言部分也要求欧盟必须展示 CBAM 与应对气候变化之间的合理联系，并能够确保其措施得到公平实施。这就需要证明来自条件类似的国家的所有进口，包括减排政策，都得到平等对待，这必然涉及如何评估和适当考虑其他国家的环境标准或条件，难度之大不言而喻。

三、欧盟 CBAM 实施及对中国的影响分析

CBAM 与之前欧盟推出的航空碳税动作如出一辙，都是单边主义举措，只是当前《巴黎协定》的"自主贡献"模式以及国际社会对环境问题的日益关注使得 CBAM 面临的环境优于过往。欧盟冀望这一政策工具能"鼓励"出口国减少产品生产过程中的温室气体排放，进而提升全球减排的整体性和有效性。

（一）CBAM 实施模式分析

"气候俱乐部"是指一群志同道合的参与者在应对气候变化上进行合作，成员会获得独特的福利[1]，比如特惠贸易协定或产业研究发展等方面的合作，非成员则无法获得此类待遇并受到一些惩罚。其原理就是借助惩罚机制将全球公共产品转化为俱乐部产品，构建排他性以解决气候变化中的"搭便车"问题[2]。CBAM 目前虽无针对特定国家的豁免规则，除非如乌克兰、巴尔干半岛个别国家和地区由于与欧盟电力市场存在关联享受豁免。对于责任减免，CBAM 规定了两种情形：第一种情形主要是指该产品已经在出口国缴纳碳税或参加碳交易市场，但节能减排标准并不能享受责任减免；第二种情形则是 EU ETS 下同类

---

[1]　W. Nordhaus, "Climate Clubs: Overcoming Free-Riding in International Climate Policy", *American Economic Review*, Vol. 105, No. 4, 2015.

[2]　孙永平、张欣宇："气候俱乐部的理论内涵、运行逻辑和实践困境"，载《环境经济研究》2022 年第 1 期。

产品享受了免费配额，进口厂商此时也可享受减免〔1〕。由此，CBAM 并非传统意义上的"气候俱乐部"，而是客观上构建了一个准"气候俱乐部"，该俱乐部成员包括欧盟成员国、欧洲经济区以及拥有碳交易体系的瑞士，俱乐部之外的国家和地区将会面临以 CBAM 为形式的"惩戒"。因为贸易伙伴加入俱乐部享受内部排他性福利的条件是依照 EU ETS 调整碳价，CBAM 作为单边性举措扮演了欧盟气候政策域外实施的角色。

值得注意的是，欧盟宣布 CBAM 不到一周，美国国会民主党人宣布他们将提出类似的限制，加拿大也在考虑建立自己的 CBAM〔2〕，欧美国家在气候与贸易协调问题上似乎正在形成一种默契与共识。CBAM 的弊端在于：首先，单边性引发碎片化。这些单边性贸易举措无一不是以自身社会发展实际而制定的措施，试图通过贸易手段实施域外管理。倘若每个国家都对进口产品征收碳价，将导致外国承受本国减碳成本进而阻碍国际贸易。其次，域外性侵蚀国家主权原则。调整出口国产品生产过程中碳排放量超越了国家边界，破坏了传统国际法的基石——国家主权原则，任何单方试图实施域外管辖的举措必然招致其他国家的报复与阻断措施〔3〕。最后，气候政策外溢性与贸易保护主义的共生性使两者愈加密切，如果欧盟和美国等在该问题上形成互认机制，必将对国际贸易规则体系发展形成重大冲击。

---

〔1〕 王优酉等："欧盟碳税新政：内容、影响及应对"，载《国际经济合作》2021 年第 5 期。

〔2〕 "Exploring Border Carbon Adjustments for Canada", available at https://www.canada.ca/en/department-finance/programs/consultations/2021/border-carbon-adjustments/exploring-border-carbon-adjustments-canada.html, last visited on 2022-8-13.

〔3〕 鄂晓梅："气候变化对国家主权原则的影响 以单边 PPM 贸易措施为视角"，载《中外法学》2011 年第 6 期。

（二）CBAM 实施路径分析

CBAM 属于典型的单边贸易措施，并且其具体实施极具复杂性，其他国家和地区即使满足加入气候俱乐部的条件，也没有资格在 CBAM 的设计规则上发表意见，仅能被动承受 CBAM 的政策效果，这对 CBAM 的实施提出了一系列挑战。

首先，欧盟要求其他国家和地区采取与其相同的减排设计引发了争议。诚如前述，能够获得 CBAM 豁免的条件之一是出口国家和地区实施了与欧盟相同设计的减排机制。在美国龟虾案中，美国措施被诟病的地方之一就是要求其他国家采取与美国一样的措施与政策[1]。若想使某个措施符合 WTO 要求，必须与美国所采取的措施在效果上具有可比性，即使不存在其他可供选择的措施。欧盟一再宣称 CBAM 将与 WTO 兼容，这意味着欧盟在评估其他国家和地区减排机制时要考虑其与 CBAM 在减排效果上是否具有可比性、是否存在其他替代措施，如何评估出口国家和地区减排政策与 EU ETS 在目标和效果上具有一致性都是重大挑战性问题。

其次，EU ETS 配额价格公平性与进口产品碳足迹测量的挑战。EU ETS 配额价格是确定 CBAM 证书价格的重要依据，但作为产权制度产物和环境政策工具的 EU ETS，其优势是能够控制总量，然而却无法控制配额价格。自 2005 年启动以来，EU ETS 经历了诸多改革以实现帮助欧盟减排的目的，包括初期为提价实施的延迟拍卖机制（backloading）削减了 9 亿吨配额，并在 2018 年为提升市场信心实施的市场稳定储备机制（market stability reserve）等[2]，可见配额价格并非完全由市场决定，而是受到诸

---

[1] 赵维田："WTO 案例研究：1998 年海龟案"，载《环球法律评论》2001 年第 2 期。

[2] 潘晓滨、史学瀛："欧盟排放交易机制总量设置和调整及对中国的借鉴意义"，载《理论与现代化》2015 年第 5 期。

多政治因素的影响，让进口国产品承受此类配额价格显然有失公平。同时，测算欧盟域外产品生产的碳足迹充满挑战，因为出口国的排放数据是否可用或可靠尚不得而知。一种方案是CBAM 提出使用欧盟产品的碳足迹作为基准，另一种方案是让进口商选择在其产品的碳足迹低于基准时进行认证，第一种方案的不足是出口商显然没有动力通过投资减少污染来降低自己产品的碳足迹，第二种方案的不足是需要解决一个生产商生产多个产品之间的排放量测量问题。

再其次，CBAM "气候俱乐部" 的协同问题。欧盟创设CBAM 不仅是为了解决碳泄漏问题，而且也是为了激励其他国家和地区实施可兼容的碳价机制，CBAM 作为 EU ETS 与各个国家和地区碳减排机制的合作媒介，如何在 CBAM "气候俱乐部"中回应非欧盟国家的诉求，同时不损害欧盟的气候雄心是一个难以回避的问题。欧盟基于市场和监管权限借助 CBAM 可能有助于提升气候减排行动，但也会让贸易伙伴认为这种单边性举措是为了构筑贸易壁垒或贸易保护，这将大大削弱 CBAM 及相关气候政策的合法性。如果选择多边路线，将贸易伙伴视为CBAM "气候俱乐部" 成员，CBAM 可能被视为一个公认的气候政策工具，此时需要构建一套与 WTO 相兼容的规则来解决 "内嵌排放"（embedded emissions）问题，欧盟以让渡一些对 CBAM的管控权换取提升 CBAM "气候俱乐部" 的合法性。

最后，CBAM 有违反共同但有区别的责任原则之嫌。共同但有区别的责任原则作为《联合国气候变化框架公约》气候治理体系的基石，是从公平原则发展而来，其要求发达国家不仅要在应对气候变化及其影响方面发挥带头作用，还要在资金、技术和知识上帮助发展中国家应对气候变化，《巴黎协定》重申了共同但有区别的责任原则和各自能力原则〔1〕。有学者通过建模表明发达国家使用 CBAM 将使气候变化的负担转移给发展中国家，其出口将受到不成比例的影响〔2〕，而发展中国家相对于发达国家对气候变化的"贡献"微乎其微。这意味着 CBAM 违反共同但有区别的责任原则和各自能力原则，CBAM 构成发达国家的气候行动，但发展中国家被迫为此买单。

（三）CBAM 实施对中国的独特影响分析

欧盟 CBAM 对向欧盟出口大量碳密集型产品的国家和地区影响最大。中国作为欧盟的重要贸易伙伴，以及中欧之间在排放强度和碳价上的差异，CBAM 必然会对中国出口贸易和碳价产生一定的影响。

CBAM 对中欧贸易的影响很大程度上取决于最终立法涵盖的行业数量及相关配套贸易法案。根据欧盟委员会最初版本，CBAM 仅涵盖钢铁、铝、水泥和化肥行业，这些产品所涉及的中国年出口额约为 70 亿美元，占中国出口欧盟贸易总额将近 1.3%。根据欧洲议会通过的提案版本，除上述四部门外，还将纳入有机化学品、塑料、氢气和氨行业，所有相关产品的出口价值大幅增加至 410 亿美元，占中国对欧盟出口总额的 7.4%〔3〕。同时，EU ETS 还涵盖造纸、化工、炼油等其他行业，未来这些行业也有可能被纳入 CBAM 之中。除上述产业外，CBAM 也会对我国整体出口形势产生影响，中国对欧盟直接出口钢铁份额很小，但钢铁成本上涨必将会对相关产业链产生影响。而且从

---

〔1〕 张建："全球气候治理 INDC 制度发展及我国应对方略"，载《西南民族大学学报（人文社科版）》2019 年第 5 期。

〔2〕 C. Böhringer, J. C. Carbone, T. F. Rutherford, "Embodied Carbon Tariffs", *The Scandinavian Journal of Economics*, Vol. 120, No. 1, 2018.

〔3〕 张蕊："欧洲议会投票支持碳市场改革对中国有何影响？"载《每日经济新闻》2022 年 6 月 28 日，第 2 版。

长远看，欧盟在低碳领域持续创新规则提升产业竞争力，必然会削弱其他国家在技术和成本方面的优势，一旦对中国优势产业制定和征收新的碳价，结合反补贴、供应链等其他贸易法案，就有可能形成限制中国产业的一揽子政策。当然，如果中国采取低碳减排措施降低同类产品的碳排放量，也可以提高中国的出口竞争力。

碳价方面的影响主要源于中欧碳价差异以及中国出口产品碳强度高和出口依存度高。中国于 2021 年 7 月启动了全国碳交易市场，目前交易仅涵盖电力部门，配额价格也是低位运行[1]。截至 2022 年 6 月，中国碳价仅为 EU ETS 配额价格的 8.5%[2]，与 EU ETS 价格差距较为明显。如前所述，CBAM 主要参考 EU ETS 配额均价进行定价，这样即使中国企业在国内支付了碳价，欧盟仍会基于价差要求其进口商购买 CBAM 证书，从而使得欧盟可以主导全球碳价格并影响其他国家的碳价格。

简言之，CBAM 短期看对中国出口欧盟的影响非常有限，不过该机制全面推进可能是渐进性的，因此长期看 CBAM 将覆盖更多产业，必将改变国际贸易的流动趋势和结构，导致全球贸易格局发生重大变化，进而对中国商品出口和碳价格产生影响。值得一提的是，在"双碳"目标下随着中国碳市场不断发展和完善，未来 CBAM 对中国的影响将会逐渐减弱。因此，中国应从务实和战略性角度影响 CBAM 的最终形式以缓解对中国出口商的影响，努力提高中国商品的相对成本优势和市场竞争力。

---

〔1〕 王科、李思阳："中国碳市场回顾与展望（2022）"，载《北京理工大学学报（社会科学版）》2022 年第 2 期。

〔2〕 "2022 年 6 月国内碳市场与国际碳市场交易行情月报重磅出炉!"载搜狐网，http://news.sohu.com/a/565118591_ 121319528，最后访问日期：2022 年 8 月 21 日。

四、对欧盟 CBAM 的中国因应

中国目前要利用好 CBAM 过渡期，积极与欧盟沟通合作，为国内布局和国际应对寻求支持，尽力为中国出口企业争取 CBAM 豁免。除此之外，还应为 WTO 下索赔维权做好法律上的准备。为了寻求与 WTO 兼容，欧盟会对 CBAM 进行修改和调整，目前自然无法预料具体如何应用到单个交易产品，更无法预见 CBAM 哪些方面会在 WTO 争端解决中引起对欧盟的索赔。因此，包括上面的任何法律分析和下面即将提出的对策都必然带有初步性和临时性。不过，欧盟基于各国产品的实际碳排放强度确定 CBAM 价格，这种差别对待贸易伙伴的方式必然违反 WTO 下最惠国原则。

（一）坚持 WTO 框架下沟通合作争取豁免

碳定价和碳减排背景下，全球贸易流动和结构重塑已是大势所趋，欧盟在低碳减排领域一直处于世界领先水平，CBAM 无疑会成为国际碳定价政策的风向标。鉴于欧盟的市场规模和战略考虑，作为欧盟的最大贸易伙伴的中国应迅速行动，有效应对和降低 CBAM 带来的负面影响。

1. 积极提升国内应对能力和机制建设

当前，习近平总书记提出的"绿水青山就是金山银山"发展理念已经成为全社会共识[1]，无论是"十四五"规划、生态文明建设，还是"双碳"目标都体现了中国走绿色低碳发展道路的坚定决心和责任担当。

首先，在"双碳"目标下积极推进国家层面的碳交易市场建设，为应对 CBAM 提供"工具箱"和政策支持。欧盟提出

---

〔1〕　洪银兴等："'习近平新时代中国特色社会主义经济思想'笔谈"，载《中国社会科学》2018 年第 9 期。

CBAM 主要理由之一就是预防碳泄漏，国内一些碳密集行业也面临减排和转型的压力，由此看来，欧盟 CBAM 对中国不仅是挑战，也是一个重要的机遇。目前我国碳市场仅覆盖电力行业，应逐步将 CBAM 覆盖的行业纳入碳市场，建立并完善碳排放数据监测、报送与核查机制，这不仅能为配额分配提供依据，而且也能够为企业应对 CBAM 提供数据支撑。在配额发放上，应逐步提升拍卖份额，并对碳价进行定期评估、反馈和调整，为企业应对 CBAM 提供碳定价支持，确保企业在减排的同时实现公平竞争。

其次，在"双碳"目标下尝试将不参与碳交易市场的企业纳入碳税机制。理论上而言，碳交易市场和碳税都可以实现减排，前者注重总量控制，借助配额交易实现减排成本收益最大化；后者则是凭借价格手段实现温室气体减排。碳交易市场和碳税在调控成本、灵活性上的差异为两者兼容和互补运行提供了可能。我国碳交易市场目前仅覆盖发电市场年度排放达到 2.6 万吨二氧化碳当量的企业或其他经济组织，那些非电力行业或规模较小的企业则未被纳入碳市场。因此，排放量大、排放源集中的企业可以参与碳交易市场，而那些规模较小、排放源分散的行业则可参与碳税机制。探索对不参与碳市场的企业征收碳税，不仅可以提升企业减排积极性，还可以搜集控排数据，为应对欧盟 CBAM 提供数据支持。

最后，在"双碳"目标下引导企业将碳排放纳入企业战略规划之中。面对 CBAM 带来的挑战，国内行业尤其是水泥、化肥、钢铁、铝、电力行业和相关企业应在 CBAM 下进行碳排放审视，从环保合规、能源替代、布局调整、工艺提升等方面进行提早布局，降低产品的碳足迹。同时，对于出口欧盟产品的企业要避免国内与国外双重缴纳碳价，减轻企业碳减排负担。

2. 主动与欧盟沟通争取合作互认

基于欧盟 CBAM 设置初衷，中国可以借助《联合国气候变化框架公约》的"共同但有区别的责任"原则和公平原则，以及《巴黎协定》"自主减排贡献"模式，指出欧盟引入 CBAM 理由之一是其他国家采取的气候行动在某种意义上不充分，这种假设是不成立的。因为其与《巴黎协定》自下而上的性质不符，即使欧盟认为其他国家和地区的自主贡献不充分，也应该在《巴黎协定》框架下解决。CBAM 这种单边化做法罔顾国家之间的差异，可能因其不公平性致使全球减排行动变得更为迟缓，无论在伦理上还是法理上都无权通过贸易措施强制要求其他国家减排。同时，应从减排效果上尝试要求欧盟接受强制节能政策等非显性碳定价，为中国企业出口欧盟提供 CBAM 责任减免。最后，要从产品全流程上理解碳排放问题，中国向欧盟出口的大量产品生产过程在中国，消费过程在欧盟，如果仅让中国承担生产过程全部减排责任，免除欧盟消费端的责任则是不公平的，欧盟作为最终消费端应承担更多的减排责任。因此，中国可以通过国家自主减排模式、减排政策多元化和隐含碳排放问题为中国出口企业争取相应的碳边境调节义务减免。

（二）CBAM 有违 WTO 框架下"国民待遇原则"之嫌

判断 CBAM 是否违反 GATT 第 3 条的国民待遇原则需要考虑三层标准，同时不应以保护欧盟国内生产为目的而对 CBAM 加以适用。如上所述，根据 EU ETS 配额价格设计 CBAM 费用符合第一层标准，第二层标准"同类产品"难度似乎不大，重要的抗辩点出现在第三层标准，即 CBAM 超过了 EU ETS 对欧盟产品的"征税"。

1. CBAM 价格包含隐性贸易保护主义

由于 EU ETS 对国内产品征收配额费用，借助 CBAM 实现对进口产品征收费用，只有 CBAM 与 EU ETS 配额属于"相当的费用"时，才既能防止碳泄漏，又不高于欧盟生产商支付的费用，才能符合国民待遇原则的要求。换言之，CBAM 价格不应包含隐性贸易保护主义的成分。值得注意的是，欧盟的碳定价措施是 ETS，配额价格并非一成不变，这可能意味着 CBAM 的价格会导致进口商支付比国内生产商更多或更少的费用。

EU ETS 建立之初，为了防止碳泄漏，欧盟采用了"祖父条款"对钢铁、水泥、化学品和化肥等商品的生产商发放了免费排放配额[1]。如若这些行业的配额一直免费，那么 CBAM 的价值将无从谈起，因此伴随着 CBAM 的实施，EU ETS 也将逐步降低免费配额的发放并最终将其淘汰，但也会在 CBAM 生效后存续数年。此时，一方面要求进口"同类产品"的商家购买 CBAM 证书，另一方面保留 ETS 产品的免费排放配额，这实际上从成本上变相为欧盟产品提供双重保护，违反了 WTO 的国民待遇义务。ETS 免费排放配额属于 WTO 下的禁止性的补贴，扭曲了国际贸易，除非欧盟将其目前给予国内产品生产商的免费排放配额全部抵消在进口同类产品所需的 CBAM 证书上。

2. CBAM 应考虑单个交易的碳强度

GATT 第 3 条国民待遇义务的对象不是国家或个体贸易商，而是适用于每一笔单独进行的国际贸易。基于行政效率的考虑，通过对各国产品的碳强度进行估算，CBAM 将对该国的所有进口产品采用碳排放平均值，忽视化石能源和可再生能源在碳排放上的差距，从而导致可再生能源工厂的产品被征收的 CBAM 费用将超过 WTO 规定的费用。依据国民待遇原则，欧盟也不应在一些情况下对进口产品给予较为优惠的 CBAM 证书以平衡其在另一

---

〔1〕 魏庆坡："碳交易中的'祖父条款'与污染者付费原则"，载《湖北社会科学》2015 年第 10 期。

些情况下对进口产品给予较为不利的 CBAM。若个别出口商可以证明他们的碳排放低于欧盟平均水平，应允许他们在均值基础上支付更低碳价，因此，CBAM 应允许根据外国生产商的实际和个别碳排放强度对其征收费用，否则将有违 WTO 的国民待遇原则。

此外，关注生产投入而不是最终产品也会违反国民待遇原则。如 EU ETS 对生产钢铁所使用的能源征税，CBAM 参照国外使用的能源（比如中国钢铁生产中使用的煤炭）同等计算，此时欧盟就是对进口产品中的能源征收与欧盟生产"同类产品"使用"类似"税。将作为投入的能源作为比较对象，而不是最终产品，将违反 WTO 国民待遇原则，不过这也取决于欧盟和出口国家或地区生产的"清洁"或"肮脏"程度。

（三）CBAM 有违 WTO 框架下"一般例外"之嫌

虽然欧盟一再宣称 CBAM 将是一项气候措施，其动机完全是出于解决与健康和环境有关的气候问题，但这些声明并无法律意义。这需要考虑 CBAM 本身的设计、架构及其应用方式是否满足 GATT 第 20 条"一般例外"规定的双层标准[1]。

1. GATT 第 20 条（b）款的抗辩

满足第（b）款第二要件"必需"性要求是成功抗辩的关键。其中最为重要的两个点是 CBAM 对贸易的限制，以及符合 WTO 规范或贸易限制性较小的替代措施是否可以替代欧盟所采取的 CBAM。CBAM 虽然比完全禁止进口限制性要低，但其对贸易的限制还是不言而喻的，中国可以提出与 WTO 相符或贸易限制较少的替代措施——碳税。作为一种合理可用的替代措施，碳税符合 WTO 的规则要求，贸易限制较少，并能够实现欧盟气候保护水平的目标。对此，欧盟需要向 WTO 争端解决机构表明

─────────────

〔1〕　马乐："GATT 一般例外条款适用的价值导向与司法逻辑"，载《华东政法大学学报》2015 年第 1 期。

为什么不采用起诉方提出的碳税。

2. GATT 第 20 条（g）款的抗辩

结合前述分析，欧盟很可能能够证明清洁空气是一种可耗尽的自然资源，并能够证明 CBAM 中使用的手段与其寻求的目的（保护清洁空气）之间存在"密切和真实的关系"，但是还需要证明对进口产品的限制在措施的设计上是公平的，并且将与可比的国内措施"一同实施"。不能简单认为 CBAM 与 EU ETS 存在联系就可以自动认定进口产品与欧盟产品受到了平等对待。考虑到 CBAM 和 EU ETS 对各个出口商和欧盟生产商都有影响，欧盟需要证明 CBAM 不会导致出口商遭遇不公平对待。

3. GATT 第 20 条导言的抗辩

GATT 第 20 条导言要求 CBAM 必须以公平方式实施，如此才会享有 GATT 第 20 条的一般例外的豁免。欧盟对 CBAM 征收费用必须基于对单个产品生产产生的碳排放的评估，而不是基于对整体减排的充分性判断。同时，欧盟直接适用 CBAM 无异于将自己的气候标准强加给中国，使用经济制裁以要求中国采取实质上与欧盟相同的方案以实现应对气候变化的目标，而不考虑中国境内可能存在的不同条件是无法接受的。因此欧盟不仅应向中国解释其选择的标准，还要为中国提供建议修改 CBAM 的机会或对其应用提出建议，否则都将导致 CBAM 丧失公平性，进而出现"任意或不合理的歧视"[1]。此外，CBAM 本身设计框架和所展现的结构不能"变相限制国际贸易"，EU ETS 配额与 CBAM 证书费用的关系很难经受住 WTO 的法律审查。

---

〔1〕 黄文旭："气候变化补贴是否构成 GATT 第 20 条例外"，载《区域治理》2019 年第 32 期。

结　语

　　在尊重差异性和注重主动性理念下，《巴黎协定》开创了"自上而下"和"自下而上"的"双轨制"合作模式。虽未使用"条约"字样，但从《巴黎协定》意欲在缔约方之间建立法律义务的意图、程序性规则和规范性期待来看，《巴黎协定》具有法律约束力，因此缔约方自然有义务遵守《巴黎协定》的条款要求、规范性期待和程序性要求履行减排义务。

　　然而，特朗普政府非但不履行减排承诺，而且在"退而不出"的状态下实施一系列"去气候化"政策，这对国际气候合作产生了诸多负面影响，某种意义上比直接退出更甚。但是，倚重技术性规范和程序性要领的《巴黎协定》对此束手无策，这表明《巴黎协定》的遵约机制面临着重大挑战，也体现了当前注重功能主义定位的气候变化谈判对国际政治博弈的无奈选择。

　　作为第一大温室气体排放国和《巴黎协定》缔约方，中国面临着经济发展和环境保护的双重任务，如何通过制度推动节能减排、实现社会经济低碳发展具有重要的现实意义。碍于现实因素制约，价格机制的碳税和数量机制的碳交易能否实现中国"本土化"，是当前碳交易市场建设中必须予以考虑的重要课题。结合上述分析，我国目前碳交易试点采用碳强度减排，未来国家层面的碳交易市场设计还需兼顾社会经济发展，不可能采取绝对减排目标减排，这就使得我国在相对减排目标下的碳交易能够和碳税兼容并蓄。根据绝对碳减排目标与碳税存在的问题，我国未来可以引入限价模式、跨期储存机制、项目抵消减排等应对配额价格波动和减排成本不确定形势；同时适度控制碳税调节范围、分离调整对象来降低机制冲突，从而在确保环境整体性的基础上实现强化减排激励、稳定减排预期、增加财税收入、应对环境多元化问题等。因此，从中短期看，结合经济社会发展和实际减排实践，我国应采纳碳税和碳交易（相对减排目标）双策并举的模式进行减排。但从长期来看，我国应该尝试运用碳税与总量控制交易的碳交易（绝对减排目标）的组合模式进行减排。

能源消费电气化和能源生产清洁化是能源体系低碳转型的主线，持续提升电气化水平和能源综合利用效率是实现"双碳"目标的关键。基于"电力脱碳"问题的广泛性、关联性和错综复杂性，一个设计良好的碳交易市场能够兼顾环境整体性和经济效率性，帮助应对二氧化碳和其他温室气体减排。在碳交易市场之外附加绿色电力政策则需要具体分析它们之间的交互性与整体性，降低减排政策工具的"运行成本"，以充分发挥综合调控作用，实现"电力脱碳"和整个社会的绿色低碳转型。

当前我国碳交易市场与绿色电力入网政策，以及绿证交易和绿电交易虽然具有目标相关性和互动性，但由于不存在严苛的总量控制和畅通的价格传导机制，政策之间"排斥性"不强，需要从多重市场维度科学合理地确定配额数量及分配方法，构建好价格传导机制和减排权益互认联通机制，以更好推动不同市场形成低碳发展合力。长期来看，我国碳交易市场需要考虑减排总量严苛不变的情形下绿色电力入网政策、绿证交易和绿电交易减排带来配额价格下降的"外部性"，构建更为畅通的价格体系与核算认证体系，避免成本提升而排放总量不变的尴尬境地。在"双碳"目标背景下，要结合我国碳减排和绿色低碳发展的具体实际，提升政策制定者与执行者之间的协同意识，强化碳交易市场与绿色电力政策的结构性规划和程序性操作，逐步加强政策之间的协同机制和技术建设，为运用科学范式形成政策合力以提升减排效果提供解决思路和政策建议。

环境问题的复杂性和综合性促使政策制定者采用多个环境政策工具予以应对，良好的政策组合能够形成政策制度合力，进而"事半功倍"实现预定目标。简单拼凑可能导致不同政策在交叉和重叠中产生矛盾或冲突，提高了政策的实施成本，降低甚至阻碍了政策目标的实现。

碳交易体系与绿色低碳政策并存能够增加技术创新的激励、提高财政收入、确保配额价格稳定性和惩治不履约行为，同时也可改善碳交易体系的静态效率，克服市场失灵导致的技术创新和扩散受阻，促进公平和政治可行性的社会目标，以及解决碳交易体系设计中的缺陷与不足。一直以来，我国偏向于借助政策来实现预定目标，绿色低碳政策对我国可持续发展和能源结构优化发挥了重要作用。但是，这些环境政策工具与碳交易体系存在各种直接或间接的联系，当前国家层面碳交易市场建设阶段应注意协调和沟通以提升政策实施的有效性、公平性和可行性。

正如我国生态环境部黄润秋部长所言，"中国的生态环境问题本质上是高碳的能源结构和高耗能、高碳的产业结构问题"，"双碳"目标提出后，中国面临系统推进减排降碳节能的路径选择，如何构建符合中国国情的减排降碳顶层设计和政策措施，强化政策协同、工具协同和机制协同，形成减排降碳节能增效的合力则是一个重大且紧迫的问题。

为防止碳泄漏以及应对气候变化问题，欧盟正在尝试推出与气候相关的贸易限制措施。CBAM 本质上是一项单边主义措施，因此其与 WTO 多边贸易体系的法律冲突与兼容性研究自然非常重要。欧盟一直宣称将 CBAM 与 EU ETS 挂钩，赋予 CBAM 在 WTO 视域下法律上的合法性，若后期对两者进行修改和调整，这种兼容性是有可能实现的。以目前欧盟的提议来看 CBAM 是有可能符合 WTO 的法律要求的，但依据各出口国的总体减排目标要求进口商购买碳排放证书有违 WTO 的"同类产品"的国民待遇原则，同时也面临满足 GATT 第 20 条双层标准的挑战。当前"双碳"目标下，中国应坚决捍卫 WTO 多边贸易体系的非歧视性原则，利用好 CBAM 过渡期，积极创新机制探索与 EU ETS 合作互认，同时利用多边经济机制合作框架争取欧盟推迟实施 CBAM，为我国低碳发展和产业转型争取更多调适机会。

未来，中国应借助多边平台或双边合作积极推进全球气候治理，同时在《巴黎协定》实施细则谈判中应加强遵约程序机制构建，在程序中寻找气候合作的"落脚点"，逐步推进国际气候合作的法治化建设。

参考文献

一、中文部分

（一）著作类

［1］白桂梅：《国际法》（第三版），北京大学出版社 2015 年版。

［2］林灿铃：《国际环境法》，人民出版社 2011 年版。

［3］林灿铃等编著：《国际环境法案例解析》，中国政法大学出版社 2021 年版。

［4］林灿铃：《跨界损害的归责与赔偿研究》，中国政法大学出版社 2014 年版。

［5］何志鹏：《国际法治论》，北京大学出版社 2016 年版。

［6］张乃根：《国际法原理》（第二版），复旦大学出版社 2012 年版。

［7］张文显：《法哲学通论》，辽宁人民出版社 2009 年版。

［8］朱文奇：《现代国际法》，商务印书馆 2013 年版。

［9］薄燕、高翔：《中国与全球气候治理机制的变迁》，上海人民出版社 2017 年版。

［10］王毅等主编：《美国退出〈巴黎协定〉对全球气候治理的影响及我国的应对策略》，科学出版社 2021 年版。

［11］梁晓菲、吕江：《气候变化〈巴黎协定〉及中国的路径选择研究》，知识产权出版社 2019 年版。

［12］张焕波等：《〈巴黎协定〉——全球应对气候变化的里程碑》，中国经济出版社 2017 年版。

[13] 祁悦等:《应对气候变化国别研究——基于〈联合国气候变化框架公约〉透明度报告信息》,中国计划出版社 2019 年版。

[14] 季华:《"共同但有区别责任"与气候变化国际法律机制》,中国政法大学出版社 2022 年版。

[15] 陈贻健:《国际气候法律新秩序构建中的公平性问题研究》,北京大学出版社 2017 年版。

[16] 何霄嘉、张雪艳:《适应气候变化研究:国际谈判议题与国内行动策略》,科学出版社 2020 年版。

[17] 李强:《理性主义视野下的国际气候合作:从京都会议到巴厘岛会议》,当代中国出版社 2016 年版。

[18] 史军:《中国参与国际气候合作的价值立场研究》,中国社会科学出版社 2018 年版。

[19] 唐颖侠:《国际气候变化条约的遵守机制研究》,人民出版社 2009 年版。

[20] 龚微:《气候变化资金机制的国际法问题研究》,中国政法大学出版社 2022 年版。

[21] 谭秀杰:《气候规制与国际贸易:经济、法律、制度视角》,人民出版社 2018 年版。

[22] 唐颖侠:《国际气候变化治理:制度与路径》,南开大学出版社 2015 年版。

[23] 董勤:《气候变化问题安全化的国际趋势及中国外交对策研究》,中国社会科学出版社 2018 年版。

[24] 朱松丽、高翔:《从哥本哈根到巴黎:国际气候制度的变迁和发展》,清华大学出版社 2017 年版。

[25] 何一鸣:《国际气候谈判研究》,中国经济出版社 2012 年版。

[26] 肖兰兰:《互动视域下中国参与国际气候制度建构研究》,人民出版社 2019 年版。

[27] 刘哲:《中国参与气候变化国际合作的重点领域和关键问题》,中国环境出版集团 2019 年版。

[28] 林灿铃:《国际环境立法的伦理基础》,中国政法大学出版社 2019

年版。

［29］ 王谋、陈迎主编：《全球气候治理》，中国社会科学出版社 2021
年版。

［30］ 邹骥等：《论全球气候治理——构建人类发展路径创新的国际体制》，
中国计划出版社 2015 年版。

［31］ 薄燕：《全球气候变化治理中的中美欧三边关系》，上海人民出版社
2012 年版。

［32］ 张海滨等：《全球气候治理的中国方案》，五洲传播出版社 2021
年版。

（二）论文类

［1］ 曹明德："中国参与国际气候治理的法律立场和策略：以气候正义为
视角"，载《中国法学》2016 年第 1 期。

［2］ 李慧明："《巴黎协定》与全球气候治理体系的转型"，载《国际展
望》2016 年第 2 期。

［3］ 莫建雷等："《巴黎协定》中我国能源和气候政策目标：综合评估与政
策选择"，载《经济研究》2018 年第 9 期。

［4］ 吕江："《巴黎协定》：新的制度安排、不确定性及中国选择"，载
《国际观察》2016 年第 3 期。

［5］ 边永民："论共同但有区别的责任原则在国际环境法中的地位"，载
《暨南学报（哲学社会科学版）》2007 年第 4 期。

［6］ 何晶晶："从《京都议定书》到《巴黎协定》：开启新的气候变化治
理时代"，载《国际法研究》2016 年第 3 期。

［7］ 陈林、万攀兵："《京都议定书》及其清洁发展机制的减排效应——基
于中国参与全球环境治理微观项目数据的分析"，载《经济研究》
2019 年第 3 期。

［8］ 李威："从《京都议定书》到《巴黎协定》：气候国际法的改革与发
展"，载《上海对外经贸大学学报》2016 年第 5 期。

［9］ 张海滨等："美国退出《巴黎协定》的原因、影响及中国的对策"，
载《气候变化研究进展》2017 年第 5 期。

［10］ 秦天宝："论《巴黎协定》中'自下而上'机制及启示"，载《国际

法研究》2016 年第 3 期。

[11] 曾文革、冯帅："巴黎协定能力建设条款：成就、不足与展望"，载《环境保护》2015 年第 24 期。

[12] 张永香等："美国退出《巴黎协定》对全球气候治理的影响"，载《气候变化研究进展》2017 年第 5 期。

[13] 李海棠："新形势下国际气候治理体系的构建——以《巴黎协定》为视角"，载《中国政法大学学报》2016 年第 3 期。

[14] 陈贻健："共同但有区别责任原则的演变及我国的应对——以后京都进程为视角"，载《法商研究》2013 年第 4 期。

[15] 寇丽："共同但有区别责任原则：演进、属性与功能"，载《法律科学（西北政法大学学报）》2013 年第 4 期。

[16] 何建坤："全球气候治理形势与我国低碳发展对策"，载《中国地质大学学报（社会科学版）》2017 年第 5 期。

[17] 谷德近："共同但有区别责任的重塑——京都模式的困境与蒙特利尔模式的回归"，载《中国地质大学学报（社会科学版）》2011 年第 6 期。

[18] 安树民、张世秋："《巴黎协定》下中国气候治理的挑战与应对策略"，载《环境保护》2016 年第 22 期。

[19] 高帅等："《巴黎协定》下的国际碳市场机制：基本形式和前景展望"，载《气候变化研究进展》2019 年第 3 期。

[20] 冯帅："特朗普时期美国气候政策转变与中美气候外交出路"，载《东北亚论坛》2018 年第 5 期。

[21] 薛睿："《巴黎协定》格局下的中国碳市场应对"，载《生态经济》2017 年第 2 期。

[22] 何建坤："全球气候治理新机制与中国经济的低碳转型"，载《武汉大学学报（哲学社会科学版）》2016 年第 4 期。

[23] 刘燕华、李宇航、王文涛："中国实现'双碳'目标的挑战、机遇与行动"，载《中国人口·资源与环境》2021 年第 9 期。

[24] 李慧明："全球气候治理的'行动转向'与中国的战略选择"，载《国际观察》2020 年第 3 期。

［25］梁晓菲："论《巴黎协定》遵约机制：透明度框架与全球盘点"，载《西安交通大学学报（社会科学版）》2018 年第 2 期。

［26］董勤："绿色技术应用与《巴黎协定》的有效实施"，载《法学》2016 年第 8 期。

［27］柴麒敏等："《巴黎协定》实施细则评估与全球气候治理展望"，载《气候变化研究进展》2020 年第 2 期。

［28］杜群、张琪静："《巴黎协定》后我国温室气体控制规制模式的转变及法律对策"，载《中国地质大学学报（社会科学版）》2021 年第 1 期。

［29］李波、刘昌明："人类命运共同体视域下的全球气候治理：中国方案与实践路径"，载《当代世界与社会主义》2019 年第 5 期。

［30］李慧明："全球气候治理新变化与中国的气候外交"，载《南京工业大学学报（社会科学版）》2017 年第 1 期。

［31］李慧明、李彦文："'共同但有区别的责任'原则在《巴黎协定》中的演变及其影响"，载《阅江学刊》2017 年第 5 期。

［32］黄婧："《京都议定书》遵约机制探析"，载《西部法学评论》2012 年第 1 期。

［33］董亮："'碳中和'前景下的国际气候治理与中国的政策选择"，载《外交评论（外交学院学报）》2021 年第 6 期。

［34］罗丽香、高志宏："美国退出《巴黎协定》的影响及中国应对研究"，载《江苏社会科学》2018 年第 5 期。

［35］宋英："《巴黎协定》与全球环境治理"，载《北京大学学报（哲学社会科学版）》2016 年第 6 期。

［36］季华："《巴黎协定》实施机制与 2020 年后全球气候治理"，载《江汉学术》2020 年第 2 期。

［37］杨宽："条约单方退出的国际法律规制的完善——从美国退出《巴黎协定》谈起"，载《北京理工大学学报（社会科学版）》2019 年第 1 期。

［38］张肖阳："后《巴黎协定》时代气候正义基本共识的达成"，载《中国人民大学学报》2018 年第 6 期。

［39］徐崇利：“《巴黎协定》制度变迁的性质与中国的推动作用”，载《法制与社会发展》2018 年第 6 期。

［40］赵行姝：“《巴黎协定》与特朗普政府的履约前景”，载《气候变化研究进展》2017 年第 5 期。

［41］郑玲丽：“《巴黎协定》生效后碳关税法律制度设计及对策”，载《国际商务研究》2017 年第 6 期。

［42］孔锋：“新时代国家发展战略下中国应对气候变化的透视”，载《北京师范大学学报（自然科学版）》2019 年第 3 期。

［43］刘硕等：“《巴黎协定》实施细则适应议题焦点解析及后续中国应对措施”，载《气候变化研究进展》2019 年第 4 期。

［44］韩一元：“《巴黎协定》以来的全球气候治理进程”，载《国际研究参考》2019 年第 11 期。

［45］王田、董亮、高翔：“《巴黎协定》强化透明度体系的建立与实施展望”，载《气候变化研究进展》2019 年第 6 期。

［46］李慧明：“特朗普政府‘去气候化’行动背景下欧盟的气候政策分析”，载《欧洲研究》2018 年第 5 期。

［47］季华：“《巴黎协定》中的国家自主贡献：履约标准与履约模式——兼评《中国国家计划自主贡献》”，载《江汉学术》2017 年第 5 期。

［48］赵俊：“我国环境信息公开制度与《巴黎协定》的适配问题研究”，载《政治与法律》2016 年第 8 期。

［49］杨博文：“《巴黎协定》后国际碳市场自愿减排标准的适用与规范完善”，载《国际经贸探索》2021 年第 6 期。

［50］高翔、樊星：“《巴黎协定》国家自主贡献信息、核算规则及评估”，载《中国人口·资源与环境》2020 年第 5 期。

［51］党庶枫、曾文革：“《巴黎协定》碳交易机制新趋向对中国的挑战与因应”，载《中国科技论坛》2019 年第 1 期。

［52］陶玉洁、李梦宇、段茂盛：“《巴黎协定》下市场机制建设中的风险与对策”，载《气候变化研究进展》2020 年第 1 期。

［53］李慧明：“欧美气候新政：对全球气候治理的影响及其限度”，载《福建师范大学学报（哲学社会科学版）》2021 年第 5 期。

[54] 吕江："卡托维兹一揽子计划：美国之后的气候安排、法律挑战与中国应对"，载《东北亚论坛》2019 年第 5 期。

[55] 秦天宝、侯芳："论国际环境公约遵约机制的演变"，载《区域与全球发展》2017 年第 2 期。

[56] 张晓华、祁悦："'后巴黎'全球气候治理形势展望与中国的角色"，载《中国能源》2016 年第 7 期。

[57] 刘晶："全球气候治理新秩序下共同但有区别责任原则的实现路径"，载《新疆社会科学》2021 年第 2 期。

[58] 樊星等："马德里气候大会盘点及全球气候治理展望"，载《气候变化研究进展》2020 年第 3 期。

[59] 魏庆坡："美国宣布退出对《巴黎协定》遵约机制的启示及完善"，载《国际商务（对外经济贸易大学学报）》2020 年第 6 期。

[60] 吕江："从国际法形式效力的视角对美国退出气候变化《巴黎协定》的制度反思"，载《中国软科学》2019 年第 1 期。

[61] 段晓男等："《京都议定书》缔约国履约相关状况及其驱动因素初步分析"，载《世界地理研究》2016 年第 4 期。

[62] 于潇、孙悦："《巴黎协定》下东北亚地区应对气候变化的挑战与合作"，载《东北亚论坛》2016 年第 5 期。

[63] 吕霞："《气候变化框架公约》中的应对气候变化责任原则解析"，载《中国政法大学学报》2012 年第 3 期。

[64] 邓海峰、尹瑞龙："碳中和愿景下我国碳排放权交易的功能与制度构造研究"，载《北方法学》2022 年第 2 期。

[65] 刘仁厚、丁明磊、王书华："国际净零排放路线及其对中国双碳战略的启示"，载《改革与战略》2022 年第 1 期。

[66] 解振华："坚持积极应对气候变化战略定力 继续做全球生态文明建设的重要参与者、贡献者和引领者——纪念《巴黎协定》达成五周年"，载《环境与可持续发展》2021 年第 1 期。

[67] 顾高翔、王铮："《巴黎协定》背景下国际低碳技术转移的碳减排研究"，载《中国软科学》2018 年第 12 期。

[68] 何彬："美国退出《巴黎协定》的利益考量与政策冲击——基于扩展

利益基础解释模型的分析",载《东北亚论坛》2018 年第 2 期。

[69] 王瑜贺、张海滨:"国外学术界对《巴黎协定》的评价及履约前景分析",载《中国人口·资源与环境》2017 年第 9 期。

[70] 朱伯玉、李宗录:"气候正义层进关系及其对《巴黎协定》的意义",载《太平洋学报》2017 年第 9 期。

[71] 姜晓群等:"'后巴黎'时代气候适应国际合作进展与展望",载《气候变化研究进展》2021 年第 4 期。

[72] 易卫中:"论后巴黎时代气候变化遵约机制的建构路径及我国的策略",载《湘潭大学学报(哲学社会科学版)》2020 年第 2 期。

[73] 牛华勇:"《巴黎协定》后的全球气候治理趋势",载《区域与全球发展》2018 年第 1 期。

[74] 张超、边永民:"《巴黎协定》下国际合作机制研究",载《环境保护》2018 年第 16 期。

[75] 周伟铎、庄贵阳:"美国重返《巴黎协定》后的全球气候治理:争夺领导力还是走向全球共识?"载《太平洋学报》2021 年第 9 期。

[76] 张晏瑲:"论国际航运温室气体排放的法律属性",载《北方法学》2019 年第 3 期。

[77] 戴宗翰:"论《联合国气候变化框架公约》下相关法律文件的地位与效力——兼论对我国气候外交谈判的启示",载《国际法研究》2017 年第 1 期。

[78] 陈红彦:"欧盟碳边境调整机制的合法性考辨及因应",载《法学》2021 年第 12 期。

[79] 李志斐、董亮、张海滨:"中国参与国际气候治理 30 年回顾",载《中国人口·资源与环境》2021 年第 9 期。

[80] 史学瀛、宋亚容:"从波兰气候大会看国际气候变化法新成果",载《天津法学》2019 年第 2 期。

[81] 陈贻健:"国际气候变化法中的公平论争及其解决框架",载《河南财经政法大学学报》2016 年第 6 期。

[82] 杨兴、周艳军:"试论俄罗斯不批准《京都议定书》的原因和法律后果——以《气候变化框架公约》第九次缔约方会议为例",载《时

代法学》2004 年第 5 期。

[83] 樊星、高翔："国家自主贡献更新进展、特征及其对全球气候治理的影响"，载《气候变化研究进展》2022 年第 2 期。

[84] 张中祥、张钟毓："全球气候治理体系演进及新旧体系的特征差异比较研究"，载《国外社会科学》2021 年第 5 期。

[85] 陈夏娟："《巴黎协定》后全球气候变化谈判进展与启示"，载《环境保护》2020 年第 C1 期。

[86] 杨博文："《巴黎协定》减排承诺下不遵约情事程序研究"，载《北京理工大学学报（社会科学版）》2020 年第 2 期。

[87] 李雪平、万晓格："发展权的基本价值及其在《巴黎协定》中的实现"，载《武大国际法评论》2019 年第 3 期。

[88] 潘家华："转型发展与落实《巴黎协定》目标——兼论'戈尔悖论'之破解"，载《环境经济研究》2016 年第 1 期。

[89] 邵莉莉："碳中和背景下国际碳排放治理的'共同责任'构建——共同但有区别责任的困境及消解"，载《政治与法律》2022 年第 2 期。

[90] 王彬等："格拉斯哥峰会的成果和意义"，载《生态经济》2022 年第 1 期。

[91] 李春林、王耀伟："《巴黎协定》义务的基本构造与制度启示"，载《东北农业大学学报（社会科学版）》2018 年第 6 期。

[92] 王丽华、吴益民："全球变暖法律规制的国际公约路径研究——以《巴黎协定》的分析为样本"，载《上海政法学院学报》2019 年第 5 期。

[93] 龚微："论《巴黎协定》下气候资金提供的透明度"，载《法学评论》2017 年第 4 期。

[94] 翟大宇："中美双边气候关系与《联合国气候变化框架公约》进程的相互影响研究"，载《太平洋学报》2022 年第 3 期。

[95] 杜群："《巴黎协定》对气候变化诉讼发展的实证意义"，载《政治与法律》2022 年第 7 期。

[96] 文明凯等："中国实施《巴黎协定》任务的方案研究"，载《当代经济》2021 年第 3 期。

[97] 王思丹："全球生物多样性治理升级：困境、动能和前景"，载《阅江学刊》2021 年第 5 期。

[98] 肖兰兰："后巴黎时代全球气候治理结构的变化与中国的应对策略——基于美国退出《巴黎协定》的分析"，载《理论月刊》2020 年第 3 期。

[99] 龚微、赵慧："美国退出《巴黎协定》的国际法分析"，载《贵州大学学报（社会科学版）》2018 年第 2 期。

[100] 潘晓滨："《巴黎协定》下碳市场实施环境完整性风险及其应对研究"，载《贵州省党校学报》2022 年第 1 期。

[101] 杨健健："目标驱动视角下的可持续金融内涵及欧盟实践"，载《清华金融评论》2022 年第 1 期。

[102] 曾文革、江莉："《巴黎协定》下我国碳市场机制的发展桎梏与纾困路径"，载《东岳论丛》2022 年第 2 期。

[103] 秦天宝、张金晓："共同但有区别的责任原则下中国生物多样性立法的体系化"，载《太平洋学报》2022 年第 1 期。

[104] 谢璨阳、郭凯迪、王灿："全球气候投融资进展及对中国实现碳中和目标的启示"，载《环境保护》2022 年第 15 期。

[105] 郑嘉禹、杨润青："美国正式重返《巴黎协定》"，载《生态经济》2021 年第 4 期。

[106] 黄素梅："气候变化'自下而上'治理模式的优势、实施困境与完善路径"，载《湘潭大学学报（哲学社会科学版）》2021 年第 5 期。

[107] 王瑜贺、张海滨："国外学术界对《巴黎协定》履约前景分析的述评"，载《国际论坛》2017 年第 5 期。

[108] 刘冰、杨阿丽："国际气候法框架下碳关税的合法性质疑——以共同但有区别责任原则为视角"，载《海峡法学》2013 年第 2 期。

[109] 柳华文："'双碳'目标及其实施的国际法解读"，载《北京大学学报（哲学社会科学版）》2022 年第 2 期。

[110] 阳平坚："全球碳中和博弈：中国的地位、挑战与选择"，载《世界环境》2022 年第 2 期。

[111] 郑石明、何裕捷："科学、政治与政策：解释全球气候危机治理的多重逻辑"，载《中国地质大学学报（社会科学版）》2022 年第 3 期。

[112] 冯帅："多边气候条约中遵约机制的转型——基于'京都—巴黎'进程的分析"，载《太平洋学报》2022 年第 4 期。

[113] 王壮壮、鲍铭言："国家气候治理能力研究：概念、要素与评估"，载《国际论坛》2022 年第 4 期。

[114] 张慧智、邢梦如："后巴黎时代的全球气候治理：新挑战、新思路与中国方案"，载《国际观察》2022 年第 2 期。

[115] 于天飞："影响中国林业自愿碳市场稳健发展的几个问题分析"，载《世界林业研究》2022 年第 4 期。

[116] 赵斌、李宇辰："后巴黎时代法国气候政治新变化"，载《法国研究》2022 年第 3 期。

[117] 蒋含颖、高翔、王灿："气候变化国际合作的进展与评价"，载《气候变化研究进展》2022 年第 5 期。

[118] 田慧芳："碳中和背景下中欧气候合作的潜力与挑战"，载《欧亚经济》2022 年第 5 期。

[119] 张金晓："试论国际环境法中的软硬法共治——以气候变化法为例证"，载《环境保护》2021 年第 15 期。

[120] 吕江、朱玉婷："《巴黎协定》可持续发展机制与中国行动方案——兼析欧盟碳减排实践探索及其经验启示"，载《价格理论与实践》2021 年第 4 期。

[121] 许健、钱林："《巴黎协定》'适应'制度评析"，载《太原理工大学学报（社会科学版）》2019 年第 2 期。

[122] 魏庆坡："后巴黎时代气候变化制度与国际贸易规则的协同研究"，载《河北法学》2019 年第 6 期。

[123] 丰月："软法视角下气候变化法的遵约机制——兼议《巴黎协定》的遵守"，载《湖北职业技术学院学报》2018 年第 1 期。

[124] 王雨荣："人类命运共同体在气候治理中的国际法意义"，载《北京航空航天大学学报（社会科学版）》。

[125] 刘堃："中国应对气候变化政策热点研究"，载《河南大学学报（社会科学版）》2023 年第 1 期。

[126] 崔艳红："总体国家安全观视角下我国气候变化治理研究"，载《区域与全球发展》2022 年第 6 期。

[127] 张赓："全球气候治理视域下的习近平生态文明思想世界意义"，载《中南林业科技大学学报（社会科学版）》2022 年第 6 期。

[128] 王亚茹、许开轶："围绕'碳中和'的国际博弈与中国因应"，载《当代世界与社会主义》2022 年第 5 期。

[129] 刘慧："气候安全的全球治理与中国参与——以全球适应委员会为中心的考察"，载《中国行政管理》2022 年第 7 期。

[130] 孙金龙："为全球气候治理贡献中国智慧中国方案中国力量"，载《中国生态文明》2022 年第 3 期。

[131] 赵斌、谢淑敏："'气候新政 2.0'：拜登执政以来中美气候政治竞合"，载《西安交通大学学报（社会科学版）》2022 年第 4 期。

[132] 董亮："气候危机、碳中和与国际气候机制演进"，载《世界经济与政治》2022 年第 12 期。

[133] 黄子娟等："党的二十大报告'关键词'"，载《昆明理工大学学报（社会科学版）》2022 年第 6 期。

[134] 盛斌等："学习阐释中国共产党二十大报告笔谈"，载《财经科学》2022 年第 12 期。

[135] 袁红英："中国式现代化创造人类文明新形态的内在逻辑"，载《东岳论丛》2022 年第 12 期。

[136] "将党的二十大精神贯彻到底"，载《新西部》2022 年第 12 期。

[137] 刘景泉、杨丽雯："中国共产党为中国式现代化的不懈奋斗——从一大到二十大"，载《南开学报（哲学社会科学版）》2023 年第 1 期。

[138] 李一冉："新时代青年马克思主义者培养的政治准线、时代使命与实践理路"，载《中共南昌市委党校学报》2022 年第 6 期。

[139] 曹莉、刘琰："联合国框架下的国际碳交易协同与合作——从《京都议定书》到《巴黎协定》"，载《中国金融》2022 年第 23 期。

［140］赵斌、王紫瑶："后巴黎时代德国气候政治新变化"，载《北方工业大学学报》2022年第6期。

［141］张志朋："'双碳'目标的法理阐释和制度塑造"，载《电子科技大学学报（社科版）》2022年第6期。

［142］杨解君、詹鹏玮："碳中和目标下的气候治理国际法治体系建设"，载《学习与实践》2022年第12期。

［143］卢延国："'自上而下'和'自下而上'相结合 稳步推进'双碳'行动"，载《广西电业》2021年第9期。

［144］舟丹："我国温室气体清单编制的严峻挑战"，载《中外能源》2022年第1期。

［145］孟小桦："基于气候变化国际法视角论欧盟航空碳排放交易机制的非正当性及应对之策"，载《西南林业大学学报（社会科学）》2022年第2期。

［146］龚伽萝、姚铃："多边气候协定对国际贸易气候规则的影响路径"，载《对外经贸实务》2022年第4期。

［147］赵玉意："气候变化'小多边主义'法治研究"，载《国际经济法学刊》2022年第2期。

［148］翟石磊："发展正义视角下的中美碳排放话语对比研究"，载《中国石油大学学报（社会科学版）》2022年第2期。

［149］王云鹏："论《巴黎协定》下碳交易的全球协同"，载《国际法研究》2022年第3期。

［150］郭新政："国际人权法视角下碳排放权问题与解决"，载《西南政法大学学报》2022年第2期。

［151］陶菁、黄昊桁："全球气候治理中的利益博弈与应对机制研究"，载《华北电力大学学报（社会科学版）》2022年第3期。

［152］肖兰兰、孙晓凤："格拉斯哥气候大会对全球气候治理的影响及中国应对"，载《阅江学刊》2022年第3期。

［153］贾明瑞、张晋韬、王芳："《巴黎协定》未来气候情景下'一带一路'沿线区域气候舒适度预估"，载《地球科学进展》2022年第5期。

[154] 杨双梅："制度竞争与国际领导权：拜登政府的国际制度选择"，载《当代亚太》2022 年第 2 期。

[155] "中国气候变化事务特使访欧期间与各方就气候变化问题交换意见"，载《中国环保产业》2022 年第 5 期。

[156] 侯阳笛、范知智："WTO 框架下碳中和法律制度及对我国的启示"，载《产业与科技论坛》2022 年第 14 期。

[157] 胡晓："欧盟碳边界调整机制评析——兼评落实'双碳'战略的中国方案"，载《重庆科技学院学报（社会科学版）》2022 年第 4 期。

[158] ［日］松下和夫著，刘晖译："东亚地区实现脱碳社会转型的倡议与合作"，载《世界环境》2022 年第 3 期。

[159] 孙永平、张欣宇、施训鹏："全球气候治理的自愿合作机制及中国参与策略——以《巴黎协定》第六条为例"，载《天津社会科学》2022 年第 4 期。

[160] 江莉、曾文革："碳市场链接的国际法律空洞化问题与中国对策"，载《中国人口·资源与环境》2022 年第 6 期。

[161] 秦天宝："'双碳'目标下我国涉外气候变化诉讼的发展动因与应对之策"，载《中国应用法学》2022 年第 4 期。

[162] 葛腾飞："中美气候关系的动力、障碍与前景"，载《人民论坛》2022 年第 14 期。

[163] 史璐："论我国实施'双碳战略'的历史意义——中国智慧和中国担当"，载《国际公关》2022 年第 10 期。

[164] 吕学都："中国参与保护全球气候的行动与成就"，载《可持续发展经济导刊》2022 年第 C2 期。

[165] 冯帅："遵约背景下中国'双碳'承诺的实现"，载《中国软科学》2022 年第 9 期。

[166] 高凛："《巴黎协定》框架下全球气候治理机制及前景展望"，载《国际商务研究》2022 年第 6 期。

[167] 曾晨："碳中和之公众参与实现路径"，载《太原理工大学学报（社会科学版）》2022 年第 5 期。

[168] 龚伽萝："国际碳排放权交易机制最新进展——《巴黎协定》第六条实施细则及其影响"，载《阅江学刊》2022年第6期。

[169] 孙若水等："气候变化损失损害谈判：现状与新焦点"，载《环境保护》2022年第20期。

[170] 韩艺、谢延泃："构建人与自然生命共同体：全球气候治理难题的破解之道"，载《吉首大学学报（社会科学版）》2022年第3期。

二、英文部分

（一）著作类

[1] M. N. Shaw, *International Law*, Cambridge University Press, 2017.

[2] J. Crawford, *Brownlie's Principles of Public International Law*, Oxford University Press, 2019.

[3] D. Shelton, *International Environmental Law*, Brill, 2021.

[4] J. Urry, *Climate Change and Society*, Palgrave Macmillan UK, 2015.

[5] L. Rajamani, *Innovation and Experimentation in the International Climate Change Regime*, Brill, 2021.

[6] F. Soltau, *Fairness in International Climate Change Law and Policy*, Cambridge University Press, 2009.

[7] M. M. T. A. Brus, *Soft Law in Public International Law: A Pragmatic or a Principled Choice? Comparing the Sustainable Development Goals and the Paris Agreement*, Springer International Publishing, 2018.

[8] D. A. Farber, *Climate Change Law*, Edward Elgar Publishing, 2016.

[9] S. Afionis, *The European Union in International Climate Change Negotiations*, Routledge, 2017.

[10] S. Oberthür, H. E. Ott, *The Kyoto Protocol: International Climate Policy for the 21st Century*, Springer Science & Business Media, 1999.

[11] J. Allan, *The New Climate Activism: NGO Authority and Participation in Climate Change Governance*, University of Toronto Press, 2021.

[12] R. M. M. Wallace, O. Martin-Ortega, *International Law*, Sweet and Max-

well, 2020.

[13] G. Van Calster, L. Reins, *The Paris Agreement on Climate Change: A Commentary*, Edward Elgar Publishing Limited, 2021.

[14] D. Bodansky, J. Brunnée, L. Rajamani, *International Climate Change Law*, Oxford University Press, 2017.

[15] F. Soltau, *Fairness in International Climate Change Law and Policy*, Cambridge University Press, 2009.

[16] B. O. Giupponi, *International Environmental Law Compliance in Context: Mechanisms and Case Studies*, Routledge, 2021.

(二) 论文类

[1] C. Voigt, "The Compliance and Implementation Mechanism of the Paris Agreement", *Review of European*, Vol. 25, No. 2, 2016.

[2] A. Zahar, "A Bottom-Up Compliance Mechanism for the Paris Agreement", *Chinese Journal of Environmental Law*, Vol. 1, No. 1, 2017.

[3] R. Falkner, "The Paris Agreement and the New Logic of International Climate Politics", *International Affairs*, Vol. 92, No. 5, 2016.

[4] S. Oberthür, "Options for a Compliance Mechanism in a 2015 Climate Agreement", *Climate Law*, Vol. 4, No. 1–2, 2014.

[5] H. van Asselt, "The Role of Non-State Actors in Reviewing Ambition, Implementation, and Compliance Under the Paris Agreement", *Climate Law*, Vol. 6, No. 1, 2016.

[6] S. Karlsson-Vinkhuyzen et al., "Entry Into Force and Then? The Paris Agreement and State Accountability", *Climate Policy*, Vol. 18, No. 5, 2017.

[7] C. Streck, M. V. Unger, Paul Keenlyside, "The Paris Agreement: A New Beginning", *Journal for European Environmental and Planning Law*, Vol. 13, No. 1, 2016.

[8] V. H. Tørstad, "Participation, Ambition and Compliance: Can the Paris Agreement Solve the Effectiveness Trilemma?" *Environmental Politics*, Vol. 29, No. 5, 2020.

[9] J. I. Allan, "Dangerous Incrementalism of the Paris Agreement", *Global*

Environmental Politics, Vol. 19, No. 1, 2019.

[10] N. K. Dubash, "Safeguarding Development and Limiting Vulnerability: India's Stakes in the Paris Agreement", *Wiley Interdisciplinary Reviews: Climate Change*, Vol. 8, No. 2, 2017.

[11] S. Oberthur, E. Northrop, "Towards an Effective Mechanism to Facilitate Implementation and Promote Compliance Under the Paris Agreement", *Climate Law*, Vol. 8, No. 1-2, 2018.

[12] G. Zihua, C. Voigt, J. Werksman, "Facilitating Implementation and Promoting Compliance with the Paris Agreement Under Article 15: Conceptual Challenges and Pragmatic Choices", *Climate Law*, Vol. 9, No. 1 - 2, 2019.

[13] M. Doelle, "The Paris Agreement: Historic Breakthrough or High Stakes Experiment?" *Climate Law*, Vol. 6, No. 1, 2016.

[14] D. Bodansky, "The Legal Character of the Paris Agreement", *Review of European, Comparative & International Environmental Law*, Vol. 25, No. 2, 2016.

[15] L. Rajamani, "Ambition and Differentiation in the 2015 Paris Agreement: Interpretative Possibilities and Underlying Politics", *International & Comparative Law Quarterly*, Vol. 65, No. 2, 2016.

[16] Hanna-Mari Ahonen et al., "Governance of Fragmented Compliance and Voluntary Carbon Markets Under the Paris Agreement", *Politics and Governance*, Vol. 10, No. 1, 2022.

[17] R. S. Dimitrov, "The Paris Agreement on Climate Change: Behind Closed Doors", *Global Environmental Politics*, Vol. 16, No. 3, 2016.

[18] L. Rajamani, "The 2015 Paris Agreement: Interplay Between Hard, Soft and Non-Obligations", *Journal of Environmental Law*, Vol. 28, No. 2, 2016.

[19] A. Savaresi, "The Paris Agreement: A New Beginning?" *Journal of Energy & Natural Resources Law*, Vol. 34, No. 1, 2016.

[20] A. Michaelowa, Igor Shishlov, Dario Brescia, "Evolution of International Carbon Markets: Lessons for the Paris Agreement", *Wiley Interdisciplinary*

Reviews: *Climate Change*, Vol. 10, No. 6 , 2019.

[21] J. Pickering et al. , "The Impact of the US Retreat from the Paris Agreement: Kyoto Revisited?" *Climate Policy*, Vol. 18, No. 7, 2017.

[22] M. Mehling, G. E. Metcalf, R. N. Stavins, "Linking Heterogeneous Climate Policies (Consistent with the Paris Agreement)", *Environmental Law*, Vol. 48, No. 4, 2019.

[23] M. Grubb, "Full Legal Compliance with the Kyoto Protocol's First Commitment Period—Some Lessons", *Climate Policy*, Vol. 16, No. 6, 2016.

[24] D. Held, C. Roger, "Three Models of Global Climate Governance: From Kyoto to Paris and Beyond", *Global Policy*, Vol. 9, No. 4, 2018.

[25] N. Goeteyn, F. Maes, "Compliance Mechanisms in Multilateral Environmental Agreements: An Effective Way to Improve Compliance?" *Chinese Journal of International Law*, Vol. 10, No. 4, 2011.

[26] Daniel Bodansky, "The Paris Climate Change Agreement: A New Hope?" *American Journal of International Law*, Vol. 110, No. 2, 2017.

[27] I. Shishlov, R. Morel, V. Bellassen, "Compliance of the Parties to the Kyoto Protocol in the First Commitment Period", *Climate Policy*, Vol. 16, No. 6, 2016.

[28] M. J. Mace, R. Verheyen, "Loss, Damage and Responsibility After COP 21: All Options Open for the Paris Agreement", *Review of European, Comparative & International Environmental Law*, Vol. 25, No. 2, 2016.

[29] J. W. Kuyper, Björn-Ola Linnér, H. Schroeder, "Non-State Actors in Hybrid Global Climate Governance: Justice, Legitimacy, and Effectiveness in a Post-Paris Era", *Wiley Interdisciplinary Reviews: Climate Change*, Vol. 9, No. 1, 2018.

[30] D. Tingley, M. Tomz, "The Effects of Naming and Shaming on Public Support for Compliance with International Agreements: An Experimental Analysis of the Paris Agreement", *International Organization*, Vol. 76, No. 2, 2021.

[31] A. Gupta, H. van Asselt, "Transparency in Multilateral Climate Politics:

Furthering (or Distracting from) Accountability?" *Regulation & Governance*, Vol. 13, No. 1, 2019.

[32] Jean-Frédéric Morin, S. Jinnah, "The Untapped Potential of Preferential Trade Agreements for Climate Governance", *Environmental Politics*, Vol. 27, No. 3, 2018.

[33] K. S. Gallagher et al. , "Assessing the Policy Gaps for Achieving China's Climate Targets in the Paris Agreement", *Nature Communications*, Vol. 10, No. 1, 2019.

[34] M. A. Mehling, G. E. Metcalf, R. N. Stavins, "Linking Climate Policies to Advance Global Mitigation", *Science*, Vol. 359, No. 6379, 2018.

[35] W. van der Gaast, R. Sikkema, M. Vohrer, "The Contribution of Forest Carbon Credit Projects to Addressing the Climate Change Challenge", *Climate Policy*, Vol. 18, No. 1, 2018.

[36] A. Nentjes, G. Klaassen, "On the Quality of Compliance Mechanisms in the Kyoto Protocol", *Energy Policy*, Vol. 32, No. 4, 2004.

[37] Anne-Sophie Tabau, S. Maljean-Dubois, "Non-Compliance Mechanisms: Interaction Between the Kyoto Protocol System and the European Union", *European Journal of International Law*, Vol. 21, No. 3, 2010.

[38] J. Rogelj et al. , "Paris Agreement Climate Proposals Need a Boost to Keep Warming Well Below 2℃", *Nature*, Vol. 534, 2016.

[39] Y. Gao, X. Gao, Xiaohua Zhang, "The 2℃ Global Temperature Target and the Evolution of the Long-Term Goal of Addressing Climate Change—From the United Nations Framework Convention on Climate Change to the Paris Agreement", *Engineering*, Vol. 3, No. 2, 2017.

[40] S. Oberthür, "Hard or Soft Governance? The EU's Climate and Energy Policy Framework for 2030", *Politics and Governance*, Vol. 7, No. 1, 2019.

[41] M. Zapf, H. Pengg, C. Weindl, "How to Comply with the Paris Agreement Temperature Goal: Global Carbon Pricing According to Carbon Budgets", *Energies*, Vol. 12, No. 15, 2019.

[42] B. Mayer, "Construing International Climate Change Law as a Compliance

Regime", *Transnational Environmental Law*, Vol. 7, No. 1, 2017.

[43] A. Boyle, "Climate Change, The Paris Agreement and Human Rights", *International & Comparative Law Quarterly*, Vol. 67, No. 4, 2018.

[44] J. Aldy et al. , "Economic Tools to Promote Transparency and Comparability in the Paris Agreement", *Nature Climate Change*, Vol. 6, 2016.

[45] J. Peel, J. Lin, "Transnational Climate Litigation: The Contribution of the Global South", *American Journal of International Law*, Vol. 113, No. 4, 2019.

[46] J. Hovi et al. , "The Club Approach: A Gateway to Effective Climate Co-operation?" *British Journal of Political Science*, Vol. 49, No. 3, 2017.

[47] C. F. Parker, C. Karlsson, "The UN Climate Change Negotiations and the Role of the United States: Assessing American Leadership from Copenhagen to Paris", *Environmental Politics*, Vol. 27, No. 3, 2018.

[48] S. J. Kobrin, "Private Political Authority and Public Responsibility: Transnational Politics, Transnational Firms, and Human Rights", *Business Ethics Quarterly*, Vol. 19, No. 3, 2009.

[49] R. Churchill, "The Persisting Problem of Non-Compliance with the Law of the Sea Convention: Disorder in the Oceans", *The International Journal of Marine and Coastal Law*, Vol. 27, No. 4, 2012.

[50] R. Keohane, M. Oppenheimer, "Paris: Beyond the Climate Dead End Through Pledge and Review?" *Politics and Governance*, Vol. 4, No. 3, 2016.

[51] M. A. Mehling et al. , "Designing Border Carbon Adjustments for Enhanced Climate Action", *American Journal of International Law*, Vol. 113, No. 3, 2019.

[52] R. Falkner, H. Stephan, J. Vogler, "International Climate Policy After Copenhagen: Towards a 'Building Blocks' Approach", *Global Policy*, Vol. 1, No. 3, 2010.

[53] F. Haque, C. G. Ntim, "Executive Compensation, Sustainable Compensation Policy, Carbon Performance and Market Value", *British Journal of Management*, Vol. 31, No. 3, 2020.

[54] K. Bäckstrand, E. Lövbrand, "The Road to Paris: Contending Climate Governance Discourses in the Post-Copenhagen Era", *Journal of Environmental Policy and Planning*, Vol. 21, No. 5, 2016.

[55] Carl-Friedrich Schleussner et al. , "Science and Policy Characteristics of the Paris Agreement Temperature Goal", *Nature Climate Change*, Vol. 6, 2016.

[56] J. Urpelainen, T. Van de Graaf, "United States Non-Cooperation and the Paris Agreement", *Climate Policy*, Vol. 18, No. 7, 2018.

附 录

《巴黎协定》

本协定各缔约方,

作为《联合国气候变化框架公约》(以下简称《公约》)缔约方,

按照《公约》缔约方会议第十七届会议第 1/CP. 17 号决定建立的德班加强行动平台,

为实现《公约》目标,并遵循其原则,包括公平、共同但有区别的责任和各自能力原则,考虑不同国情,

认识到必须根据现有的最佳科学知识,对气候变化的紧迫威胁作出有效和逐渐的应对,

又认识到《公约》所述的发展中国家缔约方的具体需要和特殊情况,尤其是那些特别易受气候变化不利影响的发展中国家缔约方的具体需要和特殊情况,

充分考虑到最不发达国家在筹资和技术转让行动方面的具体需要和特殊情况,

认识到缔约方不仅可能受到气候变化的影响,而且还可能受到为应对气候变化而采取的措施的影响,

强调气候变化行动、应对和影响与平等获得可持续发展和

消除贫困有着内在的关系，

认识到保障粮食安全和消除饥饿的根本性优先事项，以及粮食生产系统特别易受气候变化不利影响，

考虑到务必根据国家制定的发展优先事项，实现劳动力公正转型以及创造体面工作和高质量就业岗位，

承认气候变化是人类共同关心的问题，缔约方在采取行动应对气候变化时，应当尊重、促进和考虑它们各自对人权、健康权、土著人民权利、当地社区权利、移徙者权利、儿童权利、残疾人权利、弱势人权利、发展权，以及性别平等、妇女赋权和代际公平等的义务，

认识到必须酌情维护和加强《公约》所述的温室气体的汇和库，

注意到必须确保包括海洋在内的所有生态系统的完整性并保护被有些文化认作地球母亲的生物多样性，并注意到在采取行动应对气候变化时关于"气候公正"概念对一些人的重要性，

申明就本协定处理的事项在各级开展教育、培训、公众意识、公众参与和公众获得信息和合作的重要性，

认识到按照缔约方各自的国内立法使各级政府和各行为方参与应对气候变化的重要性，

又认识到在发达国家缔约方带头下的可持续生活方式以及可持续的消费和生产模式，对应对气候变化所发挥的重要作用，

兹协议如下：

第一条

为本协定的目的，《公约》第一条所载的定义应予适用。此外：

（一）"公约"指1992年5月9日在纽约通过的《联合国气候变化框架公约》；

（二）"缔约方会议"指《公约》缔约方会议；

（三）"缔约方"指本协定缔约方。

第二条

一、本协定在加强《公约》，包括其目标的履行方面，旨在联系可持续发展和消除贫困的努力，加强对气候变化威胁的全球应对，包括：

（一）把全球平均气温升幅控制在工业化前水平以上低于2℃之内，并努力将气温升幅限制在工业化前水平以上1.5℃之内，同时认识到这将大大减少气候变化的风险和影响；

（二）提高适应气候变化不利影响的能力并以不威胁粮食生产的方式增强气候复原力和温室气体低排放发展；并

（三）使资金流动符合温室气体低排放和气候适应型发展的路径。

二、本协定的履行将体现公平以及共同但有区别的责任和各自能力的原则，考虑不同国情。

第三条

作为全球应对气候变化的国家自主贡献，所有缔约方将采取并通报第四条、第七条、第九条、第十条、第十一条和第十三条所界定的有力度的努力，以实现本协定第二条所述的目的。所有缔约方的努力将随着时间的推移而逐渐增加，同时认识到需要支持发展中国家缔约方，以有效履行本协定。

第四条

一、为了实现第二条规定的长期气温目标，缔约方旨在尽快达到温室气体排放的全球峰值，同时认识到达峰对发展中国家缔约方来说需要更长的时间；此后利用现有的最佳科学迅速减排，以联系可持续发展和消除贫困，在公平的基础上，在本世纪下半叶实现温室气体源的人为排放与汇的清除之间的平衡。

二、各缔约方应编制、通报并保持它计划实现的连续国家自主贡献。缔约方应采取国内减缓措施，以实现这种贡献的目标。

三、各缔约方的连续国家自主贡献将比当前的国家自主贡献有所进步，并反映其尽可能大的力度，同时体现其共同但有区别的责任和各自能力，考虑不同国情。

四、发达国家缔约方应当继续带头，努力实现全经济范围绝对减排目标。发展中国家缔约方应当继续加强它们的减缓努力，鼓励它们根据不同的国情，逐渐转向全经济范围减排或限排目标。

五、应向发展中国家缔约方提供支助，以根据本协定第九条、第十条和第十一条执行本条，同时认识到增强对发展中国家缔约方的支助，将能够加大它们的行动力度。

六、最不发达国家和小岛屿发展中国家可编制和通报反映它们特殊情况的关于温室气体低排放发展的战略、计划和行动。

七、从缔约方的适应行动和/或经济多样化计划中获得的减缓协同效益，能促进本条下的减缓成果。

八、在通报国家自主贡献时，所有缔约方应根据第1/CP.21号决定和作为本协定缔约方会议的《公约》缔约方会议的任何有关决定，为清晰、透明和了解而提供必要的信息。

九、各缔约方应根据第1/CP.21号决定和作为本协定缔约方会议的《公约》缔约方会议的任何有关决定，并从第十四条所述的全球盘点的结果获取信息，每五年通报一次国家自主贡献。

十、作为本协定缔约方会议的《公约》缔约方会议应在第一届会议上审议国家自主贡献的共同时间框架。

十一、缔约方可根据作为本协定缔约方会议的《公约》缔约方会议通过的指导，随时调整其现有的国家自主贡献，以加强其力度水平。

十二、缔约方通报的国家自主贡献应记录在秘书处保存的一个公共登记册上。

十三、缔约方应核算它们的国家自主贡献。在核算相当于它们国家自主贡献中的人为排放量和清除量时，缔约方应根据作为本协定缔约方会议的《公约》缔约方会议通过的指导，促进环境完整性、透明性、精确性、完备性、可比和一致性，并确保避免双重核算。

十四、在国家自主贡献方面，当缔约方在承认和执行人为排放和清除方面的减缓行动时，应当按照本条第十三款的规定，酌情考虑《公约》下的现有方法和指导。

十五、缔约方在履行本协定时，应考虑那些经济受应对措施影响最严重的缔约方，特别是发展中国家缔约方关注的问题。

十六、缔约方，包括区域经济一体化组织及其成员国，凡是达成了一项协定，根据本条第二款联合采取行动的，均应在它们通报国家自主贡献时，将该协定的条款通知秘书处，包括有关时期内分配给各缔约方的排放量。再应由秘书处向《公约》的缔约方和签署方通报该协定的条款。

十七、本条第十六款提及的这种协定的各缔约方应根据本条第十三款和第十四款以及第十三条和第十五条对该协定为它规定的排放水平承担责任。

十八、如果缔约方在一个其本身是本协定缔约方的区域经济一体化组织的框架内并与该组织一起，采取联合行动开展这项工作，那么该区域经济一体化组织的各成员国单独并与该区域经济一体化组织一起，应根据本条第十三款和第十四款以及第十三条和第十五条，对根据本条第十六款通报的协定为它规定的排放水平承担责任。

十九、所有缔约方应当努力拟定并通报长期温室气体低排放发展战略，同时注意第二条，顾及其共同但有区别的责任和各自能力，考虑不同国情。

第五条

一、缔约方应当采取行动酌情维护和加强《公约》第四条第 1 款 d 项所述的温室气体的汇和库，包括森林。

二、鼓励缔约方采取行动，包括通过基于成果的支付，执行和支持在《公约》下已确定的有关指导和决定中提出的有关以下方面的现有框架：为减少毁林和森林退化造成的排放所涉活动采取的政策方法和积极奖励措施，以及发展中国家养护、可持续管理森林和增强森林碳储量的作用；执行和支持替代政策方法，如关于综合和可持续森林管理的联合减缓和适应方法，同时重申酌情奖励与这些方法相关的非碳效益的重要性。

第六条

一、缔约方认识到，有些缔约方选择自愿合作执行它们的国家自主贡献，以能够提高它们减缓和适应行动的力度，并促进可持续发展和环境完整性。

二、缔约方如果在自愿的基础上采取合作方法，并使用国际转让的减缓成果来实现国家自主贡献，就应促进可持续发展，确保环境完整性和透明度，包括在治理方面，并应依作为本协定缔约方会议的《公约》缔约方会议通过的指导运用稳健的核算，除其他外，确保避免双重核算。

三、使用国际转让的减缓成果来实现本协定下的国家自主贡献，应是自愿的，并得到参加的缔约方的允许的。

四、兹在作为本协定缔约方会议的《公约》缔约方会议的权力和指导下，建立一个机制，供缔约方自愿使用，以促进温室气体排放的减缓，支持可持续发展。它应受作为本协定缔约方会议的《公约》缔约方会议指定的一个机构的监督，应旨在：

（一）促进减缓温室气体排放，同时促进可持续发展；

（二）奖励和便利缔约方授权下的公私实体参与减缓温室气体排放；

（三）促进东道缔约方减少排放水平，以便从减缓活动导致的减排中受益，这也可以被另一缔约方用来履行其国家自主贡献；并

（四）实现全球排放的全面减缓。

五、从本条第四款所述的机制产生的减排，如果被另一缔约方用作表示其国家自主贡献的实现情况，则不得再被用作表示东道缔约方自主贡献的实现情况。

六、作为本协定缔约方会议的《公约》缔约方会议应确保本条第四款所述机制下开展的活动所产生的一部分收益用于负担行政开支，以及援助特别易受气候变化不利影响的发展中国家缔约方支付适应费用。

七、作为本协定缔约方会议的《公约》缔约方会议应在第一届会议上通过本条第四款所述机制的规则、模式和程序。

八、缔约方认识到，在可持续发展和消除贫困方面，必须以协调和有效的方式向缔约方提供综合、整体和平衡的非市场方法，包括酌情通过，除其他外，减缓、适应、资金、技术转让和能力建设，以协助执行它们的国家自主贡献。这些方法应旨在：

（一）提高减缓和适应力度；

（二）加强公私部门参与执行国家自主贡献；并

（三）创造各种手段和有关体制安排之间协调的机会。

九、兹确定一个本条第八款提及的可持续发展非市场方法

的框架，以推广非市场方法。

第七条

一、缔约方兹确立关于提高适应能力、加强复原力和减少对气候变化的脆弱性的全球适应目标，以促进可持续发展，并确保在第二条所述气温目标方面采取充分的适应对策。

二、缔约方认识到，适应是所有各方面临的全球挑战，具有地方、次国家、国家、区域和国际层面，它是为保护人民、生计和生态系统而采取的气候变化长期全球应对措施的关键组成部分和促进因素，同时也要考虑到特别易受气候变化不利影响的发展中国家迫在眉睫的需要。

三、应根据作为本协定缔约方会议的《公约》缔约方会议第一届会议通过的模式承认发展中国家的适应努力。

四、缔约方认识到，当前的适应需要很大，提高减缓水平能减少对额外适应努力的需要，增大适应需要可能会增加适应成本。

五、缔约方承认，适应行动应当遵循一种国家驱动、注重性别问题、参与型和充分透明的方法，同时考虑到脆弱群体、社区和生态系统，并应当基于和遵循现有的最佳科学，以及适当的传统知识、土著人民的知识和地方知识系统，以期将适应酌情纳入相关的社会经济和环境政策以及行动中。

六、缔约方认识到支持适应努力并开展适应努力方面的国际合作的重要性，以及考虑发展中国家缔约方的需要，尤其是特别易受气候变化不利影响的发展中国家的需要的重要性。

七、缔约方应当加强它们在增强适应行动方面的合作，同时考虑到《坎昆适应框架》，包括在下列方面：

（一）交流信息、良好做法、获得的经验和教训，酌情包括与适应行动方面的科学、规划、政策和执行等相关的信息、良好做法、获得的经验和教训；

（二）加强体制安排，包括《公约》下服务于本协定的体制安排，以支持相关信息和知识的综合，并为缔约方提供技术支助和指导；

（三）加强关于气候的科学知识，包括研究、对气候系统的系统观测和早期预警系统，以便为气候服务提供参考，并支持决策；

（四）协助发展中国家缔约方确定有效的适应做法、适应需要、优先事项、为适应行动和努力提供和得到的支助、挑战和差距，其方式应符合鼓励良好做法；并

（五）提高适应行动的有效性和持久性。

八、鼓励联合国专门组织和机构支持缔约方努力执行本条第七款所述的行动，同时考虑到本条第五款的规定。

九、各缔约方应酌情开展适应规划进程并采取各种行动，包括制订或加强相关的计划、政策和/或贡献，其中可包括：

（一）落实适应行动、任务和/或努力；

（二）关于制订和执行国家适应计划的进程；

（三）评估气候变化影响和脆弱性，以拟订国家自主决定的优先行动，同时考虑到处于脆弱地位的人、地方和生态系统；

（四）监测和评价适应计划、政策、方案和行动并从中学习；并

（五）建设社会经济和生态系统的复原力，包括通过经济多样化和自然资源的可持续管理。

十、各缔约方应当酌情定期提交和更新一项适应信息通报，其中可包括其优先事项、执行和支助需要、计划和行动，同时不对发展中国家缔约方造成额外负担。

十一、本条第十款所述适应信息通报应酌情定期提交和更

新，纳入或结合其他信息通报或文件提交，其中包括国家适应计划、第四条第二款所述的一项国家自主贡献和/或一项国家信息通报。

十二、本条第十款所述的适应信息通报应记录在一个由秘书处保存的公共登记册上。

十三、根据本协定第九条、第十条和第十一条的规定，发展中国家缔约方在执行本条第七款、第九款、第十款和第十一款时应得到持续和加强的国际支持。

十四、第十四条所述的全球盘点，除其他外应：

（一）承认发展中国家缔约方的适应努力；

（二）加强开展适应行动，同时考虑本条第十款所述的适应信息通报；

（三）审评适应的充足性和有效性以及对适应提供的支助情况；并

（四）审评在实现本条第一款所述的全球适应目标方面所取得的总体进展。

第八条

一、缔约方认识到避免、尽量减轻和处理与气候变化（包括极端气候事件和缓发事件）不利影响相关的损失和损害的重要性，以及可持续发展对于减少损失和损害风险的作用。

二、气候变化影响相关损失和损害华沙国际机制应置于作为本协定缔约方会议的《公约》缔约方会议的权力和指导下，并可由作为本协定缔约方会议的《公约》缔约方会议决定予以强化和加强。

三、缔约方应当在合作和提供便利的基础上，包括酌情通过华沙国际机制，在气候变化不利影响所涉损失和损害方面加强理解、行动和支持。

四、据此，为加强理解、行动和支持而开展合作和提供便利的领域可包括以下方面：

（一）早期预警系统；

（二）应急准备；

（三）缓发事件；

（四）可能涉及不可逆转和永久性损失和损害的事件；

（五）综合性风险评估和管理；

（六）风险保险机制，气候风险分担安排和其他保险方案；

（七）非经济损失；和

（八）社区、生计和生态系统的复原力。

五、华沙国际机制应与本协定下现有机构和专家小组以及本协定以外的有关组织和专家机构协作。

第九条

一、发达国家缔约方应为协助发展中国家缔约方减缓和适应两方面提供资金，以便继续履行在《公约》下的现有义务。

二、鼓励其他缔约方自愿提供或继续提供这种支助。

三、作为全球努力的一部分，发达国家缔约方应当继续带头，从各种大量来源、手段及渠道调动气候资金，同时注意到公共资金通过采取各种行动，包括支持国家驱动战略而发挥的重要作用，并考虑发展中国家缔约方的需要和优先事项。对气候资金的这一调动应当超过先前的努力。

四、提供规模更大的资金，应当旨在实现适应与减缓之间的平衡，同时考虑国家驱动战略以及发展中国家缔约方的优先事项和需要，尤其是那些特别易受气候变化不利影响的和受到严重的能力限制的发展中国家缔约方，如最不发达国家和小岛屿发展中国家的优先事项和需要，同时也考虑为适应提供公共资源和基于赠款的资源的需要。

五、发达国家缔约方应根据对其适用的本条第一款和第三款的规定，每两年通报指示性定量定质信息，包括向发展中国家缔约方提供的公共资金方面可获得的预测水平。鼓励其他提供资源的缔约方也自愿每两年通报一次这种信息。

六、第十四条所述的全球盘点应考虑发达国家缔约方和/或本协定的机构提供的关于气候资金所涉努力方面的有关信息。

七、发达国家缔约方应按照作为本协定缔约方会议的《公约》缔约方会议第一届会议根据第十三条第十三款的规定通过的模式、程序和指南，就通过公共干预措施向发展中国家提供和调动支助的情况，每两年提供透明一致的信息。鼓励其他缔约方也这样做。

八、《公约》的资金机制，包括其经营实体，应作为本协定的资金机制。

九、为本协定服务的机构，包括《公约》资金机制的经营实体，应旨在通过精简审批程序和提供强化准备活动支持，确保发展中国家缔约方，尤其是最不发达国家和小岛屿发展中国家，在国家气候战略和计划方面有效地获得资金。

第十条

一、缔约方共有一个长期愿景，即必须充分落实技术开发和转让，以改善对气候变化的复原力和减少温室气体排放。

二、注意到技术对于执行本协定下的减缓和适应行动的重要性，并认识到现有的技术部署和推广工作，缔约方应加强技术开发和转让方面的合作行动。

三、《公约》下设立的技术机制应为本协定服务。

四、兹建立一个技术框架，为技术机制在促进和便利技术开发和转让的强化行动方面的工作提供总体指导，以实现本条第一款所述的长期愿景，支持本协定的履行。

五、加快、鼓励和扶持创新，对有效、长期的全球应对气候变化，以及促进经济增长和可持续发展至关重要。应对这种努力酌情提供支助，包括由技术机制和由《公约》资金机制通过资金手段提供支助，以便采取协作性方法开展研究和开发，以及便利获得技术，特别是在技术周期的早期阶段便利发展中国家缔约方获得技术。

六、应向发展中国家缔约方提供支助，包括提供资金支助，以执行本条，包括在技术周期不同阶段的技术开发和转让方面加强合作行动，从而在支助减缓和适应之间实现平衡。第十四条提及的全球盘点应考虑为发展中国家缔约方的技术开发和转让提供支助方面的现有信息。

第十一条

一、本协定下的能力建设应当加强发展中国家缔约方，特别是能力最弱的国家，如最不发达国家，以及特别易受气候变化不利影响的国家，如小岛屿发展中国家等的能力，以便采取有效的气候变化行动，其中包括，除其他外，执行适应和减缓行动，并应当便利技术开发、推广和部署、获得气候资金、教育、培训和公共意识的有关方面，以及透明、及时和准确的信息通报。

二、能力建设，尤其是针对发展中国家缔约方的能力建设，应当由国家驱动，依据并响应国家需要，并促进缔约方的本国自主，包括在国家、次国家和地方层面。能力建设应当以获得的经验教训为指导，包括从《公约》下能力建设活动中获得的经验教训，并应当是一个参与型、贯穿各领域和注重性别问题的有效和迭加的进程。

三、所有缔约方应当合作，以加强发展中国家缔约方履行本协定的能力。发达国家缔约方应当加强对发展中国家缔约方能力建设行动的支助。

四、所有缔约方，凡在加强发展中国家缔约方执行本协定的能力，包括采取区域、双边和多边方式的，均应定期就这些能力建设行动或措施进行通报。发展中国家缔约方应当定期通报为履行本协定而落实能力建设计划、政策、行动或措施的进展情况。

五、应通过适当的体制安排，包括《公约》下为服务于本协定所建立的有关体制安排，加强能力建设活动，以支持对本协定的履行。作为本协定缔约方会议的《公约》缔约方会议应在第一届会议上审议并就能力建设的初始体制安排通过一项决定。

第十二条

缔约方应酌情合作采取措施，加强气候变化教育、培训、公共意识、公众参与和公众获取信息，同时认识到这些步骤对于加强本协定下的行动的重要性。

第十三条

一、为建立互信和信心并促进有效履行，兹设立一个关于行动和支助的强化透明度框架，并内置一个灵活机制，以考虑缔约方能力的不同，并以集体经验为基础。

二、透明度框架应为依能力需要灵活性的发展中国家缔约方提供灵活性，以利于其履行本条规定。本条第十三款所述的模式、程序和指南应反映这种灵活性。

三、透明度框架应依托和加强在《公约》下设立的透明度安排，同时认识到最不发达国家和小岛屿发展中国家的特殊情况，以促进性、非侵入性、非惩罚性和尊重国家主权的方式实施，并避免对缔约方造成不当负担。

四、《公约》下的透明度安排，包括国家信息通报、两年期报告和两年期更新报告、国际评估和审评以及国际磋商和分析，应成为制定本条第十三款下的模式、程序和指南时加以借鉴的经验的一部分。

五、行动透明度框架的目的是按照《公约》第二条所列目标，明确了解气候变化行动，包括明确和追踪缔约方在第四条下实现各自国家自主贡献方面所取得进展；以及缔约方在第七条之下的适应行动，包括良好做法、优先事项、需要和差距，以便为第十四条下的全球盘点提供信息。

六、支助透明度框架的目的是明确各相关缔约方在第四条、第七条、第九条、第十条和第十一条下的气候变化行动方面提供和收到的支助，并尽可能反映所提供的累计资金支助的全面概况，以便为第十四条下的盘点提供信息。

七、各缔约方应定期提供以下信息：

（一）利用政府间气候变化专门委员会接受并由作为本协定缔约方会议的《公约》缔约方会议商定的良好做法而编写的一份温室气体源的人为排放和汇的清除的国家清单报告；并

（二）跟踪在根据第四条执行和实现国家自主贡献方面取得的进展所必需的信息。

八、各缔约方还应当酌情提供与第七条下的气候变化影响和适应相关的信息。

九、发达国家缔约方应，提供支助的其他缔约方应当就根据第九条、第十条和第十一条向发展中国家缔约方提供资金、技术转让和能力建设支助的情况提供信息。

十、发展中国家缔约方应当就在第九条、第十条和第十一条下需要和接受的资金、技术转让和能力建设支助情况提供信息。

十一、应根据第 1/CP. 21 号决定对各缔约方根据本条第七款和第九款提交的信息进行技术专家审评。对于那些由于能力问题而对此有需要的发展中国家缔约方，这一审评进程应包括查明能力建设需要方面的援助。此外，各缔约方应参与促进性的多方审议，以对第九条下的工作以及各自执行和实现国家自主贡献的进展情况进行审议。

十二、本款下的技术专家审评应包括适当审议缔约方提供的支助，以及执行和实现国家自主贡献的情况。审评也应查明缔约方需改进的领域，并包括审评这种信息是否与本条第十三款提及的模式、程序和指南相一致，同时考虑在本条第二款下给予缔约方的灵活性。审评应特别注意发展中国家缔约方各自的国家能力和国情。

十三、作为本协定缔约方会议的《公约》缔约方会议应在第一届会议上根据《公约》下透明度相关安排取得的经验，详细拟定本条的规定，酌情为行动和支助的透明度通过通用的模式、程序和指南。

十四、应为发展中国家履行本条提供支助。

十五、应为发展中国家缔约方建立透明度相关能力提供持续支助。

第十四条

一、作为本协定缔约方会议的《公约》缔约方会议应定期盘点本协定的履行情况，以评估实现本协定宗旨和长期目标的集体进展情况（称为"全球盘点"）。盘点应以全面和促进性的方式开展，考虑减缓、适应以及执行手段和支助问题，并顾及公平和利用现有的最佳科学。

二、作为本协定缔约方会议的《公约》缔约方会议应在 2023 年进行第一次全球盘点，此后每五年进行一次，除非作为本协定缔约方会议的《公约》缔约方会议另有决定。

三、全球盘点的结果应为缔约方以国家自主的方式根据本协定的有关规定更新和加强它们的行动和支助，以及加强气候行动的国际合作提供信息。

第十五条

一、兹建立一个机制，以促进履行和遵守本协定的规定。

二、本条第一款所述的机制应由一个委员会组成，应以专家为主，并且是促进性的，行使职能时采取透明、非对抗的、非惩罚性的方式。委员会应特别关心缔约方各自的国家能力和情况。

三、该委员会应在作为本协定缔约方会议的《公约》缔约方会议第一届会议通过的模式和程序下运作，每年向作为本协定缔约方会议的《公约》缔约方会议提交报告。

第十六条

一、《公约》缔约方会议——《公约》的最高机构，应作为本协定缔约方会议。

二、非为本协定缔约方的《公约》缔约方，可作为观察员参加作为本协定缔约方会议的《公约》缔约方会议的任何届会的议事工作。在《公约》缔约方会议作为本协定缔约方会议时，在本协定之下的决定只应由为本协定缔约方者作出。

三、在《公约》缔约方会议作为本协定缔约方会议时，《公约》缔约方会议主席团中代表《公约》缔约方但在当时非为本协定缔约方的任何成员，应由本协定缔约方从本协定缔约方中选出的另一成员替换。

四、作为本协定缔约方会议的《公约》缔约方会议应定期审评本协定的履行情况，并应在其权限内作出为促进本协定有效履行所必要的决定。作为本协定缔约方会议的《公约》缔约方会议应履行本协定赋予它的职能，并应：

（一）设立为履行本协定而被认为必要的附属机构；并

（二）行使为履行本协定所需的其他职能。

五、《公约》缔约方会议的议事规则和依《公约》规定采用的财务规则，应在本协定下比照适用，除非作为本协定缔约方会议的《公约》缔约方会议以协商一致方式可能另外作出决定。

六、作为本协定缔约方会议的《公约》缔约方会议第一届会议，应由秘书处结合本协定生效之日后预定举行的《公约》缔约方会议第一届会议召开。其后作为本协定缔约方会议的《公约》缔约方会议常会，应与《公约》缔约方会议常会结合举行，除非作为本协定缔约方会议的《公约》缔约方会议另有决定。

七、作为本协定缔约方会议的《公约》缔约方会议特别会议，应在作为本协定缔约方会议的《公约》缔约方会议认为必要的其他任何时间举行，或应任何缔约方的书面请求而举行，但须在秘书处将该要求转达给各缔约方后六个月内得到至少三分之一缔约方的支持。

八、联合国及其专门机构和国际原子能机构，以及它们的非为《公约》缔约方的成员国或观察员，均可派代表作为观察员出席作为本协定缔约方会议的《公约》缔约方会议的各届会议。任何在本协定所涉事项上具备资格的团体或机构，无论是国家或国际的、政府的或非政府的，经通知秘书处其愿意派代表作为观察员出席作为本协定缔约方会议的《公约》缔约方会议的某届会议，均可予以接纳，除非出席的缔约方至少三分之一反对。观察员的接纳和参加应遵循本条第五款所指的议事规则。

第十七条

一、依《公约》第八条设立的秘书处，应作为本协定的秘书处。

二、关于秘书处职能的《公约》第八条第二款和关于就秘书处行使职能作出的安排的《公约》第八条第三款，应比照适用于本协定。秘书处还应行使本协定和作为本协定缔约方会议的《公约》缔约方会议所赋予它的职能。

第十八条

一、《公约》第九条和第十条设立的附属科学技术咨询机构和附属履行机构，应分别作为本协定的附属科学技术咨询机构和附属履行机构。《公约》关于这两个机构行使职能的规定应比照适用于本协定。本协定的附属科学技术咨询机构和附属履行机构的届会，应分别与《公约》的附属科学技术咨询机构和附属履行机构的会议结合举行。

二、非为本协定缔约方的《公约》缔约方可作为观察员参加附属机构任何届会的议事工作。在附属机构作为本协定附属机构时，本协定下的决定只应由本协定缔约方作出。

三、《公约》第九条和第十条设立的附属机构行使它们的职能处理涉及本协定的事项时，附属机构主席团中代表《公约》缔约方但当时非为本协定缔约方的任何成员，应由本协定缔约方从本协定缔约方中选出的另一成员替换。

第十九条

一、除本协定提到的附属机构和体制安排外，根据《公约》或在《公约》下设立的附属机构或其他体制安排，应按照作为本协定缔约方会议的《公约》缔约方会议的决定，为本协定服务。作为本协定缔约方会议的《公约》缔约方会议应明确规定此种附属机构或安排所要行使的职能。

二、作为本协定缔约方会议的《公约》缔约方会议可为这些附属机构和体制安排提供进一步指导。

第二十条

一、本协定应开放供属于《公约》缔约方的各国和区域经济一体化组织签署并须经其批准、接受或核准。本协定应自2016年4月22日至2017年4月21日在纽约联合国总部开放供签署。此后，本协定应自签署截止日之次日起开放供加入。批准、接受、核准或加入的文书应交存保存人。

二、任何成为本协定缔约方而其成员国均非缔约方的区域经济一体化组织应受本协定各项义务的约束。如果区域经济一体化组织的一个或多个成员国为本协定的缔约方，该组织及其成员国应决定各自在履行本协定义务方面的责任。在此种情况下，该组织及其成员国无权同时行使本协定规定的权利。

三、区域经济一体化组织应在其批准、接受、核准或加入的文书中声明其在本协定所规定的事项方面的权限。这些组织还应将其权限范围的任何重大变更通知保存人，再由保存人通知各缔约方。

第二十一条

一、本协定应在不少于55个《公约》缔约方，包括其合计共占全球温室气体总排放量的至少约55%的《公约》缔约方交存其批准、接受、核准或加入文书之日后第三十天起生效。

二、只为本条第一款的有限目的，"全球温室气体总排放量"指在《公约》缔约方通过本协定之日或之前最新通报的数量。

三、对于在本条第一款规定的生效条件达到之后批准、接受、核准或加入本协定的每一国家或区域经济一体化组织，本协定应自该国家或区域经济一体化组织批准、接受、核准或加入的文书交存之日后第三十天起生效。

四、为本条第一款的目的，区域经济一体化组织交存的任何文书，不应被视为其成员国所交存文书之外的额外文书。

第二十二条

《公约》第十五条关于通过对《公约》的修正的规定应比照适用于本协定。

第二十三条

一、《公约》第十六条关于《公约》附件的通过和修正的规定应比照适用于本协定。

二、本协定的附件应构成本协定的组成部分，除另有明文规定外，凡提及本协定，即同时提及其任何附件。这些附件应限于清单、表格和属于科学、技术、程序或行政性质的任何其他说明性材料。

第二十四条

《公约》关于争端的解决的第十四条的规定应比照适用于本协定。

第二十五条

一、除本条第二款所规定外，每个缔约方应有一票表决权。

二、区域经济一体化组织在其权限内的事项上应行使票数与其作为本协定缔约方的成员国数目相同的表决权。如果一个此类组织的任一成员国行使自己的表决权，则该组织不得行使表决权，反之亦然。

第二十六条

联合国秘书长应为本协定的保存人。

第二十七条

对本协定不得作任何保留。

第二十八条

一、自本协定对一缔约方生效之日起三年后，该缔约方可随时向保存人发出书面通知退出本协定。

二、任何此种退出应自保存人收到退出通知之日起一年期满时生效，或在退出通知中所述明的更后日期生效。

三、退出《公约》的任何缔约方，应被视为亦退出本协定。

第二十九条

本协定正本应交存于联合国秘书长，其阿拉伯文、中文、英文、法文、俄文和西班牙文文本同等作准。

二〇一五年十二月十二日订于巴黎。

下列签署人，经正式授权，在本协定上签字，以昭信守。